해방 전
(1940~1945)
상영 시나리오집

이 도서는
한국학술문화재단의
제작비 지원사업으로 출판되었습니다.

연구과제명 : "해방 전(1940-1945) 공연희곡과
시나리오 자료 정리 및 공연문화사 연구"
과제번호 : 2003-073-AM1005

근대 희곡 · 시나리오 선집 ❽

해방 전(1940~1945) 상영 시나리오집

關川周
西龜元貞
八木隆一郎
日夏英太郎
六田尚之
佃順

이재명 엮음

평민사

머 리 말

해방 전 공연희곡집 시리즈는 2003년도 한국학술진흥재단의 인문사회 분야의 한국 근·현대 연구 지원사업으로 수행된 연구 과제 "해방 전 (1940~1945) 공연희곡과 시나리오 발굴 정리 및 공연문화사 연구"의 결과물이다.

이번 연구 과제의 출발은 1942년부터 1945년에 걸쳐 세 차례 시행된 바 있는 연극경연대회 출품작 다수가 미국 하버드대학교 옌칭도서관에 있다는 사실을 확인하면서부터였다. 일제 시대 공연대본 다수가 멀리 이국땅에 존재한다는 사실이 이미원 교수(연극원)에 의해 처음으로 알려진 이후, 그중 일부는 여러 연구자들의 손을 빌어 조금씩 소개되기도 하였다. 그러나 그 전모가 밝혀지지 않아 안타까움을 느끼던 차에, 필자는 2001년 안식년을 맞아 하버드대학교 옌칭도서관을 직접 방문하여 장막극으로 이루어진 공연대본 대다수를 입수하게 되었다.

송영, 임선규의 해방 전 희곡 작품을 발굴·소개한 바 있는 필자는, 옌칭도서관 소장 공연대본 중에서 박영호의 희곡 작품을 소개하는 과정을 거치면서, 공연대본 전체를 정리하여 공개할 필요성을 느끼게 되었다. 그리하여 필자가 그동안 발굴·소개했거나 소장하고 있던 일제 시대 공연대본과 함께 옌칭도서관 공연대본을 정리하는 작업으로 학술진흥재단의 연구 과제로 신청하여 선정되기에 이르렀다.

연구 과제를 수행하는 동안 필자는 국립도서관을 비롯한 여러 도서관에 산재해 있던 희곡 자료들을 여러 편 수집하게 되었다. 이 과정에서 같은 시기의 시나리오 자료 수집에도 눈을 돌리게 되었는데, <망루의 결사대> 등 그동안 사장되어 있었던 일제 말기 시나리오 다수를 확인할 수 있었다. 또한 일본 출장을 통해 영화 <망루의 결사대> 복사본과 일본어로 표기된 희곡 및 시나리오 여러 편을 새로이 입수하게 되었다. 그리하여 연구 과제 신청 당시 51편이었던 정리 대상 작품의 숫자가 최종적으로 82편에 이르게 되는데, 이는 40% 정도가 증가한 셈이다.

본 연구 과제 결과물로서 80여 편의 희곡과 시나리오를 발표한다는 점은 단순히 기존의 작품에다가 수적 증가가 이루어졌다는 사실보다는 질적인 면에서 소중한 사료들을 많이 확보했다는 데에 더 큰 의의가 있다. 그리하여 그동안 연구가 거의 이루어지지 않았던 극작가 박영호와 송영, 임선규, 서항석, 김태진, 이동규, 김건, 김승구, 그리고 남궁만 등의 존재와 그들의 희곡 작품 면면을 확인함으로써, 잃어버린 시대의 연극사를 되찾는 결정적인 전기가 마련될 수 있다는 점이 이번 연구의 가장 큰 성과가 아닐 수 없다. 또한 신파극(혹은 대중극) 대 신극 논란, 친일극(친일영화) 논란, 월북 극작가를 중심으로 한 이념극 논란을 재정립하는 계기가 제공됨으로써, 희곡 및 시나리오 연구에 새로운 기폭제가 될 것이다.

또한 본 연구 과제를 통해 근대 문학 연구에 기여한 바로는 일본어로 발표되었다는 점 때문에 연구가 미진했던 희곡·시나리오 작품들을 번역했다는 사실이다. 23편의 일본어 희곡 및 시나리오 작품을 번역함으로써 문학사의 또 다른 공백을 메울 수 있는 계기가 마련되었다. 특별히 우리나라와 일본에 각각 3편의 필름만 남아 있을 뿐 존재 자체가 모호했던 상영 시나리오 6편을 발굴하여 번역한 것도 우리 근대 영화사 정리에 적지 않은 밑거름이 되리라 믿는다.

본 연구 과제를 수행함에 있어 연구진의 구성은 연구 책임자에 이재명 교수(명지대), 공동연구원에 양승국 교수(서울대), 박명진 교수(중앙대), 박영정 박사(한국문화관광정책개발원), 백현미 교수(전남대), 최경국 교수(명지대), 이기한 교수(명지대)가 수고하였다. 열심히 땀 흘려 자료 정리와 입력, 연구 작업을 병행한 연구진으로는 책임연구원에 윤석진 박사, 선임연구원에 현재원 박사, 김명화 박사, 정호순 박사, 송태욱 박사가 수고하였다. 이들을 도와 자료 정리에 애쓴 연구보조원으로는 연세대

국문학과 박사과정의 김기란과 타지마 데츠오, 석사과정의 홍효정, 그리고 명지대 문창과 박사과정의 양수근, 안희철, 이성자, 성현주, 석사과정의 노문영, 명지대 일문학과 석사과정의 박연희와 김영욱이 수고하였다. 이들의 헌신적인 노고가 있었기에 이번 연구 과제를 무사히 마칠 수 있었다.

본 연구 과제를 수행하면서 많은 분들의 도움과 격려를 받았는데, 일일이 인사드리지 못하고 지면을 빌어 감사의 뜻을 전한다. 먼저 본 연구 과제를 선정해 준 한국학술진흥재단에 감사드린다. 또한 하버드대학교 엔칭도서관의 자료를 기꺼이 제공해 주시고 격려해 주신 이충남 선생님께 감사드린다. 특별히 난해한 번역 작업을 꼼꼼한 필체로 옮겨 준 심원섭 교수(와세다대학)와 심교수의 번역 작업에 커다란 도움을 주신 오오무라 마쓰오 교수님(와세다대학)과 사이토 아츠코 선생께 감사드린다. 끝으로 까다로운 과정을 6개월 넘게 참아낸 평민사 편집부 차주희님과 이정옥 사장님께 감사드린다.

2004. 8.
10년 만의 무더위를 견디며
이재명

차 례

일 러 두 기

1. 수록된 작품은 원문 그대로 게재하는 것을 원칙으로 한다. 다만 의미 전달의 효율성을 높이기 위해 띄어쓰기는 현대 방식을 적용하였다. 그러나 작품 전체가 일본어로 발표된 경우는 번역하는 과정에서 띄어쓰기와 맞춤법 모두 현대 문법을 적용하고, 일본어 원문은 별도로 영인하였다.

2. 한자(漢字)의 경우 역시 원문 그대로 표기하는 것을 원칙으로 한다. 따라서 '한자(한글)' 혹은 '한글(한자)', '한자'의 경우나 '정자·약자·간자'의 경우 가급적 원문 그대로 표기하였다.

3. 문장 부호는 가로 조판 방식에 맞게 현대적으로 변형하였다. 또한 '◇ ○ ◎ ( )' 등 원문의 독립 지문 표시 기호는 현대 방식에 맞게 모두 생략하고 위아래로 한 줄씩 띄워 독립된 지문 표시를 하였다. 다만 시나리오의 경우, '씬(scene)' 앞에 '#' 기호를 붙여 표시하였다.

4. 단어가 반복될 때 '〈 '이나 '〃' 기호로 표시하거나 일본어 'ゝ'를 사용하는 경우, '〈 '이나 '〃'는 현행 가로쓰기 체계에 맞지 않기 때문에 앞의 단어나 구의 반복을 그대로 살려주는 방식으로 표기하였다(예 : 떨어질 듯이 〈 → 떨어질 듯이 떨어질 듯이). 다만 일본어 'ゝ'를 사용한 경우는 당시 표기법을 살리기 위해 원문 그대로 표기하였다.

5. 일본어 번역의 경우, 한자로 되어 있는 일본 사람의 이름은 한자 그대로 표기하였고 일본 지명은 일본식으로 읽어주었다. 그리고 일본어 원문의 경우, 한글 문장에 일본어 발음으로 읽은 한글이 들어갈 경우는 번역을 해서 주석 처리하였다. 그러나 한글 문장 안에 단어나 구가 일본어 표기로 들어간 경우는 번역을 해서 본문 중에 '[ ]' 표시하였다. 전체가 일본어 문장으로 되어 있는 경우도 번역을 해서 '[ ]' 표시하였다. 다만 'の, さん, はい(ハ イ)'와 같이 자주 쓰이는 단어들은 처음 나왔을 경우에만 번역 처리하고 이후에는 생략하였다.

6. 문맥상 오자(誤字)임이 분명한 것이라 할지라도 본문에서 수정하지 않고 주석 처리를 하였다. 또한 의미 해석이 필요한 단어나 구, 절에 대해서도 주석 처리를 하였다.

7. 원문 판독이 불가능한 글자의 경우, 가능한 그 숫자만큼 '□' 표시를 하였다.

거경전

▷ 서지사항 : 關川周 원작, 쓰쿠다 쓰나오[佃順] 증보·각색, 方漢駿 연출, 조선영화제작주식회사, 박연희 번역

제작 의도

대동아전쟁은 오로지 바다의 전쟁이다. 즉 해양사상 보급이 중차대한 데 그 절실함이 오늘날보다 더 절실하지는 않다. 특히 해군지원병 제도의 실시를 앞두고 우리 반도에 있어서는 더욱더 그러하다.

본 영화는 시국 하, 널리 일반 민중에게 호소하고 '바다로!'의 관심을 흥기시키려고 기도한 극영화이며, 한 해양사업공사사장의 진두지휘와 소속포경선 승무원 및 관계자의 직역감투에 의해서 발양된 명랑한 우애, 순진한 보국정신, 호방한 해원혼 등을 강조하기 위한 것이다.

경개

조선 바다의 모든 사업회사를 한 회사로 통합하고 새로운 사장의 취임 피로연이 경성의 모 호텔에서 개최되었는데 그 연석에 늘어선 각 중역, 간부사원 중 가장 이채로운 존재는 岩河 포경과장 이하 포경선 승무원들의 모습이었다.

연회 당일이라고는 하지만 그들은 먼 바다에 나가 있었다. 생산 확충을 위해 쉴 시간도 없이 하루종일 고래를 쫓아다니고 귀항하자마자 기름에 전 작업복 차림으로 공식적인 연회에 뛰어온 松田 선장 외 바다의 강자들의 의기충만함이란 참으로 전장에서의 갑옷, 철모차림으로 급히 달려온 기사처럼 품격이 있고 權田 새 사장을 감격시키기에 충분했다.

岩河 포경과장은 새 회사 발족과 함께 우선 사업장을 확장하고 포경선을 늘려서 식량증산에 매진할 것을 새 사장이나 중역들이 공공연하게 선언했는데 다른 과에도 중요한 요구가 있어서 좀처럼 실현되지 않아서 동지인 林사업장장이나 松田 선장들과 언제나 한탄하고 있었다.

배 위에서는 또 春川 포수가 조수인 김해 正明의 연성[1]으로 손을 그을리고 있었다.

正明의 아버지는 春川의 은사이며 본국에도 소문난 명포수였는데 5, 6년 전 고래를 잡다 목숨을 잃은 바다의 순직자였다.

春川 포수는 松田 선장이나 다른 승무원과 협력하여 젊은 正明를 어떻게 해서든 훌륭한 포수로 육성해서 선친의 뜻을 잇게 하기 위해 노심초사하고 있다. 그것은 또 미망인 貞順이나 秋子의 바램이기도 했다.

더욱이 松田 선장은 죽은 친구와의 생전의 약속으로 외동딸 光子를 正明의 미래의 아내로 정해두고 있는 관계로 正明의 연성에 대해서는 경우에 따라서는 春川 포수 이상으로 엄격했다. 그러나 正明는 아버지를 닮지 않아 매우 비관론자이고 바다를 두려워했으며 자신이 선원인 것을 싫어하여 마침내 홀로된 어머니와 '북양호'를 버리고 서울로 달아나려고 했지만 春川 포수에게 발각되었다. 春川는 자포자기하여 대드는 正明를 죽은 은사의 조난비 앞에서 호되게 꾸짖었다. 숨이 멎을 만큼—

---

1) 심신을 단련하여 훌륭한 사람으로 만듦.

그러나 그 눈에는 눈물이 있었다. 마지막에도 正明를 일부러 바다에 던지고 정혼한 光子로 하여금 '잔인한 고래잡이'라고 원망과 두려움을 살 정도였지만 春川 포수의 그러한 혹독한 연성이 결실을 맺어 正明는 점차 늠름한 '바다의 젊은이'가 되어 갔다.

이것을 누구보다도 크게 기뻐한 것은 正明의 누나 秋子이다.

그녀는 春川 포수에게 몰래 연정을 품게 되었다.

正明의 갱생과 동시에 사업장의 확장문제도 岩河 과장의 분투로 효과를 얻어 權田 새 사장의 현장시찰로까지 이어졌다.

그러나 낙관은 허락되지 않았다. 사장을 추종하는 淀島 총지배인이나 田村 상무는 아직도 포경사업의 중대함을 실제로 인식하지 않고 있었다. 그런 까닭에 松田 선장은 몰래 결심한 것이 있고 현장 시찰을 하는 權田 사장, 淀島 지배인 일행이 배를 타자마자 닻을 올리고 파도가 거센 일본해의 먼 바다 쪽으로 일행을 데리고 간다.

용감하기 그지없는 포경전이 '바다의 풍신수길'이라 칭하는 權田 사장의 마음에 들지 않을 리 없다. 연일 고래추격전의 대단함에 사장이하 수행원도 크게 감동받고 마침내 사업장 확장안은 사장의 갑판 위에서의 장렬한 진두지휘하에 결정되었다.

항구에서 연일밤낮, 무전탐색을 계속하고 있던 林사업장장과 '생산확충의 화신' 岩河과장에게 바다 멀리에서 무전으로 이 사실이 보고 되고 사무실에는 '만세'소리가 높았다.

사장의 진두지휘하에, 일찍이 비겁자였던 正明도 春川의 지휘로 초진의 제일진! 훌륭하게도 큰 긴수염고래 한 마리를 쏘아 쓰러뜨린다. 하늘은 맑았으며 포수로서의 실력을 보여서 松田 선장과 春川 포수를 기쁘게 했다.

이리하여!

'해양일본'의 진수와 생명을 건 '증산보국'과 호방한 '해원혼'을 깊이 새긴 權田 사장을 태우고 포경선 '북양호'는 곧바로 항구로 항구로 귀항을 서두르고 있다. 거기다 뱃전에는 끌려오는 위대한 공산물 '큰 긴수염고래 3마리'가 때마침 석양빛을 받아 반짝거리고 있다.

희망 가득한 청춘! 항구에 모인 마중 나온 무리에는 후에 맺어질 터인 선장의 딸 光子와 春川 포수의 애인 秋子의 씩씩한 모습도 섞여있다.

인물

春川포수, 松田선장, 金田파수꾼, 德山기관장, 木村기관사, 水川수부장, 朝井수부, 金井해부주임, 權田사장, 淀島전무, 田村상무, 松山비서, 岩河포경과장, 林사업장장, 中村인사과장, 岩田무전기사, 三原淳根무전기사 金海貞順(어머니), 秋子(장녀), 正明(남동생), 成吉(막내 아들) 松田光子(선장의 딸)

그 외, 북양과장, 중역, 선원
항구의 사람들, 德山의 부인, 근처 사람들
호텔보이(갑,을,병), 남녀 공원, 외 다수.

(FI) 어느 호텔의 천장
화려한 샹데리아가 눈부시게 반짝이고 있다.

홀
분수가 있다. 오늘밤의 연회에 초대된 신사들이 연이어 보이에게 안내
받아 카메라를 가로질러 들어온다.

복도
안내하는 보이의 뒤를 따라 카메라 이동한다.

연회장의 넓은 방 입구
보이가 문을 연다. 팬하면 게시판이 나타난다.
'조선 해무 사업회사 연회장'

연회장 안
ㄷ자형으로 준비된 만찬석
신사들이 줄줄이 와서 앉는다.

휴게소
權田 사장, 淀島 전무, 田村 상무가 대기하고 있다. 연회장의 웅성거림
이 들린다. 태평스런 아버지 타입의 淀島 전무, 콧등의 안경을 반짝거리
며

淀 島 성대한 모임이군요.
權 田 음 그래 상당히 성대하지. 나의 오랜 숙원사업이 일단은 달성된 거지.
하하하…….

스탈린처럼 턱수염을 기른, 사람 좋은 田村 상무가 끼어들며

田 村 사장님.

12

權 田	응.
田 村	이제부터는 해양업계의 풍신수길이라고 불리겠군요.
權 田	음 그렇다면 뭔가. 오늘밤의 연회는 풍신수길[2]의 일대기 중 서문에 해당하는 것인가.

하며 유쾌한 웃음, 기분이 좋은 이때 인사 과장인 中村가 뛰어들어 온다.

中 村	사장님! 차…… 차…… 참으로 어처구니없는 일이라…….

연회장
중역진을 제외하고는 대부분이 자리한 곳으로 포경과장인 岩河가 아래 위가 붙은 더러운 청색 작업복에 점퍼 차림으로 등장했다. 금방이라도 한바탕 할 것 같은 어마어마한 체구와 다부진 얼굴, 주저 없이 지정된 자리에 육중하게 가 앉는다.
격식을 갖춰 차려 입은 사원진 모두 거북스러운 듯이 바라보고는 못 본 척하고 있다. (팬)

중역석
사장 이하 입장한다.
포경과의 좌석을 보고 우거지상을 지으며 앉는다.
조선옷차림의 중역도 3명 정도 섞여 있다.
中村 인사과장은 사장진의 불쾌한 듯한 모습에 식은땀을 흘리며 옆에 있는 松山 비서에게 속삭인다.

松 山	작업복을 입고 오다니 참으로 무례하기 짝이 없군요. 이 이상 문제를 일으키는 날에는 중요한 오늘밤의 연회도 엉망이 되고 말 겁니다.
中 村	정말……. 난처한 일이오.

淀島 전무가 일어났다.

淀 島	……. 에……. 지금부터 연회를 시작하려 합니다만……. 그에 앞서 인사 말씀을 한 마디 드리겠습니다.

---

2) 도요토미 히데요시 : 일본의 무장 정치가(1536~1598). 일본을 통일하고 중국 대륙 침략의 야망을 실현하기 위하여 우리 나라를 공격하여, 임진왜란을 일으켰으나 실패하였다.

박수소리가 인다.

복도
보이 3명이 어이없어 하고 있다.

갑　　뭐야 저 무서운 패거리들은…….
을　　무섭고 말고를 떠나 우선 냄새가 나서 옆에 다가갈 수가 없어.

하고 서로 속삭인다.

연회장
淀島 전무, 열변을 토하고 있다.

淀　島　……. 이리하여 우리들의 개인적인 모든 사업을 일원적으로 통합함으로
써 간결하고 강력한 운영의 기능을 충분히 발휘하여 이 미증유(지금껏
없었던)의 비상시국에 대처하고 전시국가에 협력하는 영광을 짊어진
사정은 이미 여러분이 아시는 대로입니다.
따라서 오늘밤은 그 통합 달성을 기념하는 축하연과 더불어 우리 해운
업계의 대가이자 새롭게 우리들의 통수자가 되신 權田 씨의 사장취임
을 환영하고 축하하면서 여기에 전 사원 총의에 의한 연회를 개최하는
것입니다. 에…… 그럼 지금부터 權田 신사장의 취임 인사가 있겠습니
다.

淀島 눈짓으로 알리자 權田 사장 기품있게 일어선다. 일제히 박수 친다.
짝짝…… 하는 품위 있는 박수소리에 섞여 내던지는 듯한 상당히 거칠
고 난폭한 박수소리가 터져 나온다. 사장 깜짝 놀라 그 쪽을 본다. 포경
과의 무리들이다.
岩河 과장 이하의 군세고 큰 박수소리 좀처럼 멈추지 않는다.
사장, 연설 초고를 한 손에 들고 '에……' 하고 말을 하려고 하지만 박수
소리에 묻혀 중얼중얼할 뿐 쩔쩔매고 있다.

복도
보이가 술을 날라 온다.

연회장
자기 소개가 시작되고 있다. '저는 서무과의 田中입니다.' '저는 같은 서

14

무과의 牧입니다.' 북양 과장과 선구과장이 거만하게 앉아 있는 곳에 순번이 돌아 왔다.

북양과장　에…… 저는 북양 과장인 伊東입니다.

힐끗 포경과장 쪽을 본다.

선구과장　저는 선구 과장인 山田입니다……잘 부탁합니다.

선구 과장도 힐끗 포경 과장을 돌아 본다.
다음, 포경과 쪽, 순번이 돌아온다.
가죽점퍼를 입은 岩河 과장이 쿵하는 큰소리를 내며 일어섰다.

岩　河　저는 이번에 어업부의 포경과장을 분부 받은 岩河라고 합니다. 통합전까지는 북선 포경사업장에서 거친 무리들과 함께 일해 온 인간인지라 특히 잘 부탁합니다. 에…… 그런데 저를 비롯한 이 사람들의 복장에 대해 변명의 말씀을 한마디 드리겠습니다.

岩河 부하를 돌아본 커다란 눈으로 힐끗 사장과 中村 인사과장 쪽을 본다.
中村 岩河의 시선과 부딪혀 당황한다.
岩河, 계속한다.

岩　河　저는 실은 이 연회 시간에 맞추지 못할 거라고 생각했었습니다. 왜냐하면 여기에 데려온 사람들은 바로 어제까지 바다에서 고래를 뒤쫓고 작살을 던지며 흑조[3] 가운데서 일하고 있던 사람들인데, 무전을 쳐서 급히 불러들여 항구에 닿자마자 '어이 여보게들 신사장의 연회에 늦어서는 안돼' 하고 급히 서둘러 이처럼 작업복 차림인 채로 뛰어 오게 한 것입니다. 그리고 이 사람이 지도 포수인 春川입니다만

하며 春川 포수를 일어나게 하고

岩　河　손에는 아직 이렇게 기름이 묻어 있고 몸에서는 화약냄새가 나는 것도 그 때문입니다.

---

3) 일본 열도를 끼고 태평양을 흐르는 난류.

春川 무표정하게 꾸벅 인사하고 앉는다.
박수가 인다.

岩 河   에…… 다음으로 에꾸눈인 파수꾼 金田,—단 위에서 망을 보는 사람으로 고래를 찾는 역, 즉 포경선의 눈입니다.

金田 일어나서 멋적은 듯 인사하고 앉는다.

岩 河   다음의 키다리는 선원장인 水川

水川 일어나서 인사한다.

岩 河   그 다음이 기관사인 木村.

木村 인사한다.

岩 河   다음으로 이 작은 사람은 기관장인 德山 .

땅딸막하고 익살스럽게 생긴 德山가 두리번거리며 인사했다.

岩 河   다음은 사업장장인 林입니다.

林 장장 일어나 인사한다.

岩 河   다음…… 이상한 양복차림에 수염을 기른 이 사람은 선장인 松田이고, 나에게 수염거북이라 불리우는 정이 가는 인물, 이 수염거북이란 별명이 붙은 건 말이죠. 어울리지 않게 거북이 춤을 추는 숨은 재주가 있어서 붙었죠…….

松田 선장 일어나서 조금도 웃지 않고 인사하고 앉는다.
박수가 인다.
사장을 비롯하여 중역진 완전히 기뻐하고 있다.
岩河는 옆에 있는 뚱보를 내려다보며

岩 河　아차 또 한 사람 이 뚱보는 사업장의 해부 주임 金井입니다.

　　　金井, 혼자 싱글벙글 웃으며 인사한다.

岩 河　에…… 이것으로 소개가 모두 끝났습니다만 오늘 저녁 이렇게 훌륭한
　　　연회석상에 더러운 작업복 차림으로 달려온 점 뭐라 변명할 여지가 없
　　　습니다만 아주 옛날 무사가 전장에서 갑옷과 투구차림으로 주인에게
　　　급히 달려갔다는 고사를 따른 것이라고 생각하시어 용서해 주시길 바
　　　랍니다. 복장이야 어떻든 새 회사의 발족, 사장 취임에 대한 경축의 마
　　　음만은 함께 자리한 여러분보다 나으면 나았지 못하지 않음은 물론이
　　　고, 오늘 저녁을 계기로 하여 앞으로 더욱더 국가를 위해 직장을 위해
　　　박차를 가할 저희들인 것을 특히 기억해 주시기 바랍니다.

　　　사장 權田 씨, 기뻐하고, 그외 중역·사원의 큰 박수 속에……. (OL)

　　　# 대해원
　　　사나운 바다에서 고래떼를 쫓아 나아가는 포경선의 한 무리, 짧게 2, 3
　　　컷 (F.O)

　　　# (F.I) 사업장(항구) 전경 (O.L)

　　　# 부두 근처
　　　배가 들어 온 지 얼마 되지 않은 곳인 듯 왠지 와글거리고 있다. 그 한
　　　모퉁이를 기관장인 德山이 부하인 젊은 朝井을 데리고 다가온다.
　　　두 사람 그곳을 돌려고 하다 가만히 서 있다.
　　　포수인 春川이 왔기 때문이다.
　　　德山 다가와서

德 山　여어 미남 어디 가는 길인가?

　　　春川 무뚝뚝하게

春 川　응 저기.

　　　德山 웃음을 머금고

德 山　야아 여전하구나 형.

　　　　하고 朝井과 얼굴을 마주 본다.
　　　　春川 가다가 생각난 듯이

春 川　여보게들 지금 어디에서 오는 건가? 사무실에 가지 않았나?

　　　　德山, 朝井과 얼굴을 마주보고

德 山　아니 우리들은 저기에서 오는 길이야.

　　　　하고 금방 보복하고 사라진다.
　　　　春川 쳇 하고 혀를 차면서 그도 사라진다.

　　　　약간 떨어진 곳
　　　　德山과 朝井이 서서 春川이 가는 것을 보고 있다.

朝 井　육지에 오르면 春川 씨 사람이 완전히 달라져 버리네. 멍하니 마치 얼
　　　　빠진 사람처럼.
德 山　뭍에 오른 고래지……. 하지만 요즘은 특히 다른 것 같아.

　　　　하고 생각난 듯 웃으며

德 山　좀 이유가 있지.

　　　　헤헤헤 웃으며 걷기 시작한다.
　　　　朝井 뒤돌아보며 따라 간다.

　　　　좀 떨어진 강 하류
　　　　그 근처를 春川이 다가온다.
　　　　등 뒤에서 아이가 부르는 소리가 들린다.
　　　　'아저씨! 아저씨!' 하고 成吉(8세)이 사과를 먹으며 뒤쫓아 온다.

成 吉　어디 가 아저씨?

春　川　응 저기
成　吉　우리 집에 가는 거지?
春　川　응 엄마 계시니?
成　吉　응.
春　川　형은 있니?
成　吉　응 누워 있어.
春　川　누워 있다고, 왜?
成　吉　머리가 아프대요.

하고 우걱우걱 게걸스럽게 입을 움직인다.
春川 혼잣말처럼

春　川　어쩔 수 없는 녀석이다. 가자.

하고 成吉의 뒤통수를 손바닥으로 끈다. 成吉 목을 움츠리고 울상이 된다.

成　吉　아파요.
春　川　쳇 나약하긴.
成　吉　아저씨 지난번처럼 목마 태워 줘.

하고 쪼그리고 앉는다.
春川 상관 않고 걷기 시작한다.

成　吉　네 아저씨.

하고 사과를 입에 물고 春川의 오른손을 잡는다.
春川 그 손을 힘껏 올리자 成吉의 몸이 공중에 뜬다.
그대로 거기에 있는 외나무다리를 건넌다. 成吉의 몸은 다리에서 비어져 나와 물 위에 있다.
成吉, 밑을 보고 '아' 하고 비명을 지르는 순간 물고 있던 사과를 강 위에 떨어뜨린다.
春川 힘차게 척척 나아가 다리를 건넌다.

金村가의 집 앞

항구 도시의 초라한 '만물상'. 담배도 팔고 있다.
먼저 成吉이 달려온다. 안으로 뛰어 들었다.

成 吉   엄마! 아저씨야. 아저씨가 왔어.

내부
어머니 貞順이 장남 正明의 머리의 열을 내리게 하고 있다.
거기에 成吉 달려온다.

成 吉   아저씨야.

느릿하게 春川 모습을 나타낸다.

春 川   여어, 안녕하세요.

貞順 빙긋 웃으며

貞 順   어서 오세요.

春川도 正明의 베갯머리에 앉아

春 川   어떻게 된 거야? 正明.
貞 順   어젯밤부터 열이 좀 나서요. — 아무래도 이 녀석이 약해서 걱정이에
　　　요.
春 川   오늘 아침부터 2, 3번 사무실 쪽에 전화했는데 오늘은 아직 한번도 얼굴
　　　을 내밀지 않았다고 해서 와 본 건데 예상대로군.

正明 고통스러운 듯이

正 明   이번 항해 한번만 쉬면 안될까요?
春 川   무슨 소리 하는 거야. 약한 소리 하지 마라. 고래잡이도 전쟁이다. 전
　　　쟁에 휴가가 있을 수 있나. 정신 차려.
正 明   하지만 너무 힘들어요. 배를 타기라도 하면 죽을 것 같아요.
春 川   바보 같은 녀석 뱃사람이 배에서 죽을 수 있다면 그걸로 족한 일 아니
　　　더냐.

하고 벽면을 올려다본다.

벽면
포경선에 자리잡은 늠름한 망부의 사진.

春 川 자네! 아버지를 잊어서는 안되네. 돌아가신 아버지는 말이지 포수로서
는 반도는 물론이고 본국에서도 소문난 명인이었네. 자네도 알고 있을
거야 그것이 5년 전이야.
상처난 손으로 미친 듯이 날뛰는 큰고래와 일대일로 싸우면서 마침 2
번째 작살을 걸어 방아쇠를 손에 건 순간 역파의 충격으로 눈 깜짝할
사이에 망해 속으로 떨어지고 말았지. 훌륭한 순직이었지. 그 훌륭하신
아버지의 뒤를 이으려고 옛날에 신세졌던 우리 뱃사람들이 목숨을 걸
고 일하고 있지 않은가.

貞 順 정말 정신 똑바로 차리지 않으면 돌아가신 아버지나 여러분에게 면목
이 없어.

春 川 일어나라 일어나. 조금 열이 나는 정도야. 두통이 다 뭐야. 이 대전쟁 중
에. 한 사람이 쓰러지면 그만큼 나라의 생명력이 약해지는 거야.

하고 격려한다.

공장의 벨이 울린다.

공장의 문
여공들 나온다. 그 중에 秋子도 섞여 있다.

해안길
'金村正孝애도비'로 꽃을 들고 松田 선장이 온다. 먼저 꽃을 올리고 참
배한다.
근처.
秋子 온다. 공장에서 오는 길이다. 감동한 듯이 바라보며 선다.
참배를 마치고 돌아가려는 선장.
그곳에 秋子가 오며,

秋 子 선장님 항상 잊지 않고 찾아와 주셔서 감사합니다……. 아버지도 무척

기뻐하실 거에요.

松　田　무슨……. 죽었든 살았든 이 사람과 나와는 끊을래야 끊을 수 없는 소중한 친구 사이인걸 하하하.

하고는 갑자기 진지한 얼굴로

松　田　그런데 正明이 말인데, 그 녀석은 정말 딱한 녀석이야. 돌아가신 아버지의 아들치고는 성격이 너무 안 좋아. 너와는 성품이든 뭐든 완전히 다르고 무엇보다도 남매 같지가 않아.

秋　子　정말 왜 그러지……. 선천적으로 몸이 약한 탓도 있긴 하지만…….

松　田　나도 돌아가신 아버지와의 약속도 있고 해서 내 딸의 장래 신랑감으로 정해 놓고는 있지만 저래서는 아무래도.

秋　子　괜찮을 거에요 아저씨. 조만간 회복되는 때가 있을 거에요. 남잔 걸요.

松　田　음 나도 긴 안목으로 볼 생각이지만 너도 어머니에게 말하고 집에서 좀더 호되게 다루지 않으면 안 된다.

秋子 힘없이 '예' 하고 끄덕인다.
松田 화두를 바꿔

松　田　正明이는 그렇다 치고 너도 이제 결혼해야 될 텐데. 일전에 어머니도 그러시더구나.

秋子 얼굴이 빨개져서

秋　子　나 같은 걸 누가 상대해 주겠어요.

松　田　젊은 선원 중에 누구 없어? 春川는 어때?

秋子 깜짝 놀란다. 두근거리는 가슴을 억지로 누르는 느낌…….

집 앞
秋子가 오고, 春川 안에서 나온다.
秋子 상냥하게

秋　子　어머 와 계셨어요?

春川 무뚝뚝하게

春 川 지금 오니?
秋 子 예.

春川 그대로 무뚝뚝하게 돌아간다.
秋子 왠지 약간 아쉬워하고
春川 되돌아와서

春 川 내일 正明이를 꼭 내 보내 줘. 알았지?

하고 이번에는 정말 가버린다.
秋子 가만히 멀어져 가는 것을 바라본다.

(F.I) 저녁바다

마을
마을은 아직 어둑어둑하다.
몸집이 작은 德山 기관장과 키다리 水川 수부장이 준비를 하고 다가온
다.
한 모퉁이에서 金田 파수꾼이 나온다.

金 田 여어 빠르네.
水 川 여어.

합류하여 걷기 시작한다.
역광이라 세 사람의 그림자가 길다. (이동)
큰소리로 이야기하면서 간다.

德 山 …… 그러나 전쟁은 어떤가, 전쟁은…….
金 田 이런 바보, 이기고 있을 게 뻔하잖아. 자네 신문 매일 안 보나?
水 川 루즈벨트란 녀석도 어지간히 고집이 센 녀석 아닌가.
金 田 뭐라고! 지금 와서 뭐야. 만약 무슨 일이라도 생기면 포경선을 미국본
　　　 토에 대서 루즈벨트의 배에 두세 번 쾅하고 처넣어 주지 뭐.

德　山　고래로 착각하면서…….

와자하게 큰소리로 웃는다.
옆쪽에서 공장으로 서둘러가는 秋子가 나온다.
金田, 애꾸눈이 휘둥그레져서

金　田　어이 秋子 지금 출근하니?
秋　子　안녕하세요?
水　川　요즘 오랫동안 찾아뵙지 못했는데 어머닌 별고 없으신가?
秋　子　예 덕분에.
德　山　우리를 대신해서 春川 씨가 가끔 간 것 같으니까 그걸로 셈셈이다. 하하…….
金　田　그건 그렇고 오늘 正明이는 괜찮겠지?
秋　子　예 벌써 나갔어요.
金　田　그렇다면 됐다. 선장님도 걱정하고 있었거든.
秋　子　잘 부탁드립니다.
金　田　음 어머니에게도 안부 전하렴.

하고 먼저 간다.
秋子 아침 햇살을 정면으로 받아 눈부신 듯이 일동이 사라져 가는 모습을 바라본다.

부두
출항이다. 준비로 바쁘다.

배 위
여기도 전쟁터 같다.
수부장 水川의 지휘로 젊은이들 바쁘게 뛰어 다닌다.

포격대
여기에서도 네다섯 명이 땀흘리며 준비하고 있다.
그 속에서 正明이 느릿느릿 잠깐 일하고는 한숨을 쉬고 있다.
조금 떨어져서 春川과 金田이 보고 있다.

春　川　저 줏대없는 녀석. 어쩔 수 없는 녀석이군.

金　田　아직 젊으니까 슬슬 느긋하게 훈련시켜 주게.

　　　하는데 이것은 전에 없이 온화하다.
　　　正明, 공동작업을 잘 못하고 혼자만 낙오되어 땀을 닦는다.
　　　그곳에 春川 온다.

春　川　똑바로 해.
正　明　어지러워요.

　　　春川의 눈, 갑자기 타오른다.

春　川　뭐야! 이 정도 일로……. 맙소사.
正　明　안 되겠어요……. 도저히

　　　하고 애원하듯 春川을 본다. 깜짝 놀란다.
　　　작살 포대를 배경으로 인왕4)처럼 우뚝 서서, 눈을 부릅뜨고 꼼짝 않는
　　　春川의 늠름함.

春　川　正明!

　　　하고 그 두꺼운 오른팔이 正明의 어깨 언저리에 휙 뻗쳤다고 생각한 순
　　　간

春　川　바닷물로 세수 한번 하고 와.

　　　앗 하는 순간 春川의 어깨 위에서 正明의 몸이 공중제비를 돌았다.

　　　# 부두
　　　선장인 아버지를 배웅하고 光子, 막 오자마자 악하고 비명을 지른다.

　　　# 해면
　　　반짝반짝 태양이 빛나는 물위에 첨벙하고 正明 빠지고 이윽고 수면에
　　　올라 울상이 된 얼굴로 뱃머리 옆으로 헤엄쳐 가려 하지만 매우 힘든
　　　것 같다.

---

4) 인왕(仁王): '금강신'을 달리 이르는 말.

결국 春川이 멋진 모습으로 뛰어 들어가 正明에게 쑥쑥 헤엄쳐 다가가

春　川　어때 다 나았나?
正　明　너…… 너무 심하잖아요.
春　川　이 약해빠진 녀석

하고 손을 뻗어 머리를 짓누른다.

春　川　더 먹어. 짠물을 배가 터지도록 먹어봐!

하고 계속 물 속에 머리를 처넣는다.
正明 비명을 지른다.
春川, 상관 않고 머리를 누른다.

　# 선상
　金田, 水川 등이 보고 있다.

　# 부두
　光子가 당황하여 아버지에게 조른다.

光　子　아버지 빨리…… 빨리 말려줘요. 너무해요 너무해.

선장 松田, 그러나 대답하지 않고

光　子　아버지! 네…… 아버지.

松田 빙긋 웃으며

松　田　잠자코 보고 있어. 아직…… 저 정도론 녀석이 타성에서 벗어나질 못해.

光子 보고 있을 수 없어 그 자리를 떠난다. 그리고 슬픈 표정을 짓는다.
松田 다가와서

松　田　光子야, 너도 야무지지 못하구나. 모르겠니?

26

저렇게 하는 것은 널 위해서이기도 한 거야.

光子 천천히 얼굴을 들어 조심스럽게 배 쪽을 본다.

뱃고동이 울려 퍼진다. (배A)

뱃고동이 울려 퍼진다. (배B)

뱃고동이 울려 퍼진다. (배C) 팬

눈부신 아침 바다
포경선은 축로를 이으며 출항해 간다.

북양호 선상
선장 이하 부서를 지키는 광경(정경). 육지에서 보여주던 장난기는 없고
모두 늠름하고 용감함 그 자체이다.

포대 옆
작살의 포신을 붙잡으면서 春川 멍하니 있는 正明에게 말한다.

春 川　저 새파란 바닷물과 커다란 파도의 물결을 잘 봐! 이것들에 에워싸인
　　　나라가 일본이다. 바다나 배를 타는 것이 무섭다면 일본 남자가 아닌
　　　것이다.

正明, 그러나 아직 그 눈에는 공포의 색이 짙다.

조타실
木村. 기관사 옆으로 선장이 다가온다.

松 田　어떤가 고작 3백 톤 정도 되는 배의 3배나 그 언저리야. 바다에 나가면
　　　마치 쓰레기처럼 하찮은 존재라구. 최소한 5백 톤 정도 되는 배를 5, 6
　　　척 더 늘려서 북선의 먼 바다 쪽을 우리들의 천하로 할 수 없는 데는
　　　울화통이 치밀어서.
木 村　그렇고 말고요 선장님. 그런데 그 사업장 확장건 말인데요. 이야기는
　　　진척되고 있는 겁니까?
松 田　오늘 아침에도 장장에게 부추겨 봤더니 본사에서 岩河 대장이 아주 애

를 쓰고 있지만 본사측은 사장을 비롯하여 중역진이 별로 마음이 내키지 않는 모양이야.

木 村 바보 같은! 그런 바보 같은 소리만 하고 있을 때가 아니야. 해무 사업의 통합도 좋지만 때가 때인 만큼 포경사업을 의붓자식 취급해 둘 수는 없죠 선장님.

松 田 자 자 그러니까 岩河대장이 애쓰고 있잖아.

'조선 해무' 본사 사장실
權田 사장에게 岩河과장이 상담하고 있는 사장이 가지고 있는 서류를 가리키면서

岩 河 사장님 거기에도 상세하게 적혀 있는 대로입니다……. 즉 포경과의 확장은 말입니다…….

權 田 자 자…… 자네도 좀 기다리게. 회사도 통합회사의 예인 만큼 말만 앞서고 행동이 따르시 않는 느낌이고, 내용적으로 여러 가지 부적합한 면도 있고 큰 회사로서의 균형을 깨뜨리는 점도 많이 있기는 하지만 그렇다고 해서 한꺼번에 이렇게 해라 저렇게 해라 하면 전혀 손을 쓸 수가 없으니까 말이지……. 여하튼…… 뭐야 이번 회의까지 기다리게.

岩 河 …… 하지만…….

權 田 자 자…… 13일날 있는 회의까지 기다려 달라니까. (F.O)

(F.I) 부두
항구는 석양으로 새빨갛다. 마중 나온 가족들의 열광하는 모습.
입항한 배에는 끌려온 고래 고래 고래.
하선한 松田 선장 이하
光子가 松田 옆으로 와서

光 子 다녀 오셨어요.

松 田 그래 수고했다.

하고 즈크[5]가방과 비옷을 건넨다.
光子는 슬며시 누군가를 찾는다.
약간 떨어져서 피곤한 듯 正明이 光子의 시선을 두려워하듯 인파에 섞인다. 光子 안타깝게 한숨을 쉰다.

---

5) 마사(麻絲)를 굵게 꼬아 짠 직물.

기관장 德山이 아내에게 붙들려 있다. 남편의 오른쪽 팔을 붙들고 집에
가요 어서 하고 조른다.
德山 우거지상을 쓰며

德　山 이 바보 지금부터가 중요해. 먼저 돌아가.
부　인 술만 마셨다간 집에 못 들어올 줄 알아.

하고 쏘아본다.

부두
正明이 힘없이 돌아간다.
등 뒤에서 남의 눈을 부끄러워하며 光子가 쫓아온다.
낮은 목소리로

光　子 …… 正明씨—.

正明, 깜짝 놀라 살짝 돌아본다.
2, 3칸 떨어져서 光子가 서있다.
正明, 무슨 생각을 했는지 비겁한 태도로 그대로 달려간다.

외나무 다리
正明 달려온다. 잠깐 뒤돌아 보고는 다시 쏜살같이 달려간다.
그 뒤로 光子가 종종걸음으로 온다. 갑자기 걸음을 멈춘다. 또 힘없이
正明를 쫓아 다리를 건넌다.
正明, 종종걸음으로 모래언덕을 내려간다.
光子, 거기까지 와서는 더 쫓을 힘도 없이 슬픈 듯이 운다.
다가오는 사람(여자)의 발
光子 돌아본다. 그러자 그것은 秋子이다. 그녀는 멀어져가는 正明의 뒷
모습을 쫓듯이 하며 다가온다.

秋　子 어떻게 된 거에요?

光子 잠자코 머리를 흔든다. 그리고

光　子 저 사람은 왜 저럴까요? 나에게서 달아나려고만 해요.

하고 쓸쓸한 웃음을 짓는다. (O.L)

멀리 떨어진 모래언덕
벌렁 누워 있는 正明
거기에 다가오는 秋子
正明 일어나 앉아 있다.

秋 子 잘 다녀왔니?

하고 앉는다.

正 明 공장은…… 잔업 안 해?
秋 子 공장은 내일부터 바빠질 거야.

正明 또 벌렁 드러눕는다.

秋 子 正明 너 왜 光子에게 매정하게 대하니?
가엽게도 울고 있더라.

正明, 고민하는 기색

正 明 뭐 어때. 어차피 나란 놈은 안 되는 인간이야. 도저히 光子와 함께 할
수 없는 인간이라구.

하고 중얼거리더니 갑자기 다시 일어나 진지하게

正 明 싫어. 나는 아무리해도 배 타는 건 무리야.
秋 子 무슨 소리 하는 거야.
正 明 안 된다니까. 안 되는 인간이라구.

秋子 일단

秋 子 그런 말을 하다니. 그럼 대체 누가 아버지 뒤를 잇니?
正 明 成吉이가 있잖아.
秋 子 넌 장남이야. 장남이 가업을 잇는 것은 정해진 일이야. 그럼 엄마는 어

떻게 할 작정이야? 누가 보살피니?

正 明 군이 배를 타지 않아도 어머니를 보살필 정도는 돼. 훌륭히 봉양하겠어.

秋 子 …… 또 春川 씨에게 꾸지람 듣겠다.

正 明 흥 그 사람도 쓸데 없이 참견하는 거야. 아무도 부탁하지 않았는데. 무시나 하고 말야.

억울한 것 같다.

秋 子 무슨 소리 하는 거야. 너 대신에 엄마랑 누나가 부탁한 거잖니. 뱃사람의 자식이, 아니 고래잡이의 자식이 고래잡이가 되는 것은 당연한 거야.

正 明 아버지는 아버지고 나는 나야. 두 번 다시 배 같은 거 안 탈 거야. 생각해봐 그렇잖아?

갑자기 심하게 입 주위를 떨고 눈물을 보이며

正 明 이런 약한 몸으로…… 약한 몸으로…….

하고 남자답지 못하게 울기 시작한다.
秋子 크게 한숨

秋 子 한심하구나……. 남자인 주제에 바다가 무섭다느니 배를 탈 수 없다느니…… 슬픈 건 오히려 누나야.

그곳에 수부 朝井이 바삐 온다.

朝 井 뭐야 이런 곳에 있었어? 사무실에서 장장의 접대가 있어서 모여 있어. 아까부터 찾았다구.

正明, 잠깐 朝井을 돌아보았지만 그대로 드러눕는다.

朝 井 이봐…… 왜 그래? 가자구. 이봐, 正明.

하고 부르지만 움직이지 않는다.

秋子는 쓸쓸한 웃음을 띠고

秋 子 …… 내가…… 대신 갈까…….
朝 井 네에?

하고 어이없어 하다가 갑자기 빙긋 웃으며

朝 井 과연, 그러면 春川 씨도 만날 수 있으니까 말이지.

헤헤헤헤 하고 웃는다.
秋子 정색을 하며

秋 子 무슨 소리 하는 거야. 난 정말 괜찮다면 동생 대신…… 동생 대신…….

하고 저녁 바다 쪽으로 얼굴을 돌린다. 그리고 가만히 바다를 응시한다.

해지는 바다
秋子의 눈동자가 어느새 촉촉이 젖어온다.
朝井 약간 두려워하며 잠깐 주저하다 사라진다.
秋子의 눈동자가 석양에 반짝인다. 희미하게

秋 子 아버지.

항구의 조난비
'金正孝비문'의 글자가, 석양빛이 석면에 비쳐 확실히 읽힌다.

하늘
좋은 달밤이다.

부두
春川과 德山이 기분 좋게 걸어온다.

德 山 특별 배급된 술은 문자대로 특별히 잘 취하지 春川 씨.

春川, 말이 없다.

德 山 지금부터 집에 가서 쭈그러진 마누라 기분 맞추는 것도 힘에 부치고 어
때? 2차나 가는 게? …… 응 春川 씨.

春川 여전히 말이 없다.

德 山 쳇

하고 애타기 시작한다. 그곳은 사거리. 德山 春川를 만류하며

德 山 어…… 어…… 어이…… 자네, 이제 어디에 갈 건가?

春川 무뚝뚝하게

春 川 저쪽.
德 山 하숙집에 가는 거야?
春 川 저쪽이야.
德 山 아 저쪽…… 저쪽이라면 이쪽의 반대니까…… 역시 저쪽인가……. 그럼
나도 마침 저쪽이다.

春川 귀찮은 듯이

春 川 자네는 돌아가게.
德 山 도…… 돌아가라는 거야. 쳇, 유난스럽긴. 달이 좋구만.

하고 허리를 흔들거리며 넋을 잃고 달을 보고 있다.
귀를 획 하고 잡아당기는 사람이 있다.

德 山 아…… 아야…… 아…… 아.

하고 얼굴을 돌리자 그곳에 부인이 무서운 모습으로 버티고 서있다.

부 인 갑시다.

하고 세차게 끌고 간다.

春川 쓸쓸한 웃음을 띠며 가는 모습을 바라본다……. 다시 비틀비틀 걷기 시작한다. 저절로 다리가 둔해진다. 그만둘까……. 생각하고 잠깐 시계를 본다. 역시 그만둘 수 없다……. 결심하고 그대로 걷는다.
春川의 반신(半身)이동
조금 있다가 앞에 누군가 사람이 오는 기척에 주춤한다.

전방
正明이 사냥모자에 보스턴 백 차림으로 급하게 온다.
그곳의 네거리를 재빨리 꺾어져 간다.
春川 작은 목을 갸우뚱하며 뒤를 밟는다.

항구길
正明이 빠른 걸음으로 서두른다. 등 뒤에서 사람의 기척이 나자 멈춰 서고는 조심스럽게 뒤돌아본다.
그곳에 春川 다가온다.

春 川 正明 아닌가.

하고 다가와

春 川 어디 가는 건가?

正明 아차 하고 잠자코 春川을 노려본다.

春 川 대체 어디에 가는 거야? 이 시간에…….
正 明 어딜 가든 내 마음이야.

하고 가려고 한다. 그 앞으로 와서

春 川 기다려.

하고 살짝 미소지으며

春 川 쓸데없는 문제 일으키면 안 된다 正明.

하고 상냥하게 어깨에 손을 얹는 것을 뿌리치며

34

正　明　내버려둬.
春　川　아무 말 말고 돌아가 또 어머니 걱정하신다.

　　　　# 정거장
　　　　밝은 달빛 아래 멀리에서 기차가 온다.
　　　　正明 초조해 한다. 그대로 달려가려고 하는 것을 春川 붙잡아 자기 곁
　　　　으로 확 끌어당긴다.

春　川　기다려. 나이든 어머니랑 누나를 버리고 너 대체 어디를 가려고 하는
　　　　거야.

　　　　正明 갑자기 발끈해서 미친 사람처럼 고함친다.

正　明　나…… 나 배타는 건 질색이다. 두 번 다시 배를 타지 않겠다고 결심했
　　　　어……. 놔줘 쓸데없는 참견은 말아줘.

　　　　春川 역시 그런가 하고 말하듯 물끄러미 正明을 응시한다. 正明 또 다
　　　　시 달아나려는 것을 春川 붙잡는다.

正　明　그만하지 못해. 내버려둬.

　　　　라고 발버둥치는 것을 누르고 상냥하게

春　川　이만큼 말했는데도 모르겠나?
正　明　시끄러워.

　　　　하고 뿌리치는 순간 春川의 태도는 완전히 일변한다.

春　川　正明.

　　　　하고 목덜미를 잡았다. 그리고 무슨 생각을 했는지 잠깐 뒤를 돌아본다.
　　　　광폭하게 바둥거리는 正明을 아까 왔던 길로 질질 끌고 간다.

正　明　뭐하는 거야! 젠장할! 놔! 놓으라구!

도중에 보스턴 백을 떨어뜨린다.

아버지 金正孝의 조난비 앞
그곳까지 끌고 온 春川 붙잡은 正明의 옷깃 위를 쓸며

春 川 正明! 잘 봐라! 이 비석을 잘 봐!

하고 얼굴을 향해

春 川 너는 아버지마저도 버릴 셈이냐?

正明 자기 눈으로 비석과 春川을 번갈아 노려보고 있다가 갑자기 심하
게 몸을 떨면서 비튼다.

정거장의 홈
기적소리가 한번 울리고 기차는 발차한다.
正明 분한 듯 일어선다.

正 明 제기랄!

하고 갑자기 맹렬한 기세로 春川에게 덤벼든다.
분함과 슬픔에…… 자포자기가 되어 힘껏 春川에게 도전했다. 비명이라
고도 구역질이라고도 할 수 없는 신음 소리를 내면서…….
春川 얼마동안 正明이 하는 대로 두고 있다가 이윽고 무슨 생각을 한
듯이 갑자기 正明을 뿌리친다.

春 川 바보!

正明 분해서 이를 갈며

正 明 제기랄!

하고 뛰어드는 것을 또다시 쾅하고 한방 먹인다. 正明 비틀거리며 엉덩
방아를 찧는다.

春 川 와라! 덤벼봐!

36

正明 막무가내로 덤벼든다.

正 明 제기랄! 이런 제기랄!

울면서 미친 듯이 덤벼드는 것을 春川 그 자리에 내동댕이친다.

正 明 히…… 히…… 히.

하고 이를 드러내며 일어나서는 다시 덤벼든다. 다시 맞고 쓰러진다.

春 川 나약한 자식! 더 덤벼!

正明 그대로 덤벼든다. 또 내동댕이쳐진다. 이제 눈물도 나오지 않는다.
필사적이다.

正 明 제…… 제…… 제기라……ㄹ.

하고 덤벼들다 또 내동댕이쳐진다. 이번에는 금방 일어나서 덤벼드는
것을 쾅하고 호되게 맞고 튀어 모래 위에서 공중제비를 돌 듯 떨어졌
다. 이번에는 좀처럼 일어날 수가 없다.
春川 다가와서

春 川 일어나! 일어나서 덤벼!
正 明 뭐…… 뭐…… 뭐라고…… 이 자식!

비틀거리며 또 덤벼드는 正明을 쾅 쾅 두세 방 먹이고 따귀를 크게 한
방 먹인 것이 제대로 먹힌 듯이 푹 쓰러진 채 결국 뻗어 버렸다.

春 川 어떻게 된 거야! 한번 더 덤벼봐. 이 나약한 자식.

놀란 모습으로 正明 히…… 히…… 하고 눈을 감은 채 괴로운 듯이 호
흡하고 있다.
春川은 그것을 물끄러미 내려다보고 있다가 이윽고 안아 일으킨다.
정이 담긴 春川의 얼굴
正明 눈이 움직이지 않는다.

비석의 큰 글자
正明의 눈에서 따뜻한 눈물이 줄줄 흐르기 시작한다. 입가가 썰룩거리며 떨린다. 또 눈을 감는다.

春 川 正明! 정신차려!

正明 푹 머리를 떨어드린다.

春 川 이 바보야! 왜 이렇게 미련하니!

모래 위
떨어져 있는 보스턴 백을 줍는 손. 正明을 업은 春川의 손이다.

길
正明을 업고 春川 걸어간다. 마치 아이에게 말하여 들려주듯이

春 川 아까 너는 '어디에 가든 내마음'이라고 했는데……. 그 네 마음이라고 하는 것은 옳지 않아. 우리들 몸은 말이지 우리들 것이 아니야 우리들 것이. 부모 형제에 연결되어 있고……. 일 억 동포……. 온 국민들에게 단단하게 쇠사슬처럼 연결되어 있는 거다. 제멋대로 행동할 수 있는 게 아냐.

하고 계속 훈계한다.

春 川 나는 어릴 때부터 부모도 없고 형제도 없이 이 세상에 나 하나 뿐이지만 결코 혼자라고 생각하지 않는다. 너랑 선장님이랑 애꾸눈 金田랑 모두 같은 피로 이어진 일본인이기 때문이다. 형제인 거다. 이 형제가 힘을 합쳐 서로 도와 가며 나라를 위해 일하는 거다. 알겠나? 正明……알겠어?

春川의 등에 찰싹 달라붙은 正明의 어깨가 떨린다.
春川 마음이 흔들려서

春 川 울지마! 당치도 않다. 남자잖니!

하고 격려하며 걷는다. (F.O)

(F.I) 조선 해무 사업회사 집회장
넓은 장내에 사장을 중심으로 각 중역, 간부의 대평정이 시작되고 있다.
淀島 전무, 서류와 씨름하면서 옆의 田村 상무와 무언가를 속닥속닥 이
야기하고 있다. 포경과장석과 (잔표가 내리는 책상에서) 가죽잠바 차림
의 岩河 과장이 발언중이다.

岩 河 에— 이상 아까부터 몇 번이나 반복해서 말씀드렸듯이 무릇 우리 회사
의 포경사업인 시국 하 증산 문제와 직면해서 1분 1초라도 헛되게 흘
려 보낼 수 없는 국책사업이며 이것이 확장 발전함은 참으로 화급을
다투어야 할 일입니다. 즉 현재 보유중인 3척으로 조차 저렇게 놀랄 만
큼 많이 수확하고 큰 수훈을 세울 수 있었으니까 아무리 많이 있어도
모자라는 전시 자원 개발을 위해서는 다른 과의 주문을 잠깐 뒤로 하
고서라도…… 지금 5, 6척의 포경선을…….

다른 과장들 난처한 얼굴을 한다.
岩河는 모르는 체 하고 계속한다.

岩 河 적어도 3백 톤급의 것을 5, 6척…… 대지급…….

선구과장이 발언한다.

선구과장 이것봐 岩河군. 다른 과의 주문을 뒤로하고라는 말은 좀 온당하지 않
은 것 아닌가. 우리 회사는 그 이름이 나타내듯이 어디까지나 해무사업
회사이지 일개 포경회사만이 아니라는 말이지

岩 河 누가 포경회사라고 했나? 우리 회사에 있어서 가장 권위 있는…… 더구
나 발족 초부터 이미 숱하게 눈부신 업적을 무수히 쌓고 있는…… 참
으로…… 참으로…… 에…… 만록엽중 홍일점…….

하고 탈선한다.
전무 난처한 듯이

淀 島 이제 됐잖은가. 용건은 잘 알았네.
岩 河 게다가 이 대전쟁에 완승하기 위해서는 아무래도 고래를…… 포경선은!

이때 사장도 참기 힘들어 말을 시작한다.

權 田   이제 됐잖아. 그쯤에서…… 岩河군.

하고 淀島와 서로 쳐다보며 쓴웃음을 짓는다.

사업장 사무실
林장장의 자리를 둘러싸고 杉田선장, 金田, 水川, 木村, 德山, 金井가 늘어서서 한 통의 전보를 보고 있다.
전보문(林 읽는다)
'오늘 회의의 벽두 극력 포경사업의 중요성을 설명하고 국가적 견지에서 우리의 뜻을 주장했다. 북양과에도 유력한 주장이나 기안은 수락되지 못함 岩河…….'

林   흠 유감이군. 岩河 대장이 노력해도 안 되는 건가.

본사 회의실
岩河 마지막 노력인 듯이 목소리를 높여

岩 河   이렇게까지 말씀드리고 이렇게까지 부탁 드리는데도 안 된다고 말씀하신 이상, 감히 소생이 또 무슨 말씀을 드리겠습니까만. 여기에 하나 새로운 제안이 있습니다. 그것은 말입니다. 여하튼 사장님을 비롯한 중역 분들에게 한번 우리들의 직장인 사업장을 봐 주셨으면 하는 것입니다. 어쨌든 한번 사업장을 실제 조사를 하신 후에 부정하시더라도 하셨으면 합니다만.

淀島, 사장의 기미를 보고

淀 島   하지만 말이네 우리가 실제 조사를 하지 않는다고 해서 이해하지 못하는 것은 아니네. 어떻게 할까요? 사장님. 저는 그것에는 따를 수 없다고 생각합니다만.

사장, 岩河에게 의미있는 미소를 보내면서 끄덕인다.

權　田　음 중역들 사이에서 한차례 검토한 것이니까 말이네.

　　　　하고 말한다.
　　　　岩河 포기하지 않고 커다란 눈을 부라리며 아직 우뚝 서있다. (O.L)

　　　　# 사업장 사무실
　　　　岩河 시계를 보면서 이것은 완전히 포기한 모습이다.

林　　　 저러고 아무 소식도 없는 걸 보면 안 되는 거겠지…….
松　田　 대체 중역들은 고래라는 짐승을 한번이라도 본 적이 있는 거야?
金　田　 전혀, 사장이나 전무 자리에 있다고 해도 아는 작자는 한 사람도 없을
　　　　거야.

　　　　뚱보 金井가 끼어든다.

金　井　 너희 같은 전문가가 2, 3명 중역으로 있어주면 좋은데.
德　山　 뭐! 이런 사람들이 중역이라니 인품이 나빠서 안돼.

　　　　모두 와하고 웃는다. 松田 불쾌한 듯이

松　田　 어이어이 웃을 일이 아니야. 대동아전쟁 덕분에 남빙양6)의 어장에서 고
　　　　래가 많이 출몰하고 있는데 아무 것도 못 한다구. 지금은 근해 포경에
　　　　종사하는 우리들이 가장 분발해야할 가을이다. 어떻게든 해서 배를 늘
　　　　리고 고래를 더 잡아야 한다.

　　　　그때 그곳으로 三原 지사가 허둥지둥 들어왔다.

三　原　 왔어요 왔어. 제2의 전보예요.
林　　　 오 그래.

　　　　하고 받아 들고 낭독한다.
　　　　전보문 (장장의 소리)
　　　　'의론 백출로 수습이 안되기 때문에 회의를 일단 중지— 근일 사장 및

---

6) 남극해.

전무, 사업장으로 출발하기로 결정. 업무 시찰을 위함. 제군들 부디 분발하길. (岩河)'
장장과 선장 얼굴을 마주 본다. 모두 입에는 '사장이 온다!' '전무도 함께 온대!'라고 속삭이는 듯 하다.
林 장장 자신있는 듯

林   이것 재미있어지겠는 걸.

반대로 웬일인지 담배를 피우면서 깊이 생각에 잠겨 있는 선장.
林 장장 기운이 넘쳐서

林   어이 모두들 들었는가. 그런 이유이니 좀 더 노력하자구. 알겠나?

松田 선장 빙그레 웃으며

松 田 본사에서 총대장들이 직접 떼를 지어 온다니 재미있겠군.
林   음 절호의 찬스다. 이럴 때 우리들이 힘차게 일하는 모습을 모두 보여 주자구. (F.O)

    # (F.I) 부두
    젊은 수부들이 땀을 흘리며 로프를 나르고 있다. 그 속에 완전히 건강해진 正明이 부지런히 일하고 있다. 林 장장이 왠지 바쁜 걸음으로 그 곳을 지나가다 正明을 보고 빙긋 웃으며

林   正明! 자네 요즘 들어 갑자기 딴사람이 된 것 같아!

하고 어깨를 두드리고 간다. 옆에서 朝井도 듣고 있다.
正明 무거운 로프를 들려고 애를 쓰는데 朝井이 문득 正明 쪽을 본다.
그리고 히죽거리며 로프에 손을 걸면서 '어이' 라는 듯 쿡쿡 찌른다.

朝 井 보고 있는 것은 아버지만이 아니야 한번 물어 보라구.

    # 부두의 한구석
    양장에 샌들 차림. 光子가 장바구니를 들고 찾아온다. 正明 쪽을 보고 부끄러운 듯 점점 걸음이 느려진다. 正明 얼굴이 빨개지고 땀을 닦는다. 朝井는 짐을 어깨에 지고 正明을 어디 하면서 팔꿈치로 쿡쿡 찌르며

朝　井　헤헤헤…… 부모님이 허락한 약혼잔가.

朝井 싱글벙글 노래하면서 정신없이 안벽 끝으로 뒷걸음쳐 가다가 순식
간에 첨벙 빠진다. 어푸어푸 헤엄친다.
光子도 얼굴이 빨개져서 걷기 시작한다.
선장 松田, 와서 성가신 듯이 光子를 내려다보고

松　田　가끔은 正明 집에 들러 도와주려무나. 낮에는 나이든 어머니 혼자 불
　　　　쌍하잖니.

光子 약간 얼굴을 붉히고 어리광 부리듯

光　子　……. 싫어요…….
松　田　뭐가 싫어. 언젠가는 너의 어머니가 될 사람이야.

光子 대답하지 않고 집으로 달려간다.
그곳으로 기관장인 德山이 다가와서

德　山　선장님, 사장님은 배도 볼까요?
松　田　물론 보겠지.
德　山　사장이란 분은 훌륭한 분인가요?
松　田　훌륭하지. 여하튼 대단한 사람이다. 일개 선업에서 그만큼 성공했으니
　　　　말일세.

하고 말하면서

松　田　자네 春川을 못봤나?
德　山　아까부터 안 보이는데 결국 또 거기 갔을 거에요.
松　田　거기라니…… 어디 말인가?

德山 히죽거리며

德　山　선장님 아무 것도 모르세요?

모래언덕

수평선에 해가 떨어지기 시작하고 일면의 황색만큼이나 좋은 바닷바람
이 불어온다.
거기에 秋子와 春川이 3척 정도 사이를 두고 앉아 있다.

秋　子　가끔씩 내가 남자였더라면…… 하고 생각할 때가 있어요.
春　川　그러나 이제 됐잖아 正明도 그렇게 건강해졌고.
秋　子　아뇨…… 그것과는 또 다른…… 다른 의미로 말이에요.
春　川　어떤 의미야?
秋　子　어떤 의미이든…….

　　　하고 뒤를 얼버무린다.
　　　春川 귀찮은 듯이

春　川　나는 그런 귀찮은 것은 몰라.

　　　벌렁 드러눕는다.

　　　# 둔치
　　　약하게 밀려오는 파도의 끝이 아름답게 빛난다.
　　　秋子는 모래를 만지면서

秋　子　당신이란 사람은 상당히…….

　　　하고 딱 말을 끊어 버린다.

春　川　상당히 뭐?
秋　子　마치 통나무 몽둥이 같은 분이군요.
春　川　통나무 몽둥이란 말인가ー. 그럴지도 모르지…… 그러나 이래뵈도 애인
　　　한 마리쯤은 있다구.
秋　子　애인?
春　川　그래

　　　秋子 약간 신경이 쓰인다.

秋　子　누구예요……. 어디 사는?

春川 대답하지 않는다.

秋 子 어떤 사람이에요? 좋아요?

春川 일어나서 눈부신 눈짓으로 바다를 보며 턱으로 가리킨다.

春 川 저 쪽…….

하고 무뚝뚝하게

春 川 고래 말이야.

秋子, 어머 하고 어이없어 한다.

秋 子 잔인한 사람이군요.

春川 그런 것에 개의치 않고

春 川 고래도 인간과 같아. 새끼 고래가 젖을 찾아서 어미 고래에게 감겨들며 수영해 가는 모습은 얼마나 귀여운지 몰라.
秋 子 부럽겠군요. 어머니를 모르는 당신은.
春 川 부럽지 않아.

하고 말한다. 이번에는 무슨 생각을 했는지 대범하게 秋子의 얼굴을 정면으로 물끄러미 쳐다봤다. 秋子는 느닷없어서 눈을 피한다. 다시 돌아보자 아직도 거기에는 찬찬히 쳐다보는 남자의 눈이 있다.
秋子는 약간 당황했다. 가슴 언저리가 갑자기 한층 부풀어올라 고동이 희미해진다.

둔치
쏴하고 한차례 넓은 파도가 화면 가득 펼쳐진다.
秋子 약간 기대하는 듯한 낮은 목소리로

秋 子 왜 그래요…….

春川 금새 원래의 무뚝뚝한 모습으로 돌아가서

春 川 아무 것도 아니야.

하고 또 벌렁 드러눕는다.
秋子 멋쩍어지기 시작한다. 한참동안 바다 쪽을 응시하고 있다가 결심하고

秋 子 나…… 돌아가겠어요.
春 川 아아…….
秋 子 안녕히 가세요.

일어선다.

春 川 아아…….

秋子 힘없이 돌아간다. 그 옷자락에 부는 바람은 왠지 애처롭다.
春川, 물끄러미 여자의 뒷모습이 멀어져 가는 것을 바라보고 있다.
(F.O)

(F.I) 사업장의 사무실 문 앞
택시가 한 대 서 있다. (O.L)

공장 앞
權田사장, 淀島전무, 松山비서 3명이 林장장의 안내를 받아서 온다.
사장 거물다운 태도로 장장의 설명에 고개를 끄덕이면서 서기도 하고
걷기도 하고 둘러보기도 하는 시찰 풍경이 좋다. (O.L)

북양호 갑판 위
松田 선장이 수부들을 격려하고 있다.

松 田 잘 정리해둬 잘. 사장이란 사람은 모두 고지식한 사람들이니까

하고 또 한번

松 田 그리고…… 그 뭐야, 사장님이 타기 30분 전에는 확실하게 각자의 자리를 지키고 있게.

그곳으로 느릿느릿 春川이 온다.

松田 기분 좋게

松 田 어떻게 된 거야? 요즘 건강이 좋지 않아? 이번에는 반대로 正明에게
      당할 차렌가?

      하고 웃는다.

春 川 아무래도 나에게 육지는 맞지 않아요.
松 田 의미 심장한 미소를 띠며
松 田 감당할 수가 없나?

      松田 선장, 위압적으로

松 田 차라리 아내로 삼아버려.

      松田, 빙긋 웃으며

松 田 正明의 누나 말이야.

      春川 무뚝뚝하게

春 川 난 그런 재미없는 여자는 좋아하지 않아요. 질색이에요.

      松田 혼자서 이해했다고 속단하고는

松 田 음 그 말 듣고 안심했네. 뱃사람은 만사 그렇게 나오지 않으면 안되지.
春 川 선장님 쓸데없는 참견은 말아주었으면 좋겠군요.

      휙 하고 가버린다.
      선장, 싱글벙글하면서 가는 모습을 지켜보는데 옆에서 德山이 사과를
      먹으면서 목을 내민다.

德 山 어때요? 선장님, 실토하던가요?
松 田 음 녀석, 여자를 고래와 똑같이 생각하고 있어. 남의 참견은 사양하겠
      다고 하는군. 고집불통이야.

포대 옆
正明이가 열심히 사격연습을 하고 있다. 그곳에 春川 천천히 나타난다.
正明의 엉덩짝을 냅다 치며

春 川 그런 꾸부정한 자세로는 창은 장치할 수 없어.

하고 생각난 듯이

春 川 나도 자네 아버지에게 자주 그렇게 혼이 났었지. 아주 무서운 양반이
      었지.
正 明 하지만 우리들에게는 인자하고 아주 좋은 아버지였어요.

하고 생각난 듯이

正 明 그날 밤 누나가 아저씨에 대해서 말했어요.

春川 신경이 쓰여서

春 川 뭐라고……?
正 明 아저씨는 우리 아버지처럼 매우 고집 세고 외골수지만 좋아한다고요.

春川 어울리지 않게 얼굴이 빨개져서

春 川 쓸데없는 소리하지마.

하고 손바닥으로 正明의 머리를 때린다. 모자가 납작해진다.

부두
成吉이가 헐레벌떡 달려온다. 그리고 안벽(물가의 절벽)에서 큰소리로.

成 吉 형! 형!

하고 부른다.

포대 옆
포신을 닦고 있던 正明이가 얼굴을 돌린다.
기름 묻은 손으로 모자를 벗는다.

안벽
선장이 시계를 보면서 사장의 승선을 학수 고대하는 모습.
成吉의 옆으로 달려온 正明.

正 明 왜 그래? 成吉아.

成吉, 울먹이면서

成 吉 엄마가…… 엄마가…….
正 明 엄마가 어떻게 됐어?
成 吉 있잖아 물 길러 가서 쓰러졌어.

집 현관
의사의 차가 와 있다.
秋子 허둥지둥 돌아와 불안해하며 들어간다.

안벽
成吉 正明의 손을 끈다.

成 吉 아이…… 돌아가자 응.

正明 난처해하는데 선장 다가온다.

선 장 正明 가서 상황을 보고 와라.
正 明 하지만 오늘은…….
선 장 괜찮다니까. 빨리 가라. 아무튼 나이가 있으니까. 만약 무슨 일이라도 있으면 큰일이다.
正 明 그럼 그렇게 하겠습니다.
松 田 음.

正明와 成吉 달려간다. 그 뒤로 春川이가 단정한 복장으로 나타난다.

春 川 正明한테 무슨 일 있어요?
松 田 음 어머니가 다쳤다는군.

春川도 걱정하는 듯하다.

金家의 내부
팔과 머리를 붕대로 감은 貞順이 누워 있다.
秋子와 이웃사람이 병문안을 와 있다.

이웃사람 정말 큰일날 뻔했네. 다친 곳이 그만하기 다행이지.
貞 順 아버지가 지켜준 거야.
秋 子 욕심 내서 잔뜩 짊어지니까 그래 엄마.

하고 원망스러운 듯이 말하며 물을 먹여 준다.
그곳에 正明이가 왔다.

正 明 엄마 어떻게 된 거야.

貞順, 약간 미소 지으며

貞 順 미안하구나.

하고 갑자기 진지한 얼굴로

貞 順 너……. 오늘은 중요한 날이 아니냐?…… 배를 내려도 괜찮은 거야?
正 明 응……. 선장님이 괜찮다고 하셨어.
貞 順 안 된다……. 이제 엄마는 괜찮으니까 돌아가거라.
이웃사람 ……. 하지만 지금 막 온 거잖아요.
貞 順 아니오. 안 되요……. 작업 중에 돌아와서는 안돼. 설령 선장님이 괜찮다
고 말씀하셨더라도 그래서는 엄마가 미안하지. 작업 중인 너를 배에서
내리게 해서는 돌아가신 아버지에게도 죄송하고 말야.

하고 벽에 붙은 사진을 본다.

貞 順 직장도 전쟁터와 같아. 일이 끝날 때까지는 결코 벗어나서는 안 된다.
그러니 빨리 돌아가거라.

正明 물끄러미 엄마를 보고 있다.

배의 감시대
金田이 육지 쪽으로 망원경을 향하고 있다.
올라온 德山

德　山　어때 사장 일행은?
金　田　음 지금 해부장으로 들어갔어.

해부장
사장 이하 눈을 뒤집고 거경의 해부 작업을 보고 있다. 林장장 득의양
양하게

林　　어떻습니까? 사장님. 처절하고 쾌절한 참으로 천하무쌍한 일대장관이
　　　지요. 이것이 바로 어제까지 일본해를 유유히 헤엄쳐 다니던 흰 긴 수
　　　염으로 전체 길이가 19미터에 무게가 1톤인 문자 그대로 바다의 왕이
　　　지요.

사장 權田 감탄하여 목을 갸웃한다.

林　　이것 한 마리의 중량은 약 80관의 소 36마리분에 필적하니까 대단한 놈
　　　이지요. 게다가 이 고래란 놈은 머리끝에서 꼬리끝까지 조금도 버릴 데
　　　가 없는 대단한 물건으로……

'용도도해' 삽입

林　　참으로 바다에 다니는 자원의 보고여서 근대 과학전은 물론이고 고래
　　　의 은혜를 거부하고는 근대생활이 성립되지 않습니다.

사장은 장장에게 끄덕이면서

權　田　음 과연, 말이나 문서로 부족할 때는 나아가 그 실제 현장 즉 직접 현실
　　　에 부딪혀 볼 일이군…… 흠.

전무와 비서, 약간 피곤한 듯 얼굴을 마주 본다. 林은 더욱 분위기를 띄
운다.

林　　요즘 거론되는 진두지휘라는 것도 그런 의미에서 파생적으로 여러 가

지 귀중한 수확을 가져올까 하고 생각해 봅니다.

權 田 음 진두지휘는 중요하지. 나는 계속해서 할 생각이네.

林장장 기회를 놓치지 않고

林 그럼 이제부터 배 쪽을…….

전무는 비서와 얼굴을 마주보고 짐짓 피곤하다고 말하듯이

淀 島 사장님 배가 다 그렇죠.
林 아니 그렇지만 배가 중요하니까.
權 田 음 진두지휘라.

항구의 외다리
光子가 급히 온다. 건넌다.
반대쪽에서 正明이 얼굴을 숙이고 급히 와서 건넌다.
한가운데에서 正明이 문득 알아차린 듯이 약간 쑥스러워한다. 光子 다
가와서 걱정스러운 듯이

光 子 아주머니 다치셨다면서요?

正明 끄덕인다.

光 子 어떻게 하고 계세요?

正明 쑥스러워 하면서

正 明 고마워. 심각한 건 아니야.

하고 서둘러 앞으로 가기 위해 비좁게 몸을 피하지만 두 사람 다 얼굴
이 빨개진다. 光子 상냥하게

光 子 다녀오세요……. 어머니는 제가 간호할게요.
正 明 고마워…….

正明 그대로 뛰어간다.

光子 행복한 듯이 가는 것을 보고 있다.

배의 감시대
金田이 밑을 들여다보고

金 田 여어 드디어 오셨다.

하고 혼잣말을 하면서 큰소리로

金 田 동북— 15미터!

부두
사장 일행 도착했다.
선장 이하를, 春川, 木村이 환영.

松 田 어서 오세요. 기다리고 있었습니다. 들어오세요.

선장, 무슨 생각을 했는지 木村에게 안내역을 시키고 자기는 뒤에 남는
다. 사장, 전무, 비서 그 뒤에 春川의 순서로 林장장도 함께 가려는 것
을 선장 말리며 속삭인다.

선 장 그 쪽은 적당히 처리해주게. 생각해둔 일도 있으니까.
林   음 실은 나도 좀 질린 사람이야—. 부탁해.

부두 근처
正明 온다. 달리기 시작한다.

배 위
선장 무슨 속셈이 있는지 말없이 이곳 저곳 지휘한다.
안정적인 위치에 선다. (컷)
사장과 전무가 걸으면서 이야기하고 있다. 작은 소리로

權 田 흠, 그럴까. 장장의 실정보고가 과장되어 있을까.
淀 島 결국 포경과의 확장은 개괄해 볼 때 시기상조라고 추정됩니다.

선장, 무슨 일인지 시계를 보면서 결심하고 손을 들었다.

조타실
木村 기관사, 그것을 보고 전성관7)에 호령했다.

木 村 출항.

뱃고동 소리 한 번

부두
배 움직이기 시작한다.
그곳에 正明 달려온다. 아차 하고 배를 노려본다.

조타실

木 村 동미북.

수부장 키를 돌린다.

부두
正明 첨벙 뛰어 들었다. 양팔을 휘저으며 크롤8)로 배에 헤엄쳐 간다.
상당히 훌륭한 솜씨다.

배 위
春川 빙긋 웃으며 옆에 있는 흰색 로프를 잡아서는 바다 속으로 휙 던
진다.
갑판에서 사장 일행 어안이 벙벙해져 있다.
松山 비서 화가 나서 옆에 있는 선장에게 힐문한다.

松 山 어이 자네, 어떻게 된 건가? 배가 움직이기 시작하지 않나?

선장, 시치미를 떼고

松 田 예 출항입니다.

---

7) 분리된 두 방을 연결하여 음성을 전하여 주는 관.
8) 크롤 스트로크(crawl stroke)의 준말, 몸 전체를 물 속에 잠그고 두 손으로 번갈아 물을 끌어
당기며 물장구질을 하면서 나아가는 수영법.

전무 파랗게 질려서

淀　島　어떻게 할 건가.
松　田　사장님이 모처럼 승선하셨으니까 일본해의 야경이라도 보시게 하려고
　　　　생각해서요.

전무 격분하여

淀　島　뭐라고!

하고 화가 나서 씩씩거리며

淀　島　괘씸한, 멈춰! 빨리 다시 돌려!

그러나 과연 사장은 침착하다.

權　田　아, 기다려주게!

하고 松田 선장에게

權　田　사전에 알리지도 않고 배를 출항하는 것은 좀 심하다고 생각하지 않
　　　　나?
松　田　취항이라고 하는 것은 갑작스러울 만큼 흥미가 더 있기 때문에…… 보
　　　　세요! 저 멋진 바다의 석양을!

하고 선장 침착하다.
바다의 석양.

부두
멀어져 가는 배의 그림자

안벽
林장장과 뚱보 金井 해부주임, 다른 항구 사람이 멍하니 먼 바다를 보
고 있다. 林, 자꾸 눈을 깜박거린다. (F.O)

(F.I) 아침
배는 고래를 좇아 나아간다. 파도는 상당히 거칠다.

감시대
金田 물끄러미 전방을 노려보고 있다. 木村 기관사, 키를 돌린다.

포대
春川과 正明이 대기하고 있다.
春川 물끄러미 바다를 응시한다.
正明 말없이 그것을 훔쳐본다. 깜짝 놀라며 정신이 든다.
늠름한 春川의 손이 正明의 오른팔을 붙잡고 있다.
正明 의아한 듯이

正 明 왜요?

春川 돌아보며

春 川 나 말이지. 조만간 너와 진짜 형제가 될지도 모르겠다.

正明 의미는 모르지만 기쁜 듯이 끄덕인다.

바다
파도 점점 높다.

배 밑
전무와 비서가 두통 때문에 띠로 머리를 묶고 들떠서 이야기하고 있다.
다 토한 뒤인 것 같다.

조타실
權田 사장 한 사람만이 태연자약하다.
옆의 선장 말을 꺼낸다.

松 田 어떠세요 사장님, 가끔은 이런 취향도 나쁘지는 않을 겁니다.
權 田 좋지도 싫지도 않네. 이제 시작일 뿐이지 않은가.

선장 '이것은 보통수단으로는 안 되겠군' 하고 말하듯이 사장을 본다.

權　田　자네가 어떤 생각으로 나를 여기에 데려왔는지 나는 잘 알고 있다. 무릇 우리 회사의 포경사업이 전시 하에 있어서의 생산 확충에 얼마나 큰 공헌을 하고 있는지 나에게 몸소 보이려고 한 것이겠지.

松　田　옳소! 그렇습니다. 그것만 달성되면 만약 해고된다 하더라도 상관없습니다…… 아니 미련 없이 깨끗하게 할복할 생각입니다.

權　田　자네 상당히 재미있는 사람이군.

　　　# 사업장의 무전실
　　　밤새 무전 담당이 딱딱 무전을 치고 있다. 옆에는 본사에서 급히 온 田村 상무, 中村 인사과장, 岩河 과장이 몰려들어 있다.
　　　田村 상무 화가 나서

田　村　이런 괘씸한! 쇼와 성대의 일대 불상사다.

林　　　뭐라 드릴 말씀이 없습니다.

田　村　드릴 말씀이 없는 게 아니야. 찾아! 가령 돌을 들어서 풀뿌리를 헤집고라도 말이다.

林　　　하지만 상대는 일망 천리 바다에 있으니까…….

田　村　이런 멍청한! 예를 들어서 말이다. 사장을 데려 가다니 정말 수상하단 말이야.

　　　하고 화가 나서 씩씩거린다. 岩河와 林 난처해하고 있다.
　　　전전계, 옆에 잇는 현장에서 지은 밥을 입이 미어져라 먹으면서 딱딱 무전을 치고 있다.

　　　# 감시대
　　　金田 파수꾼 소리를 지른다. 크게 오른손을 들고

金　田　이스트 바이스에 고래다. 긴수염고래 발견.

　　　# 조타실
　　　선장을 비롯해 옆에 있던 사장 이하 활기를 띤다.
　　　파수대에서 金田 소리 지른다.

金　田　긴수염고래 10마리. 키를 보트로 돌려라, 키를 보트로 전속력!

> # 조타실
> 木村 기관사 전송관으로 부른다.

木　村　전속력! 전투 개시!

> # 포대
> 春川과 正明, 포신을 붙잡고 인왕처럼 서있다.
>
> # 바다
> 멀리 저편에 콧등으로 물을 뿜어내는 고래의 큰 무리가 보인다.
>
> # 갑판
> 사장과 선장이 모습을 드러낸다. 선장이 가리키는 쪽을 사장 본다.
>
> # 난바다
> 도망쳐 가는 고래
>
> # 감시대
> 金田 절규한다.

金　田　전속력! 전속력!

> 배는 고래떼에 접근했다.
> 달아나는 고래떼.
>
> # 포대
> 春川 겨냥한다. 그 눈의 무시무시함. 큰소리로

春　川　正明! 잘 봐둬!

> 달아나는 고래 (척척 배가 다가가는 느낌)
>
> # 포대
> 春川 무시무시한 모습으로

春　川　좋아.

하고 손을 들었다. 속력을 반만 내라는 신호다.

春　川　스톱.

또다시 손을 드는 순간, 타당하고 한 발.
고래의 몸통에 파고드는 첫 번째 작살, 흰 견직물 로프가 피하는 고래
에 붙어서 스르르 뻗어나간다.

포대 옆
스르르 로프가 바다에 빠져든다.

바다
몸부림치는 고래.

갑판
사장 눈을 크게 뜬다.
그곳에 두통 때문에 끈으로 머리를 묶은 淀島 전무와 松山 비서도 모습
을 보이고 보고 있다.

사무실의 무전실 (밤)
三原 지사 계속 딱딱 북양호를 호출하고 있다.

부두 (달빛 없는 불빛아래)
光子와 秋子가 선구에 앉아 어두운 먼 바다 쪽을 보고 풀이 죽어 있다.

光　子　무슨 일일까요?
秋　子　정말 무슨 일일까.

무전실
三原 무전기사 눈을 반짝이며

三　原　아— 들어갔습니다. 들어갔어요.

일동 흠칫한다.
'뭐 들어갔어?' '어디에 있어?' 하고 소리 지른다.
무전 테이프 흐른다. 그곳에 다음의 문자 옆에 한자씩 보내기 시작한다.
'사장님이 진두지휘를 잘 하셔서 큰 긴수염고래 2마리를 포획하고 오늘
밤 축하 석상에 있어서의 현안인 포경과 확장에 성공하여 포경선 10척
의 건조가 결정됐다. 만세.' 북양호. (O.L)

田村 상무 번역문을 읽고 우웃하고 기묘한 소리로 어이없어 한다.
岩河 과장 林장장과 서로 어깨를 두드린다.

岩 河 포경선 10척 건조 결정! 음 만세다!
林 음 만세다!

田中와 中村 어이가 없어서 말을 할 수 없다는 표정.
岩河와 林 아주 기뻐하고 있다.

岩 河 아 잘됐다! 어쨌든 만세라는 말밖에 안나온다.
林 포경 일본 만세! 고래 만세다 하하……. (O.L)

전보문 '사장 이하 전원 건강하고 원기 왕성, 오늘 새벽을 기해 장절한
제3회 포경전을 전개, 오늘밤은 하늘 가득 별자리가 아름다우므로 내일
은 맑을 것임.' 북양호 (F.O)

맑게 개인 바다와 하늘
물을 뿜어내는 고래떼

배 위
春川 正明의 팔을 잡고

春 川 초진이다! 공훈을 세우자.

正明, 春川의 시중으로 마음이 안정되었다. 그곳으로 선장, 사장이 와서
큰소리로

松 田 正明! 풍신수길(사장)이 오셨다! 확실히 쏘아라!

正明 감격하여

正 明 아버님.

하고 기원하듯이 한 발 쏘았다.
거경에 파고드는 작살
正明의 어깨를 두드리는 春川
正明 감격하여

正 明 아저씨.
春 川 이런 바보. 형이라고 불러.

春川 빙그레 웃는다.
등 뒤
사장과 선장이 보고 있다. (O.L)

부두
마중 나온 사람들로 북적거린다.
田村 상무, 中村 인사과장, 이와카와, 林 이하 희색만면하여 마중 나와
있다.
인파 속.
光子와 秋子도 와 있다. 사이좋게 손을 잡고 있다.
뚱보 金井 해부주임 다가와서

金 井 여어 두 사람…… . 마중 나왔나?

하고 말한다.

金 井 어머니는 어떤 상태니?
秋 子 이제 일어나셨어요.
金 井 잘 됐구나. 너랑 正明를 결혼시킬 동안은 죽을래야 죽을 수 없지…… .

헤헤헤 하고는 묘한 웃음을 두 사람에게 보낸다.
光子와 秋子 그곳을 떠난다.
항구로 거경을 싣고 북양호가 들어온다.

배 위

선장과 사장, 전무 비서가 건강하게 갑판에 선다.
한편 春川, 正明을 안다시피 하여 부두를 보고 있다.
春川 빙긋 웃으며

春 川 어이 光子가 와 있군.

正明 그쪽을 보고 조금 쑥스러워 하면서

正 明 누나도 나와 있잖아요.

하고 곧장 보복한다.

　# 암벽
　이것도 사이좋게 서로 안다시피 하여
　秋子와 光子가 눈부신 듯이 배가 다가오는 것을 보고 있다.

秋 子 아 있다. 있어……. 光子 저기 正明이가 있어.

光子 발견하고는 부끄러운 듯이

光 子 어머…… 그 사람도 있잖아요.

秋子도 얼굴이 빨개졌다.
젊은 두 사람……. 이유도 없이 얼굴을 마주 보며 아름답게 미소 짓는
다. (F.O)

(끝)

군인 아저씨

▷ 서지사항 : 니시카메 모토사다[西龜元貞] 각본, 조선군 보도부 작
품, 조선영화사 제작, 심원섭 번역

인물

히라마쓰 선기 平松善基　(24 특별지원병)
　　　충기 平松忠基　(29 선기의 형)
　　　인숙 平松仁淑　(50 선기 등의 모)
　　　정희 平松貞姬　(20 선기의 여동생)
아오키 채순[1] 靑木采順　(21 정희의 동창생)
후지모토 영일 藤本瑛一　(25 특별지원병)
　　　태환 藤本泰煥　(55 영일의 부)
　　　분이 藤本粉伊　(45 선기의 모)
다와라 오장 田原伍長　(26 히라마츠(平松)의 반장)
마고다 양평 孫田陽平　(24 특별지원병)
기 타

1. 경성 남대문 새벽
숭례문(崇禮門)이라 쓰인 현판 밑
축 학도특별지원병 입영

2. 조선은행(朝鮮銀行) 앞 광장
백화점 4층 창가에 내 걸린 대형 현수막
'적이 기만 명 있더라도'

3. 본정(本町)[2] 입구
행인의 왕래가 빈번한 인파 속
거리 한 쪽에서 천인침(千人針)을 들고 서서 오가는 행인들에게 한 땀 씩 부탁하고 있는, 양장(바지를 입고 있는)의 처녀 두 명. 히라마쓰 정 희(平松貞姬)와 아오키 채순(靑木采順).

4. 히라마쓰(平松)네 집 대문
가회정(嘉會町) 고급주택가에 있는 상류 저택.
명패에는
히라마쓰 충기(平松忠基)'
우체부가 문안으로 들어오려는데

---

1) 본문 중에는 아오키 내순으로도 불린다.
2) 예전의 일본인 거리, 지금의 충무로..

"아저씨, 저한테 줘요."

마침, 채순과 함께 돌아온 정희가 뒤에서 말을 건다.

배달부, 들고 있던 5, 6통의 우편물을 정희에게 건넨다.

정 희 고맙습니다

5. 어머니 인숙의 방

정희가 또박또박 소리를 내며 들어온다. 그 뒤에서 채순이가 조심스럽게 같이 들어온다.

정 희 나 왔어. 엄마, 편지.

인 숙 오오, 이제 오니.

채 순 (어른스럽게 인사를 올린다) 안녕하세요?

인 숙 어서 와요…… .근데 편지?

정 희 응……. 고이시(小磯) 총독한테서네. 야아.

인 숙 (의외라는 듯) 어머나, 도대체 무슨 일일까.

인숙 가위로 조심스럽게 봉함을 잘라 펼쳐 본다.

정희 모친에게 볼을 비비듯 바짝 붙어 앉아 훔쳐 읽는다.

"대동아전쟁 이후 세 번째 신춘(新春)을 맞이하여, 우리 자손의 동생을 (자세를 고쳐) 폐하의 방패로써 영광스러운 군에 보내시는 귀 가문(家門)의 영예에 대하여, 본 총독은 가슴 깊이 축의를 올리는 바입니다."

정희 인숙과 얼굴을 마주 보며 고개를 끄덕인다.

정 희 선기 오빠 일이네.

6. 선기의 방

서재 풍의 양실(洋室).

벽난로 위에 선친의 유영(遺影)이 걸려 있다.

벽 사이 기둥에는 부풀어 오른 봉공(奉公)주머니가3) 걸려 있다.

선기 아까부터 축음기를 듣고 있다.

베토벤의 '영웅교향악'

노크 소리가 들리고 문이 열리자 충기가 들어온다.

선 기 어, 형.

---

3) 봉공주머니 : 원표기는 奉公袋. 징병통지서를 받은 청년들이 입대할 때 사용하는 가방 대용의, 면으로 만든 주머니. 가족이나 마을 사람들이 천인침(千人針)이나 비누 등의 귀중품을 마련하여 넣어주었음.

충 기 방해 안 돼?

선 기 아니, 전혀.

선기, 손을 뻗어 축음기 음량을 줄인다.
충기, 선기 앞에 놓인 의자에 앉는다.

충 기 이젠 준비는 다 됐지?

선 기 준비라고 해봐야 이것뿐인 걸.

선기, 벽에 걸린 봉공 주머니를 가리킨다.

충 기 (온화한 말투로) 네 마음 속 준비 말이야.

선 기 (눈길을 떨구며) …….

충 기 매우 힘든 일이겠지만, 열심히 봉공(奉公)하고 돌아와야 한다. 형이 새
삼스럽게 말할 필요도 없지만, 너는 반도청년 가운데에서 선발된 사람
이니까.

선 기 네.

충 기 너희의 양쪽 어깨에 반도 동포의 모든 명예가 걸려 있는 거나 마찬가
지야. 돌아가신 아버님 성함을 부끄럽게 하지 않도록. 알겠니? 부탁한
다.

충기와 선기, 화로 위를 장식하고 있는 선친의 근영 쪽으로 눈을 돌린
다.
잠시 후 선기, 형 쪽으로 향한 채 묵묵히 고개를 끄덕인다.

7. 인숙의 방
정희가 어머니의 무릎에서 총독의 편지를 채서 읽고 있다.
인숙과 채순, 공손하게 경청하고 있다.
"일단 입대하여 엄숙한 기율 밑에서 단련을 거치면, 입대 전과는 달리
마치 다시 태어난 듯한 훌륭한 젊은이로 변하여 세상의 이목을 놀라게
하는 것입니다."
"오직 어머님, 자매님 여러분들의 따뜻한 격려야말로, 군에 나아가는 이
들에게 그 무엇과도 비할 바 없는 양식이라고 믿어마지 않습니다. ……
남아(男兒) 일생의 사생을 건 순간에 용사의 눈동자 속에 떠오르는 것
은 실로 따스한 어머니의 얼굴이었던 것입니다."
정희, 점점 감격이 차 올라, 읽기를 중단하고

"이 뒤부터는 어머니가 읽으세요."
인숙, 정희한테서 편지를 공손히 넘겨받는다.
"감사한 편지야."
정희, 보자기를 펼쳐, 천인침을 꺼낸다.

정 희 이거…….
인 숙 이제 얼마 안 남았네.
정 희 벌써 세 땀 째야. 이건 내가 꿰매고……. 이제부턴 채순 씨.

정희, 한 땀 꿰매고 채순에게 건넨다.
"나?"
채순, 부끄러워하면서, 다소 주저하나, 곧 맘을 고쳐먹고 한 땀 꿰맨다.

정 희 맞아요, 엄마, 마지막 한 땀만 꿰매 주세요.
인 숙 그래?

인숙이 꿰매고 있으니, 소리가 나면서 충기가 들어온다.
내순과 서로 인사를 나누자, 인숙이 총독의 편지를 들어 충기에게 보여
준다.

인 숙 얘야.
충 기 뭐에요?
인 숙 총독 각하한테서 편지를 받았단다. 너도 읽어봐라.
충 기 총독!

충기, 넘겨받은 편지를 읽기 시작한다.
정희, 완성된 천인침을 들고

정 희 이거, 오빠한테 드리고 와.
인 숙 오빠도 기뻐할 거야.
정 희 내순4)씨도 계시잖아.

내 순 (얌전히 고개를 저으며) 아니요, 저는…….

---

4) 문맥상 '채순'의 오자인 듯.

정 희   그럼, 갔다 올께.

정희, 나간다.

8. 선기의 방안
선기, '영웅(英雄)'에 귀를 기울이고 있다.
밖에서 정희가
"오빠, 들어가도 돼?"
"응"
정희, 등 뒤로 천인침을 숨겨들고 들어온다.
"오빠"
정희, 생글생글 웃으며 다가와서
"봐, 이거 간신히 만들었어."
정희, 천인침을 꺼내 보인다.
선기, 그걸 손에 들고
"흠"
정희, 화가 난 시늉을 하면서
"채순 씨하고 둘이서, 열심히 만들었어."
채순이 이름이 나오자, 선기,
표정이 약간 흔들렸으나
"정희 네 솜씨로는 잘 된 편이라고 생각했지."

정 희   지독한 오빠, 그래도 기쁘지?

정희, 선기의 얼굴색을 살짝 훔쳐본다.
"뭐가?"

정 희   뭐라니? 숨겨도 소용없어. 채순 씨 와 있어.

9. 인숙의 방
인숙과 충기, 총독의 편지를 사이에 두고 이야기하고 있다.
"총독님도, 배려가"
"그건 하지만 중요한 문제야. 선기 같은 애들 뒤를, 몇 십만이나 되는
반도 장정들이 뒤따를 테니까."

인 숙   선기 책임이 무겁네.
충 기   네, 그러니 어머님 책임도 무거워요.

거기에 갑자기 정희 소리가 난다.
"어머니, 어머니, 오라버니……."
뛰어오는 정희의 뒤를 이어, 천인침을 한 손에 들고 선기가 들어 온다.
정희, 인숙의 뒤로 가 앉는다.
선기, 채순이 있기 때문에, 갑자기 쑥스러운 듯 웃으며
"아아, 어서 오세요……. 이거(천인침) 감사합니다."
정희, 질렸다는 표정을 해 보이며
"봐, 실은 기쁘면서."
선기, 정색을 하고
"뭐라고?"
인숙이 책망하듯이
"뭐냐. 너희는 아직도 남매 싸움하고 있니. (채순에게) 정말 어쩔 수가
없어요."
채순, 미소지으며 고개를 끄덕인다.
(溶暗)

\# 10. (溶明) 황해도의 시골 밭 사이 길을 우체부 자전거가 달려간다

\# 11. 기와집
이 마을의 □農 야스모토(康本) 태환(泰煥)의 집,
그 앞에 자전거가 선다.
"야스모토씨, 우편인데요."
"야, 수고 많네. 또 영일(英一)이한테 온 거겠지."
이렇게 말하고 주인인 태환이 장죽을 들고 나온다.

우	영일 씨, 영일 씨 앞이 아니에요.
태	그럼, 나한테인가.
우	아니요, 야스모토 분이(粉伊) 귀하로 되어 있는데요.
태	분이? 아아, 집사람이야.
우	그게, 엄청난 편지예요.

태환, 편지를 받고 발신자 이름을 보고는 깜짝 놀란다.

'조선총독 코이시 쿠니아키(小磯國昭)'

태   이거 큰일났네. 여보, 여보. (하고 뛰어들어가려다 멈춰서서) 아아, 자네
    이따가 면사무소에 들를 것 같으면 서방님한테 오늘 저녁 영일이 장행
    회(壯行會)5)를 하니 와주십사고 전해 줄 수 있겠는가.
우   좋아요, 배달부를, 입으로 부리는 데는 우표가 안 드니까요.
태   자네 마빡에다 붙여버릴까. 하하하.

    # 12. 부엌 안(밖)
    영일, 열심히 장작을 패고 있다.
    부근에 쌓인 장작 더미
    분이가 나타난다.
    "영일아, 이젠 그런 일 안 해도 된 대두."

영   어머니, 집안 일도 이걸로 마지막이니까요.
분 이 니가 패준 장작으로 불을 땔 때면 눈물이 나서 어쩌니.

    분이, 울먹거린다.
    거기에, 깨진 종소리 같은 태환의 목소리가 들려 온다. "여보, 여기 좀
    와봐. 당신한테 엄청난 편지가 왔어."
    분이,
    "당신이 좀 읽어봐요. 지금 바빠서 정신없어요."
    태환, 나타난다.
    "뭘 꾸물거리는 거야? 총독님 편진데"
    영일이 장작 패던 손을 멈추고 이상하다는 듯이
    "총독님 편지래요."
    분이, 아직도 납득이 안 가서
    "총독님이 어떻게 하셨다구요."
    태환, 답답해하며,
    "정말, 답답해서 미치겄네."

    # 13. 면사무소 앞
    우편배달부가 자전거를 세우고 뛰어 들어온다.

    # 14. 그 안
우체부   서기님, 오늘밤 야스모토 영일이 장행(壯行)에 와 주신다고 하셨죠.

---

5) 입대 환송식.

15. 야스모토 집 사랑방(밤)

사랑과 대청을 터서 장행회 좌석이 준비되어 있다.

찾아온 면장, 서기, 조합 이사, 그 외 마을 노인도 젊은패들도 모두 즐겁게 마시고 노래하고, 주연은 무르익어간다. 젓가락으로 그릇을 두드리며 박자를 넣으면서, 뭔가 씩씩한 노래를 합창하고 있다.

"하늘의 전쟁은 아직 안 끝나
달 장군님 강을 건너시네
뒤를 쫓는 신하 견우성 직녀성
울리는 북소리가 용맹하구나"

한 곡조 끝나니 다른 무리가

"보아라 저 구름
신선 태우고
오늘도 천자님의 봉우리 돈다
신선들의 술잔치에"

노래가 끝나자, 이제 완전히 흥이 난 태환이
"자아 자, 여러분 화끈하게 드세요……. 오늘밤은 내 일생일대의 경사스런 밤이요."
술친구인 듯한 노년의 사내(박)이
"그런데, 자네, 잘도 이렇게 술이 있었네. 면사무소 특별배급이라도 있었나."
"감춰뒀던 놈을 전부 꺼냈지."
"그래도 되나? 그럼 내일부터 자네는 기름 떨어지는 게 아닌가."
태환 "내일부터 술은 끝이야."
(위에 앉아 있는 영일이 쪽을 보며)
"네가 훌륭하게 봉공을 마치고 돌아올 때까지는 오래 살 테다, 하하하."
면사무소 서기가
"정말이야. 아버님은 훌륭한 아들을 뒀지. 행복한 사람이야. 안 그렇나 영일이. 마을의 자랑이 될 수 있도록 큰공을 세워 주게."
영일, 곤란한 듯한 표정으로
"입영한다고 해서 금방 전쟁에 나갈 리도 없구……. 부대에서 엄청나게 교육을 받아야 해요."
곁에 있던 마을사람(덕산)이

"군대는, 조금이라도 잘못하면 금방 큰 소리로 야단맞든가 얻어맞든가 한대. 내 아들놈도 올해 징병인데, 그걸 듣고 걱정이야."
면장이 거들면서
"그런 바보 같은 일은 있을 수 없어요. 그런 허황된 소릴 정말로 믿다니."
그것을 태환이 이어 받아
"그래도 그게 젊은 사람한테는 약이 안 되겠나."
영일, 깊이 생각하면서
"네, 열심히 하겠습니다. 다른 사람이 할 수 있는데 저한테 불가능할 리는 없으니까요."
"자아, 자. 아버지"
하고 분이가 태환에게 잔을 올린다.
태환, 그것을 꿀꺽 마시자 분이가 술병을 들고 나타난다.
"아버지, 너무 드시면……."
"뭐냐, 그만 먹으라는 거냐."
면장, 분이를 보고
"아아, 영일 어머니, 코이시 총독한테 편지 받으셨다면서요."
분이 "하아, 황송해요."
면장, "정말, 영광스러운 이야기다."
자리에 있던 사람들 모두 감동한다. 태환이 뭔가 아쉬운 듯 갑자기 말한다.
"근데 말이야, 내 이야기는 한 마디도 안 씌어 있지 뭐야, 하하하"

16. 고풍스런 벽시계
10시를 가리키고 있다.

17. 사랑채
태환, 드러누워 코를 높이 골면서 자고 있다.

18. 안방
어두운 촛불 아래
분이가 시집 올 때 갖고 온 낡은 한 통의 추출을 열고, 그 속에서 뭔가 한약 같은 것을 꺼내고 있다.
뒤의 문이 열리며 영일이가 들어온다.

영 일 어머니.
분 이 (영일이 쪽을 돌아보며 깜짝 놀란 듯이) 아아, 영일아, 아직 안 자고 있었냐.

영　일　어머니야말로 뭘 하고 계세요?

분　이　뭘 좀 찾고 있었다. 너한테 좋은 한약을 갖고 가라고.

영　일　한약 같은 건 필요 없어요. 군의(軍醫)뿐만 아니라 병원도 있으니까요.

분　이　그래도, 영일아 정말로 몸조심하고 병 걸리지 않도록 해야 한다. 가끔씩 편지도 보내고.

영　일　(모친의 사랑을 저리게 느끼며) 네.

　　　　짧은 말로 모친과 자식의 마음을 통할 것이다. 잠시 묵묵히 있다가

분　이　자 내일은 일찍 일어나야 하니 나는 상관 말고 빨리 자거라.

영　일　네, 어머니, 먼저 주무세요.

　　　　영일, 이렇게 말하고는 일어서려고 하지 않는다. (溶暗)

19. (溶明) 거리 (몽타주)
거리에 묘사되는 감격의 풍경(구성)
거리란 거리에는 폭발하는 만세 소리, 휘날리는 깃발의 물결.
'축 입영'의 기치를 내세우고, 대오를 지어 큰길을 열 지어 가는 사람들.
연도의 보도와 안전선 안에서 환송하는 시민과 출근길의 산업전사들.

20. 부대 영문(營門)
바람 속에 국기가 휘날리고 있는 영문 앞은 환송 군중으로 메워져 있다.
교가와 응원가를 외치면서, 어깨띠를 두른 선배 학병을 보내는 중학교 생도들도 있다.
"건강히 지내세요."
"선배님, 잘 하셔야 합니다."
등등의 소리.
이 환희 속을 부모, 형제, 친구들의 격려를 받으며 학도지원병들, 속속 맑은 날의 영문(營門)을 향해 행진해 들어간다.

21. 부대 중앙
지구별로 장정 집합소의 간판이 서 있다. 거기에 정렬한 각모(角帽)[6],

---

6) 예전의 남자 고등학교 학생모자.

전투모의 긴장한 얼굴, 얼굴들
이미 내무(內務) 준위의 호명 점호가 시작되고 있다.
열 가운데 히라마츠 선기와 야스모토 영일의 모습이 보인다.

22. 의무실
신장, 체중, 가슴둘레 등의 체격검사가 행해지고 있다.
그 일각에 군의로부터 면밀한 내과 진단을 받고 있는 히라마쓰
다른 장소에서는 폐활량 검사를 하고 있다. 야스모토가 볼을 부풀리면서, 건강한 폐를 선보이고 있다.

23. 내무반(3반실)
같은 반에 편입된 12명 중에, 히라마쓰와 야스모토가 있는 오장(伍長)[7]이 일동 앞에 서서
"지금부터 고향옷을 벗고, 군복으로 갈아입는다. 군대에서는 일체 고향의 물품이나 개인 소지품은 허락되지 않는다. 위로부터 아래까지 전부 관급품(官給品)을 준다."
한 명이 주저주저 묻는다.
"팬티도 말입니까?"
오장 "팬티와 잠방이는 괜찮다."
일동은 제복, 셔츠……를 벗고 나서
지급된 바지와 상의를 입고 군복을 입는다.
오장이 손을 들어 일일이 설명한다.
"군대에서는 이것이 바지, 이것이 상의, 이것이 군복……."
고참병들도 와서 입는 법을 가르친다.
야스모토, 히라마쓰의 얼굴을 보고 인사한다.
"고맙네."
잠시 후 금장에 별 하나를 단 신병의 차림이 어떻든 갖춰진다.
그러자 오장은 급히 위엄을 갖추고
"군복을 입은 이상은 지금부터 신병으로 취급한다. 정신 차려라."
신병들은 차려 자세를 취한다.
오장은 말투를 바꿔
"나는 다와라(田原) 오장이다. 너희들 제 3내무반의 반장이다. 너희들은 이등병이다. 지금부터는 전원 엄정한 군기를 지켜야 한다."

24. 부대의 한 구석
여자 청년대의 처녀들 수십 명이 손에 바늘과 실을 들고, 신병들의 가슴에 부대명과 씨명을 쓴 명찰을 부지런히 달아주고 있다.

---

7) 일본 육군 하사를 일컬음.

25. 부대의 중대 막사 앞
중대 막사 입구에 씌어 있다.
요시무라(吉村) 중대
마침 중대의 입대식이 행해지고 있다.
중대 전원이 정렬하는데, 군복, 대검이 없는 입대병은 제 일렬에 선다.
그 중에 히라마쓰, 야스모토도 있다.
단상의 요시무라 중대장 훈시한다.
"준열한 결전 하에 제군들의 입대를 맞이하여, 국가를 위해 또한 제군들을 위해 중대장은 경하해 마지 않는 바이다. 제군들은 오늘 이 시간부터 황군(皇軍)의 병사가 되었다."

26. 부대 본부 앞
황송하게도 금색 찬연한 국화 문장(紋章)을 우러러보는 본부 현관 앞에 신병 전원이 숙연히 정렬하여 정면 단상의 부대장의 훈시를 듣고 있다.
"조선에도 이미 징병제가 선포되었다. 이 징집에 의하여 제군들의 뒤에서 입대하는 수십 만의 장정은 대부분 농촌의 청년들이다. 군은 제군들도 이 농촌 장정도 전원 똑같이, 오로지 (자세를 고치며) 폐하의 적자로서 맞이하는 것으로서, 그 사이에는 하등의 차별이 절대 없다. 제군들은 지금까지의 일체의 허식과 자만 등은 던져버리고 벌거숭이 일관이 되지 않으면 안 된다. 오늘부터 제군들은 조석으로 봉송하는 (자세를 고치고) 칙유(勅諭)[8]의 가르침을 받들며 봉공(奉公)하면 되는 것이다. (말투를 바꿔) 부대장은 이 군대야말로 제군들을 진실한 국민으로 연성(鍊成)하는 최후의 완성 장소라고 단언한다."
노려보듯이 부대장을 주목하면서, 한 마디도 흘리지 않고 있는 신병들
부대장의 목소리 이외에는, 찬물을 끼얹은 듯한 정적만이 부대 안을 채우고 있다.
(溶暗)

27. (溶明) 영내
어렴풋이 동이 트는 병영에 기상나팔이 울려퍼진다. (나팔소리가 다음 장면으로 겹치지며) (重)

28. 3반실(班室)
불침번이 들어와
"기상!"

---

8) 칙유(勅諭) : 임금이 몸소 이름 또는 그런 말씀이나 그것을 적은 포고문.

일동, 튀어오르 듯 일어난다.
반장이 점등한다.
일동, 침대에서 튀어내린다. 6인용 탁자 위에 정연하게 접어놓았던 각자
의 군복을 들고 재빨리 입는다.
아직 잠에 취해 군복상의에 발을 꿰어 넣어 곤란을 겪고 있는 병사(마
고다 孫田)도 있다.
(이 마고다 이등병은 이후 내무반의 인기인으로서 코미디, 리리프9)로
활약하게 되는 인물이다.)
복도에서 소리가 들린다.
"점호, 중대 막사 앞"
반장이 호령한다.
"뭐 하나? 빨리 입는다."

29. 중대 막사 앞
일렬로 정렬한 일동이 주번사관으로부터 아침 점호를 받고 있다.
반장, "번호-!"
"일, 이, 삼, 사, 오……"
반장, "제3반 총원 13명, 이상 무"
주번 "좋다.(반장에게) 궁성요배(宮城遙拜)와 칙유(勅諭)봉송(奉誦)하도
록."
반장 이하 직립부동 자세로 칙유를 봉송한다.
"일, 군인은 충절을 다함을 본분으로 한다.
일, 군인은 예의를 바르게 한다.
일, 군인은 무용(武勇)을 우러러본다.
일, 군인은 신의를 중히 여긴다.
일, 군인은 검소함을 사랑한다."

30. 영내
잎이 진 백양나무
그 밑 언저리에서
"영차, 영차, 영차"
함성을 지르며 씩씩하게 하늘 찌르기 체조와 노젓기 체조를 하는 부대
원들
히라마쓰, 야스모토, 마고다(孫田) 등도 열심히 하고 있다.
막사 끝 자갈 위에 나란히 놓인 상의들
체조를 끝내고 4열 종대의 부대 대형

---

9) 연극 용어. 희극적 장면이나 인물을 통해 연극적 숨쉬기를 원활하게 하는 장치. 여기서는 긴
장을 이완시키는 역할을 하는 희극적 인물을 의미.

다와라(田原) 반장의 명령으로
"구보, 행진"
반장을 선두로 달려가는 일동
백양나무 아래를 지나 달려나간다.
부대 경계를 구보로 도는 일동
제철장(蹄鐵場) 앞을
연대본부 앞을
반장이 호령한다.
"똑바로, 보조 맞춰서……."
장교 집합소 앞을
병기고 앞을
이를 악물고 버티는 히라마쓰, 마고다 등
고창(庫廠) 앞을
괴로운 듯 호흡이 흐트러진 채로
간신히 달리고 있는 히라마쓰
그에 반해 유유히 달리고 있는 야스모토
반장 "제대로 못하나? 이 정도로 빌빌대다니, 뱃속이 텅 비었나?"
히라마쓰, 마고다, 반장의 호령에 정신을 바짝 차리고 뛴다.
일동, 부대 안을 돌아 점차 원위치로 다가온다.
"속보로, 전진"
"제자리에 섯"
"우향 우, 2열로 선다. 심호홉……."
반장, 웃는 모습으로

"땀이 나는 자는 닦아라. 어떤가. 힘들었나. 하하하하.
이제부턴 여기를 세 바퀴 돌아도 힘들지 않을 거다."
일동, 어깨로 격심하게 호흡하면서 땀을 닦고 있다.
히라마쓰, 피로 때문에 간신히 자세를 지탱하고 있다.
(重)

31. 영내 (별도 장소)
일렬 횡대로 선 신병들
그 중의 교관 소가(曾我) 소위
"주목"
"쉬어, 에! 부동의 자세는 군인의 기본자세로서, 안으로는 군인정신을
충만히 하고 밖으로는 엄숙단정해야 한다."
"정신 차려."
조교가 마고다에게

"턱을 당겨. 그렇지."
웬만큼 부동 자세가 만들어지자

교 관 경롓, (일동에 눈길을 고루 주면서 상대의 눈동자를 쏘아본다) 두리번
두리번거리면 안 된다. 쉬어. 쉬어 자세로 들어라. 군대에서는 특히 경
례를 중시한다.

거기에 막사 쪽에서 주번상등병이 온다. 교관에게 경례를 하고는 쪽지
하나를 건네고는 다시 경례하고 간다.
교관, 그것을 읽고
"지금 호명하는 병사는 중대 사무실로 가라. 신상 조사가 있을 테니,
×××"
"넷."

교 관 마고다.
마고다 넷.

32. 중대장실
정면 책상에 요시무라 중대장이 앉아 있다.
그 앞에 직립 해 있는 ××이등병
기무라 준위가 곁에 와 요점을 필기하고 있다.

중대장 자네 집에는 모친밖에 없는가. 그래서는 집안 일이 신경 쓰이겠구만.
× × 아닙니다. 걱정 없습니다.
중대장 걱정이 안 될 리가 없지. (따뜻하게) 걱정되는 일이라도 있거든, 반장에
게 말하고 나한테도 상의하도록─.
× × 넷, 감사합니다.

×× 머리를 떨군다. (重)

장면 바뀌어 마고다 이등병이 중대장 질문에 답하고 있다.

중대장 마고다 하나코, 자네 아내인가. 몇 살인가.
마고다 네, 꼭 스무 살입니다.
중대장 애는 없지.

마고다　넷 (좀 주저하다) 이번에 생겼습니다.
중대장　사내앤가 계집앤가.

　　마고다, 망설이다가
　　"아직 안 태어났습니다."
　　중대장, 웃으며
　　"아, 그런가. 사내애라면 내가 이름을 지어줄까. 하하하하"
　　마고다, 묘하게 자세가 딱딱해져서
　　"넷, 그지없는 영광입니다."

　　# 33. 3반실
　　일동 6인용 탁자의 양쪽에 앉아 반장의 이야기를 듣고 있다.

반　장　이 군대 내무령(內務令) 강령(綱領)에도 있듯이, 병영은 군인의 가정이
　　　　다. 장교. 하사관, 병이 일체가 되어, 정말 친형제처럼 사이좋게 서로 도
　　　　우며 유쾌한 생활을 보내는 곳이다. 즐거움, 괴로움 뿐만 아니라 생사
　　　　도 같이 하는 것이다. 아무리 친형제라도 생사를 같이 한다는 것은 일
　　　　가(一家)가 전원 자살이라도 하지 않는 한은 있을 수 없는 일이다.

　　그때 식사 나팔이 울려 퍼진다.

반　장　어어, 끝에서 3명, 배식 받으러 가라.

　　야스모토 외 2명이 당번으로 정해진다.

야스모토　넷. 야스모토 2등병 외 2명 배식 받으러 갑니다.

　　# 34. 취사장 내부
　　하얀 증기가 피어오르고 있다. 증기로 찌는 커다란 고압가마. 커다란 통
　　에 쌓인 금방 한 밥의 산.
　　설설 끓는 대형 솥에서 맛있어 보이는 잡탕 국물을 국자로 식통에 퍼
　　넣고 있다.

　　# 35. 취사장 밖
　　식사 수령으로 혼잡한 광경.
　　주번 상등병이, 나오는 밥과 야채통을 일일이 나누고 있다.

"어이, 5중대"

야스모토 넷.

야스모토, 밥통을 받는다.
그 옆에 야채통을 든 일등병, 코를 벌룸거리면서
"야아, 소고기국이다."

36. 제3 내무반
탁상에 커다란 알루미늄 식기에 가득 담긴 채소와 밥
일동, 정연히 기다리고 있다.

반 장 식사 시작.
일 동 감사합니다.

일제히 식사를 시작한다.

반 장 (그 모습을 건너보다가) 어떤가. 군대밥도 꽤 괜찮지
일 동 넷.

반 장 시골이라면 이렇게 실컷 먹지는 못하지. 그 대신에 한 톨이라도 잔반을
남기면 안 돼.

그러면서 마고다 쪽을 본다.
보니, 마고다, 양볼 가득 넣고 눈을 치뜨고선 밥을 삼키고 있다.

반 장 어이, 좀 씹어서 천천히 먹어라. 식사는 약 15분 동안에 끝낼 것. 10분간
식후 휴식시간이 있다.

일동, 식사를 끝내고 그 자세 그대로 쉬고 있다. 그 중 한 명이
"반장님, 담배를 피워도 됩니까?"

반 장 좋다. (재떨이를 갖고 와 탁상 위에 놓고) 흡연은 필히 재떨이 1미터 이
내에서 할 것. 이것이 규정이다. 담배 피고 싶은 놈은 피워라.

80

5, 6명이 담배를 피우기 시작한다.
히라마쓰가 야스모토에게 한 대 빼서 권한다.

야스모토　고맙네.

반　장　(담배를 피지 않은 채 이야기를 꺼낸다) 시골에서는, 군대생활이라 하면 굉장히 혹독한 곳, 격렬한 곳이라고 생각하기 쉽다. 그러나 그건 훈련만 그렇지, 내무반에 들어가면 괴로운 것은 아무 것도 없다. 군인은 곤경과 결핍을 견뎌야 한다고 하지만, 점심을 거른다거나 하는 일은 없다. 하루 세 번씩 밥을 두둑이 먹을 수 있고, 목욕도 할 수 있으니 얼마나 고마우냐.

37. 목욕탕
근육이 부풀어오른 건강한 병사들이 벌거숭이로 서로 등을 밀어주고 있다. 남실남실 더운 물이 넘쳐 흐르는 욕조 가운데는 병사들이 유유히 몸을 덥히고 있다.
히라마쓰, 야스모토가 들어온다. 고참병사와 비교하니 의외로 근골이 약해 보인다. 고참병이 그걸 보고

갑　너희들 어제 들어온 신병이지. 그 시골 티 빨리 밀어버려라.

욕조 속에서, 야스모토가 무심히 때를 밀고 있다.

갑　어이, 욕탕 속에서 시골 때 미는 거 아냐. 주의해.

야스모토 깜짝 놀라 탕 속에서 벌떡 일어선다.

야스모토　넷, 죄송합니다.

38. 3반실
반장이 일동에게
"모두 집에 편지 썼지."
"넷"
"좋다, 그럼 피곤할 테니 취침하도록."
"넷"
일동, 군복을 벗어 접어놓고는

"반장님, 먼저 자겠습니다."
일동 옹색하게 침낭 속으로 들어간다.
이윽고 신병들에게는 처량한 소등나팔이 들려 온다.

39. 복도(심야)
불침번 병사가 다가온다.
3내무반으로 들어간다.

40. 3반실
어둠 속에 등이 켜진다.
불침병은 빼치카 주변을 점검하고 침대에서 자고 있는 병사들의 모습을
일일이 살피고나서는 다시 소등하고 나간다. (溶暗)

41. (溶明) 영내(營內)
요시무라 중대의 신입대병 전원이 정열해 있다.
소가 소위가
"지금부터 소총 수여식을 행한다. 모두 복장을 점검하라."
반장이 하나하나 검사하고 주의를 준다.
다와라 반장, 마고다 이등병 앞에 와서
"어이, 바지 단추."
마고다, 당황해서 바지 단추를 잠근다.
(重)
소총 수여식이 시작되고 있다.
기무라 준위의 호명순에 따라 한 명 한 명씩 황송하게 중대장에게서 소
총을 수여 받고 간다.
전부 끝나자 중대장이 일동에게 훈시를 한다.
"지금 너희들에게 수여된 소총에는, 폐하의 문장(紋章)이 새겨져 있
다……."
총을 뒤집어서 유테이(遊底)10) 덮개에 새겨져 있는 문장(紋章)을 보여
준다. "……. 옛날, 칼은 무사의 혼이라고 했듯이, 지금도 병기는 군인의
혼이다. 만약 오늘 이후 너희의 소총에 조금이라도 얼룩이 끼거나 오손
이 있거나 하면, 그건 너희들의 정신에 얼룩이 진 것이고 오손된 것이
다. 혹시 몰라서 말해두는데, 너희들이 전쟁에 나갈 때에는 군복, 배낭,
군화 하나부터 열까지 새로운 것이 지급되나, 병기만은 평소에 쓰던 것
을 갖고 간다……."

---

10) 탄약의 장전, 탄피의 배출 등의 작용을 하는 총의 부분. 국화무늬의 천황 문장은 맨 위에,
그 밑에 "三八式" 혹은 "九九式" 등이 새겨졌다.

42. 중대 막사 앞
요시무라 중대의 기념 촬영.
책상, 의자를 교묘하게 쌓아올린 계단에 진지하게 자리잡고 있는 병대.
물론, 앞 열 가운데에는 중대장이 앉고, 좌우에는 중대 간부가 좌석을
차지하고 있다.
사진사가 위치와 초점을 정하고 있는 사이에
기무라 준위가 일어나서 주의를 준다.
"어이, 모자를 좀더 뒤로 젖혀 써라."

43. 영내(營內)
야스모토 등, 뭔가 공을 갖고 놀고 있다.
커다란 공을 던지고는 그것을 차지하려고 다투는 모습. 초등학교 아동
같이 즐거워하며 놀고 있다.

44. 중대장실
중대장 책상 앞에 학병을 맡은 5, 6명 반장들이 호출받고 모여 있다.
"이건, 여러분에게 말할 필요는 없다고 생각하나, 부대장님한테서 주의
가 있었기 때문에 전해둔다."
중대장, 책상의 군대 교육령을 들고
"교육령의 병교육 요칙에 '입대시 사병의 체력은' 등으로 되어 있듯이
말하자면 기번 입대병들은 바로 전까지 학생이었기 때문에 그 중에는
체질이 약간 약한 자도 있을 것이다. 그런 사병의 교육에 있어서 각자
반장은 각자 주의하도록. 알겠는가."
"넷, 주의하겠습니다."
"응, 어떤가. 여러분의 반원 중에 심신 상태나 사상 경향에 뭔가 이상한
데는 없는가. 다와라 반장 어떤가."

다와라 넷, 꽤 잘 하고 있습니다.
중대장 식사는 어떨까.
다와라 네, 식욕 매우 왕성합니다.
중대장 입영 감상 같은 거 들어보았는가.
다와라 아닙니다, 아직입니다.
중대장 응, 다음은 누가……. 야나기무라(柳村) 반장11)

야나기무라 넷, 지원병 출신인 제 자신이 반장이라는 것을 상당히 의외라고 생

---

11) 원문은 야나기무라 촌장(村長)으로 되어 있음. 촌장(村長)은 반장(班長)의 오자인 듯.

각하고 있는 것 같습니다.

중대장 그런가. 아베 반장.

아 베 넷. 군대 교육은 곧 스파르타 교육이라고 생각하고 있었는데 의외였다고 답한 병사가 있습니다.

45. 달 밝은 영내(營內)

중대 전원이 총출동해서 씩씩하게 군가 연습을 하고 있다. 커다란 원 모양, 그리고 그 안쪽에 또 하나의 작은 원을 만들어서는 서로 반대쪽으로 빙글빙글 돌면서 다른 군가를 소리 높이 부르고 있다. 이 두 개의 군가가 엇갈리는 것을 음악적으로 처리할 것.

46. 막사 야경(롱)12)

월광이 비치는 막사의 실루엣. 창문마다 등불이 켜져 있다.
밝은 하늘에 솟은 백양목의 검은 그림자.
요시무라 중대가 부르는 군가 합창이 멀리 들려 온다.(溶暗)

47. (溶明) 3반실 (아침)

(카메라 우선 창밖에 위치시키고)
창호지가 붙어 있는 격자 창문이 열린다.
실내에서는 흰 마스크를 한 병사들의 아침 청소가 시작되고 있다.
야스모토와 히라마쓰, 두 사람이 자기들의 모포를 여덟 쪽으로 접어서 침대 위에 쌓아 올린다.
빗자루로 실내를 구석구석 쓰는 병사들
뻬치카의 재를 청소하고 있는 병사
마고다, 물통에 물을 채워 돌아온다.
네 발로 기면서 마루를 걸레질하는 병사
벽 사이에 붙어 있는 표어 일 절
'마음 속의 병을 박멸하자'
깨끗하게 청소되어 정돈된 실내(병사는 없다)

48. 제2고등여학교

국기가 게양되어 있다.
교정에서 기원절(紀元節)13) 식이 거행되고 있다.
전교생도 합창으로

---

12) long.
13) 일본의 개천절.

"구름 위로 솟아오른 다카치호(高千穗)의……14)"

49. 부근 길
소가 소위의 인솔하에 요시무라 중대의 신병들이 지나간다.
(군가 소리가 계속된다)

50. 호국신사(護國神社) 경내
자갈길을 밟고 참배하는 사람들의 경건한 모습. 조선 부인도 있다.
대전(大前)에 소가 소위의 호령에 맞춰 절하는 신병 일동.

51. 3반실
축일(祝日)이기 때문에 모두 뻬치카를 둘러싸고 앉아 잡담하거나 느긋
이 쉬고 있다.
히라마쓰는 침대 위에 앉아서 팔목시계를 보며 시간에 신경쓰고 있는
모양.
야스모토, 흘낏 히라마쓰의 모습을 보고
"히라마쓰, 무슨 일 있어?"
히라마쓰, 의미있는 듯한 웃음을 보이며
"아니 아무것도 아냐."
거기 마고다가 보루 상자와 과자 봉지를 가득 들고 나타난다.
마고 "어이, 주보품(週保品)이 왔어. 기원절 가급품(加給品)이 있어.
일동은 벌떡 일어나서 마고다를 둘러싼다.
"양갱하고 대복병(大福餠)이구나."15)
마고다의 손에서 양갱과 대복병을 분배받아 모두 덥석덥석 먹어댄다.
여기 주번 하사관이 들어온다.

병사들 경례.
하사관 면회인 3반 ××.
× × 넷.
하사관 히라마쓰.
히라마쓰 (잔뜩 기다리고 있었다는 듯) 넷.
주 번 야스모토.
야스모토 넷.

---

14) 다카치호(高千穗)는 천황의 선조가 내려왔다고 하는 산의 이름. 이 노래는 기원절(紀元節)에
널리 불려졌음.
15) 대복병(大福餠) : 팥이 든 둥근 찹쌀떡.

52. 면회소

시끌벅적한 오락회라도 열리고 있는 듯한 풍경
부친과 모친과 격의 없이 이야기 나누는 병사.
형제와 친구와 쾌활하게 담소하는 병사
갓난애를 안은 아내와 소곤거리고 있는 병사
병사의 얼굴도 면회인의 얼굴도 모두 즐거워 보인다.
그 중에 사람을 기다리고 있는 표정의 히라마쓰 정희와 아오키 채순 두 사람.

정 희 웬 일이지? 너무 늦네.

내 순 정희 오라버니 막사는 어디쯤일까. (궁금한 듯 막사 쪽을 보다가) 어머!
　　　오셨어.

정 희 어디?

영내의 한 가운데를 히라마쓰 이등병과 야스모토 이등병이 걸어 온다.
"정말 그래"
위병에게 인사를 마치자 히라마쓰에게 '여기' 그러면서 두 사람 앞에 돌아와
"야아—"
하고 거수경례를 한다.
정희, 오빠의 안색을 꼼꼼이 들여다보면서
"오빠, 완전히 몰라보겠네."

내 순 (정색하고) 안녕하세요.

히 라 오랜만입니다. 입대 때는 감사했습니다.

내 순 그 동안 건강히 지내셨어요?

히 라 네 감사합니다. 보시다시피.

정 희 오빠 군인다워졌어.

히 라 (약간 쓴 웃음을 지으며) 아니, 아직 아냐. 진짜는 아직 멀었어. 어머니는?

정 희 건강하세요. 오빠 엽서 보시고 기뻐하시는 것 같았는데, 갑자기 부인회 일이 생기셔서.

히 라 그래. 하지만 지금부터는 일요일마다 면회 할 수 있으니까……. 아아, 저기 가자

히라마쓰, 마침 비어 있었던 의자 쪽으로 둘을 데리고 간다.

정 희   오빠, 어때? 힘들어?

    정희, 눈치를 보며 작은 소리로 묻는다.

히 라   응, 아니 힘든 일 전혀 없어. 이 오빠도 이젠 훌륭한 군인이 될 수 있
        다는 자신이 생겼어.
정 희   어머, 정말 멋있어.
히라마쓰 (다시 쓴웃음을 지으며) 너한테 걸리면 당해낼 놈이 없겠다. 그렇다구
        여기서 남매 싸움도 못 하겠구.

    좀 떨어진 곳에서 야스모토는 친구 비슷한 청년과 이야기를 계속하고
    있는데, 히라마쓰 남매를 보며, 웃어 보인다.
    히라마쓰, 정희에게
    "쟤는 같은 내무반의 야스모토다."
    정희, 일어나서 인사한다.
    야스모토, 상대에게 몇 마디 건네고는 건너온다.
    히라마쓰, 야스모토를 맞으며
    "야스모토, 애는 내 동생이야. 이 쪽은 동생 친구 아오키 내순씨고."
    야스모토, 거수 경례를 붙인다
    "저, 야스모토입니다."
    정희에게도 내순에게도 인사를 건넨다.

정 희   처음 뵈요. 오빠가 여러 가지 신세를 지고 있죠.
야스모토   천만에요. 저야말로 그런 걸요.

    야스모토, 좀 부끄러운 모양
    (溶暗)

53. 삼각지 부근 가로
다와라 반장 인솔하에 야스모토 등 일개 소대의 신병들이 경무장으로,
군가를 소리 높이 부르면서 경보 행진을 한다.
히라마쓰, 땀에 젖은 얼굴을 소매로 닦으면서 애쓰고 있다.

54. 영내
집총대검(執銃帶劍)을 한 신병들이 이열종대로 정열해 있다.
그 앞에서 교관 소가 소위가

"오늘부터 각개 교련 기본부터 훈련에 들어가는데, 그에 앞서서 말해 둔다.

군의 목적은 전투이며, 일체의 것은 이 전투를 본위로 하는 것이다. 때문에 교련이든 무엇이든 모양만 갖췄다고 되는 게 아니다. 그런 게 말하자면 리뷰다.16) 항상 공격 정신이 충일하고 지기(志氣)가 왕성해야 한다."

분대 별로 받들어 총, 세워 총, 행진 교련이 시작되고 있다.

다와라 반장이 분대장이 되어,

내무반원이 그대로 일분대가 되어 있다.

(이 교련의 모양을 적당히 가능한 한 간결하게 묘사할 것)

55. 한강변

다와라 반장 인솔하에

일동, 집총대검의 군장으로 구보 행진하고 있다.

일동, 숨이 턱에 닿아 있으나, 이를 악물고 견뎌내고 있다.

56. 연병장

다와라 반장 지도로 사격 교련이 실시되고 있다.

엎드려 쏴, 무릎 쏴, 역사(逆射)의 자세, 거총, 조준, 격발과 관련된 동작.

(이 교련의 모양도 적당히 가능한 한 간결하게 묘사할 것)

57. 3반실

소총 소제를 하고 있다.

책상 위에 소제용 모포를 깔고 분해 소제를 하고 있다.

유정(遊庭)에17) 광유(鑛油)를 바르고 있는 자.

철사로 만들어진 솔로 총신(銃身)을 소제하고 있는 자.

거꾸로 세워 총신을 들여다보고 있는 자.

58. 복도 (밤)

총가(銃架)에 정연하게 걸려 있는 소총의 행렬.

소제가 잘 되어 한 점의 얼룩도 없다.

59. 물품판매소 (밤)

'전선에 있는 전우들을 생각하라'

'고향에는 과자 한 봉지도 없다'

---

16) 리뷰 : 원문은 レビュウ. Review의 일본식 발음.

17) 유테이(遊底)의 오식으로 판단됨. 유테이의 의미는 주 참조.

등의 표어가 붙어 있다.
창구에 줄지어 순서대로 만두를 사고 있는 병사들
그 중에 마고다 이등병의 얼굴도 보인다.
다른 창구에도 각자 식기를 갖고 와 단팥죽 순서를 기다리고 있는 병사들
테이블을 둘러싸고 단팥죽을 훌훌 마시거나, 만두를 우적우적 먹고 담소하는 병사들
넓은 홀의 화기애애한 풍경
히라마쓰와 야스모토 두 사람도, 테이블 하나를 차지하고 단팥죽을 훌훌 마시고 있다.
건너편에 앉아 있던 상등병과 일등병이 역시 단팥죽을 훌쩍거리면서 이야기하는 것을 듣고 있다.

상등병 이렇게 맛있는 단팥죽, 야전에 나간 전우한테 한번 더 먹이고 싶구나.
일등병 응, 다케다(竹田)도 가츠라(桂)도 단 것을 좋아했어. 지금쯤은 분명히 부대 시절을 그리워하고 있을 걸.
상등병 그래, 다케다의 요전 편지에, '부대보다 좋은 데가 세계 안에 얼마 없다, 부대 시절이 즐거웠다. 그것은 한번 부대로 돌아와 보고 싶다는, 그런 미련이 아니다. 이젠 언제 죽어도 좋은 기분이지만' 하고 써 보냈대.
일등병 응, 그 기분 잘 알아.

야스모토와 히라마쓰, 그 회화를 들으면서 각자 생각 속에 빠진다.
두 병사가 사라진 뒤 야스모토, 은밀히 말한다.

야쓰모토 히라마쓰, 군대는 우리가 상상하고 있었던 것하고 굉장히 다르네."
히라마쓰 응, 나도 지금 그걸 생각하고 있었네.

마침 그때 어디선가 군가 합창이 들려 온다.

야쓰모토 봐, 저 군가를 들으면, 언제나 기숙사 시대의 사가(舍歌)를 듣고 있는 것 같은 착각이 들어.

60. 출입구
당번인 병장이 서서 감시하고 있다.
히라마쓰, 야스모토, 마고다 3인이 경례하고 나가려고 한다.
"어이, 너 그 만두, 어디 가지고 가나."

마고다 이등병 낭패해서 답이 궁하다.
"넷……."
"넷이 아냐. 만두다. 꺼내 봐."
마고다, 윗도리 주머니에 숨겨져 있던 만두 봉지를 꺼낸다.
"여기서 먹고 가라……."
"넷."
마고다, 어쩔 수 없이 꾸역꾸역 먹어댄다.

61. 복도(밤)
일석(日夕) 점호시
다와라 반장이 반원에게
"오늘 회보(會報)에서, 너희에게는 간부 후보생 검정시험 준비를 위해
23시까지 소등시간이 연기되었다. 열심히 준비하라."

62. 3반실 (밤)
전등 밑에 '연등허가(延燈許可)'라는[18] 종이가 붙어 있다.
그 밑에서 책상에 나란히 앉아 모두 열심히 '군인칙유 근해(軍人勅諭謹
解)'기타 전령범(典令範)을 공부하고 있다.
마고다, '육군 예식령(禮式令)'을 읽으면서 졸고 있다.
거기 주번사관 소가 소위가 들어온다.
"경례"
일동 기립하여 경례한다.
"좋다. 앉아라. 열심히 하고 있구나. 그러나 무리해서 다음날 훈련에 지
장이 있어서는 안 된다. 간부 후보생의 채용은 평소의 복무 자세, 군인
정신의 체득 여하를 고려하여 결정되기 때문이다."
이렇게 말하고 나서 마고다 쪽을 향해 서서
"마고다 이등병"
"네."
마고다, 졸음이 일순에 날아가 버린다.
"아까 물품판매소 당번병으로부터 보고가 있었는데, '사병의 경우 물품
판매소에서 식사한다'는 규칙을 알고 있는가."
"넷."
마고다 위축되어 있다.
"어째서 만두를 갖고 오려고 했는가."
"넷, 저어 너무 맛있어서 한번에 먹어치우는 것이 아까웠기 때문입니
다."
"너는 먹보구나."

---

18)연등허가(延燈許可) : '불을 켜두는 시간을 연장하는 것을 허가한다'는 뜻.

"넷, 저는 먹보입니다."
소가 소위 쓴웃음을 지으며
"다음엔 주의해라."
"넷, 주의하겠습니다."
"마고다, 그 당번병은 시골에 있을 때 세관 직원이었다. 밀수 적발 전문 가였다고 하지."
마고다 머리를 긁으며
"군대에서는 적재(適材)를 적소(適所)에 사용하네요. 하하하하." (溶暗)

63. (溶明) 중대 강당
정면의 칠판에 백묵으로 씌어 있다.

'정신훈화'
'끝까지 싸운다'

요시무라 중대장이 중대 전원 앞에서 정신훈화를 하고 있다.

중대장 …… 성전(聖戰) 이래 세 번째 영광스런 육군기념일을 맞이하는 바인데, 저 봉천(奉天) 대전투와 이번 대동아전쟁을 비교하면, 무기의 발달이나 전술의 변화는 실제 놀라지 않을 수 없을 정도다. 그러나 한 가지, 공격 해서는 필히 취하고 싸워서는 반드시 이긴다는 우리 육군의 위력에는 아무런 변화도 없다는 것이다. 우리 작전의 지묘(至妙)함도 장병들의 무용도, 말하자면 2600년 이래의 전통이다. 끝까지 싸운다, 이 정신으로 귀일하는 것이기 때문이다. (라며 칠판에 씌어져 있는 노래를 가리킨 다)

꼼짝도 않고 중대장 쪽을 주목한 채 경청하고 있는 히라마쓰, 야스모토 마고다 등!

64. 조선은행 앞 광장
육군기념일의 봉축탑이 서 있다.
제39회 육군기념일, 추허(醜虛) 격멸

65. 히라마쓰집 대문
국기가 걸려 있다.
문패 옆에
명예로운 군인의 댁

66. 모친 인숙의 안방
인숙과 정희가 이야기를 나누고 있다.

정 희 오빠 언제쯤 올까.
인 숙 정말 오니?
정 희 육군기념일에는 첫 외출이 허락된다고 엽서에 씌어 있었어요.
소 리 저 왔어요. 어머니

밖에서 선기의 씩씩한 목소리 들려 온다

67 선기의 방
선기, 그리워하기라도 했듯이 자기 방안을 둘러보고 있다.
홍차를 들고 온 정희,
어쩔 줄 몰라하는 야스모토에게.
"일전에는 실례했어요. 식기 전에 드세요……."
"네, 감사합니다."
야스모토, 찻잔에 손을 뻗친다.
정희, 축음기 쪽으로 와서
"오빠, 레코드 걸어요. 베토벤?"
"으-음, 어깨가 뻐근하지 않은 게 좋겠어."
정희, 원무곡(圓舞曲)인가 뭔가 경쾌한 곡을 고른다.
잠시 있다가, 인숙이 과자를 담은 소반을 들고 온다.

인 숙 모처럼 오셨는데 아무 것도 없습니다만, 이런 거라도 하나 드시면 어
        떠세요?
선 기 어머니, 됐어요. 과자 같은 건, 군대에서 얼마든지 먹을 수 있으니까. 양
        갱 같은 것도 한창이에요
정 희 어머, 양갱이 뭐였지? 나도 잊어버렸네
선 기 그리고 대복병(大福餅)하고 만두 같은 것도 이렇게 커. (라며 두 손으로
        원을 만들어 보인다)
정 희 점점 부러워하게 만드네.
선 기 또 있어. 엄청나게 맛있는 팥죽이 한 그릇에 십 전이야.
정 희 됐어 됐어. 침 나와.

정희 입 속에 고인 침을 삼키는 듯한 흉내를 낸다.

(重)
난로 옆 시계 4시 반.

야스모토 자 슬슬 일어나 볼까.
인 숙 (선기에게) 외출은 몇 시까지냐.
선 기 저녁 식사시간까지인데요. 5시 반까지 가야 해요.
정 희 다음 외출은 며칠이야?
선 기 응, 지금부터는 공휴일이나 일요일마다 교대로 외출할 수 있어.
정 희 이 다음에는 채순이도 불러서 어디 놀러가요.
선 기 응.

68. 입구
인숙과 정희가 전송하러 나온다.

선 기 어머니, 안녕히 계세요.

선 기 응, 다음엔 다 같이 모시고 오너라.
선 기 네에.

선기는 야스모토와 어깨를 나란히 하고 뒤도 안 돌아보고 대문을 나간다.
잠시 그 뒷모습을 지켜보던 정희와 인숙

정 희 오빠 몰라볼 정도로 군인다워졌어요.

인숙, 묵묵히 고개를 끄덕인다. (溶明)

69. 영내
야스모토 등, 목총을 들고 총검술 기본 동작을 하고 있다.
일동, 목총을 들고 있다.
반장 "앞으로. 앞으로, 찔러, 뒤로, 앞으로, 찔러, 계속 찔러."
일동 커다란 목소리로
"에잇- 에잇-"
하며 찌른다
(이 모양 적당히)
(重)

70. 영내(다른 장소)

총검술 기본 훈련의 계속

다와라 반장만이 보호구(保護具)를 걸치고 있다.

야스모토, 목총을 꽉 쥐고 반장과 대련하고 있다.

다른 병사들은 견학하고 있다.

다와라 힘껏 찔러라. 알겠나.

칼로 베는 듯한 날카로운 목소리로 구령을 붙인다.

"앞으로! 앞으로! 좋다. 찔러엇!"

야스모토, 있는 힘을 다해 찌른다.

반장, 그대로 어깨로 받는다.

"좋다, 다음 마고다, 너 힘 좀 쓰겠구나."

마고다, 돌격 자세를 취한다.

"뭐냐. 그 엉거주춤한 허리자세는. 총검을 상대 눈높이로 들고 찔러라."

"에잇―"

마고다가 찌르는 것을 가볍게 받으며,

"더 더 기합을 넣어서, 우에잇! 하고 찔러라."

마고다, 혼신의 힘을 넣어 돌진한다.

"우―에―잇!"

반장, 왼쪽으로 살짝 비킨다.

마고다, 기합을 너무 준 나머지 공중에 붕 떴다가 나동그라진다.

견학하던 일동, 웃는다.

마고다, 분한 듯 벌떡 일어서서는, 목총을 꼬나쥐고 엉뚱한 방향으로 돌격한다.

반 장 야, 어디 가나?

하고 불리자 마고다, 부끄러운 듯이 멈춰서서 직립한다.

반 장 대열로 돌아가라. 마고다, 공격 정신이 왕성한 것은 매우 좋다.

뜻밖에 칭찬을 받은 마고다, 그의 특기, 코를 벌름거린다.

71. 이발소

다른 병사들 속에 섞여서

야스모토가 마고다의 머리를 바리캉으로 깎고 있다.
"앗, 아야"
(등등, 이 부분 처리 해학적으로)
거기 히라마쓰가 들어온다.
"야, 야스모토, 마고다, 너희 둘 편지가 왔단다. 가지러 오라는 명령이야."
"뭐, 편지?"
마고다, 크게 기뻐하며 자기 머리에 손을 갖다 댄다.

72. 제 3 내무반 실
마고다와 야스모토, 사무실에서 돌아온다.
모두 마고다의 머리를 보고 웃는다.
"마고다, 그 머리 어떻게 된 거냐."
"그럴 때가 아냐."
마고다, 서둘러 편지를 꺼낸다.
"야, 큰 소리로 읽어봐라."
한 명이 부추기자 마고다 용기를 얻어서
"좋아, 읽는다. 준비 됐어? 에에 –
"문안 올립니다. 소생은 요즘 잡무로 바쁘긴 합니다만, 무사히 지내고 있사옵니다. 귀군(貴君)은 어떻게 지내고 계십니까. 그런데 이번 귀군의 부인 하나코 님 말씀입니다만, 오늘 오전 3시 여아를 분만하셨으며, 모녀 모두 건강 하시오니 아무쪼록 안심하시기……"
마고다의 목소리 점점 잦아들다가 끊어지고 만다.
"야스모토, 나머지 머리 좀 깎아주라."
곧 그답게 원기를 회복하고는 야스모토를 본다.
야스모토는 편지를 다 읽고 뭔가 생각에 잠겨 있다.
히라마쓰가 걱정스럽게 묻는다.
"뭔가 일이라도 있냐."
"아니, 아무것도 아냐. (머리를 저으며) 마고다, 가자." 하고 일어선다.
거기 반장이 들어온다.

병 사   경례.

반 장   야스모토, 즉시 사무실로 오라.

하고 명령한다

73. 중대 사무실
기무라 준위가 야스모토에게 걱정스럽게 말을 건넨다.

준　위　자네, 고향에 다녀오게.

야스모토　넷?

준　위　아버님 상태가 나쁘시지 않나.

야스모토　넷, 하지만 어머님은 걱정하지 말라고 쓰셨습니다.

준　위　그래서는 안 되지. 한번 가서 문안이라고 드리고 오면 어떤가.

야스모토　감사합니다만, 아버님도 저에게는 절대로 알리지 말라고 말씀하셨다
고 하시니 저는 돌아가지 않겠습니다.

준　위　그런가. 수속을 밟는다면 48시간의 임시외출을 허가하겠는데.

야스모토, 잠시 생각에 잠겼다가 갑자기 뭔가 특별한 생각이 머리에 스
친 듯이

야스모토　준위님, 저 가보겠습니다.

준위 묘한 얼굴을 한다.
옆에서 다와라 반장이
"그래, 갔다 오는 게 좋겠다. 수속을 해 줄 테니 하사관실로 오게."

\# 74. 시골 기차
야스모토 이등병이 창 밖을 보면서 생각에 잠겨 있다.

\# 75. 야스모토 집의 사랑채
태환이 병상에 누워 있다.
면사무소의 서기가 위문 차 와 있다.
간병 치레를 하고 있던 분이가
"매일 바쁘실 텐데 이렇게 와 주셔서……."
태환, 돌아누워 "정말 사람 손이 모자랄 텐데, 동네 분들한테 논밭 일까
지 신세지고 미안하네."
"뭘 그러세요. 그만큼 명예로운 댁이신 걸. 우리가 가능한 일이라면 뭐
라도 해 드리는 게 당연한 임무인 걸."
그때 갑자기 장지문이 열리면서 야스모토 이등병이 나타난다.

영　일　아버님, 저 왔어요.

분　이　어머 영일아, 어떻게 된 거야.

영　일　외박을 받아서 왔어요.

96

태환은 아무 말도 없이 돌아누워 등을 보이고 만다.

영 일 아버님.
태 환 (잠시 있다가) 뭐 하러 왔냐.
영 일 몸은 좀 어떠세요.
태 환 누가 알렸냐.
분 이 제가 편지 끝에 썼어요.
태 환 막걸리를 끊어서 몸이 나쁠 뿐이다. 영일아, 오던 발로 군대로 돌아가거
      라.

분이, 어쩔 줄 모르고 우왕좌왕 하고 있다.

서 기 영일이 아버지, 좀 보세요. 근사한 군인이 안 되었는감. 군복이 너무나
      잘 어울리지 않나.

영일 갖고 온 종이 꾸러미를 베개맡에 내놓으며

영 일 이거 반장님이 병문안 때 드려라, 하고 일부러 주신 거에요.

태환, 갑자기 기가 꺾여서는 겨우 몸을 일으키고

태 환 영일아, 병문안 하러 돌아온 것은 나도 기쁘다. 하지만 그러면 동네 사
      람들한테 면목이 없지 않느냐. 동네 사람들은……
서 기 영일이 아버지, 그거하고 이거하고는……
영 일 아버님, 저는 병문안 때문에 온 게 아니에요.
태 환 뭐라고?
영 일 잘 됐어요. 서기 어른. 죄송합니다만, 조속히 오늘밤 징병검사를 앞둔 청
      년들과 부모님들을 꼭 모아주셨으면 합니다.

76. 조합의 소강당
마루에 진좌(眞座)가 깔려 있다.
적령기 전후의 젊은 무리와 그 부모님 연배의 사람들 (특히 부인의 모
습이 두드러진다. 약 35, 6명 모여 있다
이 속에는 영일이 장행회(壯行會)에 왔던 박 씨, 도쿠야마 씨, 게이야마

씨 그리고 우편배달부 등의 얼굴도 보인다.

면장, 서기, 조합이사 등은 정면을 향해 앉아 있다.

眞人中의 책상에 야스모토 이등병 서서

"저는 오늘밤 여러분과 무릎을 마주대고 정답게 말씀을 나누고 싶었습니다. 이러한 자리에서 감히 저의 의견을 발표할 수 있는 허가도 얻어오지 못했습니다. 그러니 이것은 동네 친구들과 부모님들께 단지 저의 군대 생활의 근황을 내밀히 말씀드리는 것이라고 생각해 주십시오."

야스모토 이등병, 이렇게 전제하고

"제가 입영했을 때 중대장님과 반장님께 병영은 군인의 가정이라는 말씀을 들은 적이 있습니다만, 저의 짧은 경험을 통해 볼 때도 정말 그렇다고 생각합니다. 중대장님이 아버님, 준위님은 어머님, 조장님이 형님, 반장님은 누님입니다. 좀 더러운 이야기입니다만, 저는 반장님께 변소가서 궁뎅이 닦는 법까지 배웠습니다. (웃음소리가 인다) 아닙니다. 이건 농담이 아닙니다. 전염병 예방을 위한 것이었습니다."

야스모토 이등병 계속한다. "말하자면 상관의 명령에 충실하게 따르고 주어진 임무를 정직하게 실행하면 군대 생활은 결코 괴롭지도 엄하지도 않습니다…… 저도 입영할 때까지는 여러 가지 인식 부족 상태였습니다만, 여러분은 아무 걱정도 없이 징병검사를 받아 기분 좋게 입영하실 수 있도록, 또 부모님들께서도 안심하시고 소중한 아드님들을 어봉공(御奉公)에 내보내시도록 희망해마지 않습니다."

야스모토 이등병, 경례한다.

"저의 이야기는 이걸로 끝냅니다만, 입영 기타 문제에 대해 뭔가 모르시는 것이 있으시면 질문해 주십시오."

그러자 나이 먹은 남자 한 명이

"군대에 들어가면 얼마나 있다가 전쟁에 나가나?"

야스모토 당혹해서

"그건 모르겠습니다. 하지만 젊은 분들이 군대에 들어가자마자 전장에 가서 적의 손에 죽는다고 걱정하신다면, 그건 큰 오해입니다. 지나 사변이 시작되고 나서도 벌써 8년이나 되었고, 그 사이에는 수백 번의 격렬한 전투가 있었습니다만, 실제로 전사한 비율은 백 명에 한 명 꼴도 안된다고 합니다. 이 정도의 수라면, 군대에 가지 않는 사람들이라 해도 죽는 법이지요."

다른 한 명이

"좀 묘한 질문하겠는데, 영일 씨는 군대 가서 몇 번이나 두드려 맞았을까요."

와악 하고 웃음이 인다.

그러자 다른 한 명이

"너는 뭘 그리 쓸데없는 질문을 하냐? 야스모토 상이 이렇게 진지하게 말씀하고 계신데."

"너 같은 놈이 뭘 아냐. 입 다물어."

야스모토 "에, 에에, 기다려 주십시오. 저는 한번도 맞은 적이 없습니다. 또 맞는 것을 본 적도 없습니다. 군대에서는 사적인 제재는 절대로 금지되어 있습니다." (溶暗)

77. (溶明) 봄, 연병장에서

따스한 하늘빛을 뒤집어쓰고 겨우내 말랐던 언덕의 잡목 가지에도 선명한 새싹이 싹트고 바싹 마른 벌판의 잡초에도 새로운 생명이 싹터 오른다.

잡목림 사이 개간된 작은 공간에는 푸른 보리가 머리를 내밀고 있다. 굳게 얼어 있던 얼음도 녹아서 한강의 흐름이 저쪽으로 빛나 보인다.

78. 영내

새싹이 돋은 백양나무 밑

기계체조 철봉 쪽에서 고참병 3, 4명, 철봉 잡고 돌기, 철봉 위에 거꾸로 서기 등의 눈부신 재주를 계속 보여주고 있다.

79. 부대 안(다른 장소)

야스모토 들의 부대가 '벽 타넘기' 훈련을 받고 있다.

반장이 높이 2미터쯤 되는 벽 앞에서 설명하면서 모범을 보인다.

달려와서는

"꼭 6, 70 센티 앞에서 강하게 지면을 차고 오른다. 동시에 반대 다리 끝을 위로 향해 벽의 옆면에 건다. 동시에 양손은 가능한 한 깊숙이 벽 위에 걸고 몸을 끌어올린다. 알겠나. 이런 거다." 라 하면서 신속하게 벽 위에 선 모습을 보인다.

반장, 모범을 보이고

"알겠나. 너희도 해 봐라……."

병들, 차례로 벽 위로 뛰어오른다.

반장은 그 한 명 한 명씩에게 주의를 보낸다.

"도약 지점이 너무 멀다."

"벽에 건 다리의 무릎이 굽혀지면 안 돼."

야스모토도 타넘는다.

히라마쓰도 멋지게 타넘는다.

마고다는 실패한다.

반 장 다시 해.

다시 실패한다.

반 장   어이, 누군가 좀 도와줘라. 과감 민첩을 요하는 군의 행동에는 언제나
         협동이 중요하다. 다시 한번 해 봐라ー.

         히라마쓰, 앞으로 나가 매달려 있는 마고다의 무거운 엉덩이를 밀어 올
         려준다.
         마고다, 이윽고 타고넘기를 해낸다.
         (重)

         # 80. 연병장
         굴신(屈身) 행진 훈련을 하고 있다.

반 장   허리, 무릎, 발끝을 충분하게 굽히고, 상체가 쑥 미끄러지듯이 신속히 달
         린다.

         반장이 시범을 보이고

반 장   전방에서 적의 탄환이 끊임없이 날아온다. 자세를 낮춰 신속하게 전진
         해야 할 때 시행한다. 1번부터 시작.

         일동, 굴진 전진을 시작한다.

반 장   마고다, 너는 원래 허리가 굽은 자세 같구나. 등을 둥글게 하고 눈은 언
         제나 전방을 주목해라…….

         히라마쓰를 보고

반 장   그래. 집게 손가락을 뻗어서 땅을 만지듯이 하면 잘 갈 수 있다.

         # 81. 중대 강당
         간부 후보생 채용이 결정된 특별지원병에 대해 일등병 진급의 중대 통
         달(通達)식이 행해진다. 기무라 준위가 이름을 부른다.
         영광스런 일등병들이 한 명 한 명씩, 중대 전원의 앞에 나가 정렬한다.
         야스모토, 히라마쓰, 마고다의 이름도 불린다.
         요시무라 중대장이 엄숙히 말한다.

"중대 명령, ××육군 이등병 이하 ○○명, 육군 일등병 진급을 명함."
진급자 대표 ××이등병
경례를 하고 중대장의 손에서 금장(襟章)을 수여받는다.

82. 3반실
반원 일동이 반장에 진급 신고를 하고나자
"모두 잘 했다. 축하한다."

일　동　감사합니다.
마고다　(진지한 얼굴로) 반장님 제가 진급할 수 있을 줄은 몰랐습니다.
반　장　하하하하, 마고다 자신도 그렇게 생각하는가.
마고다　넷, 이것도 반장님 덕입니다.
반　장　아니다. 마고다는 교련도 학과도 서투르지만 평소 열심히 하는 것을 사
　　　　관(士官)이 사주었다. 하지만 이젠 일등병이 됐으니, 더 이상 바닥을 기
　　　　어선 안 돼.
마고다　넷. 열심히 하겠습니다.
반　장　응, 빨리 집에 진급 소식을 알려라.

(溶暗)

83. (溶明) 영내
넓은 영내 주변에는 부대의 명물인 벚꽃이……
만개한 벚꽃이 찬란하게 피어 있다.
(重)

84. 위문공연장
막사와 막사 사이의 영내에 급히 연예무대가 설치되어 벚꽃이 휘날리는
노천관람석은 병사들로 만원이다.
무대 적당한 장소에 걸려 있는
'예능위문회'
무대에 반도의 기생들과 인기가수들이 쭈욱 늘어 서 있다.
무대 중앙에 있는 단장격의 기생이 쏟아질 듯한 애교를 부리면서 유창
한 국어(國語)[19]로 "찬란한 징병제의 부름을 받아 우리 형제가 명예로
운 황군의 일원이 될 날을 가슴속에 새기면서, 이렇게 여러분 앞에 서
게 된 것은 우리 일동의 더할 나위 없는 기쁨이옵니다. 과연 마음에 드

---

19) 여기서는 '일본말'을 의미.

실지 걱정되오나, 지금부터 저희 일동은 여러분을 열심히 위문해 드리겠습니다.”

병사들의 우렁찬 박수갈채가 인다.

이 속에 있는 다와라 반장 이하 여러 얼굴들을 비출 것

이리하여 익숙한 ‘아리랑 합창’, 정서가 면면한 ‘도라지 무용’으로부터 ‘백두산 노래’, ‘구단(九段)의 어머니’가 (重) 계속되어 간다. 이쯤에서 무대에 몰입하면서 흥겨워하고 있는 야스모토 일등병의 얼굴을 포착하고―.

85. 위병

야스모토, 태환과 분이(둘 모두 한복)가 손에 보자기 꾸러미를 들고 찾아온다. 위병 한 명이 하나하나 질문하면서 면접부에 대신 기입해 준다.

“다와라 오장님께 면회시죠?”

두 사람, 즉 머리를 수그리며 “네에.”

위병, “저쪽에서(라고 면회소를 가리킨다) 잠시 기다려 주십시오.”

86. 면회소 앞

사쿠라 나무 밑에 앉은 태환과 분이 두 사람, 여기 저기를 쳐다보면서

분 이 어머나, 저도 이런 곳일 줄은 몰랐어요. 영일이는 어디 있을까요.

태 환 아니 반장님을 만나서 인사를 드리면 걔 얼굴은 안 보고 돌아가도 안심이다.

분 이 정말 온 보람이 있었어요.

거기에 다와라 반장이 달음질쳐 온다.

“저, 요시무라 중대의 다와라 오장입니다.”

두 사람 번갈아 정중하게 인사하며

태 환 아아, 바로 반장님이십니까? 저는…….

87. 연예공연장

위문단의 연예 한 대목이 끝나자, 이번에는 병사들 중에서, 답례의 의미로 18번 장기자랑.

‘테너’20).‘야스기부시(安來節)’21).‘퉁소’22) 등이 여기저기서 터져 나오는

---

20) 곡명처럼 표기되어 있으나, 테너의 고음으로 부르는 노래라는 뜻.

21) 일본민요. ‘야스기(安來)’는 지명.

22) 역시 곡명이 아니라 퉁소를 분다는 뜻.

등 장내는 들끓어 오르고 있다.
거기 다와라 반장이 돌아온다.
"요시무라 중대, 야스모토 일등병!"
"넷!"
야스모토, 깜짝 놀란 듯이 일어선다.

88. 막사의 그늘
공연장의 소란한 소리가 들려온다.
다와라 반장이 야스모토를 향해
"면회소에 부모님이 와 계시다."
"넷?"
야스모토, 의아한 얼굴을 한다.

반　장　사무실에 가서 외박을 받아라. 반장이 지금 준위님께 부탁해두었다. 14
　　　시까지 천천히 지내고 귀대하라.
야스모토　넷, 그렇지만 저만 매번, 이렇게 제 마음대로 하니 죄송합니다.
반　장　부모님은 반장을 만나러 오신 듯하지만, 모처럼이시니 자네는 경성 안
　　　내라도 해 드려라.
야스모토　반장님, 감사합니다.
반　장　선물을 받아서 사무실에 맡겨 두었으니 일석 점호 후에 반원들에게 나
　　　눠주라. 감사 말씀 잘 전해 드려라.

89. 창경원
야스모토 일등병, 부모님을 모시고 꽃놀이 와 있다.
둘 모두 흥에 겹고 상당히 행복해 보인다.
꽃나무 그늘에 있는 벤치에 앉자

태　환　하나부터 열까지 아깝지 않은 것이 없구나. 이래도 네가 훌륭한 어봉공
　　　(御奉公)을 못하면, 하늘의 벌을 안 받겠나.
영　일　네 저는 열심히 합니다. 아버님, 부디 건강하게 지켜봐 주세요.
태　환　뭐라구, 나 말이냐. 나는 괜찮다. 마을로 돌아가면, 모두한테 잘 이야기
　　　할 테니까…… 알겠소, 태환이 엄마.

분　이　(황홀해서) 정말 이쁘네ㅡ.
　　　(溶暗)

90. (溶明) 3반실

야스모토 일등병이 편지를 읽고 있다.

배계(拜啓)23)

완연히 따뜻해졌습니다만, 고향은 농번기에 다망하실 줄로 추찰하옵니다. 아버님께서는 노체 건강하시고 무리하시지 않으시기를 간곡히 비옵나이다. 그런데 그간 걱정끼쳐 올렸던 제1기 신체검사 검열이 끝난 후 중대장님께서 성적이 양호하다고 칭찬하시어 백골이 난망하기 그지 없사옵니다.

어느 병사가 편지를 쓰고 있다.

저는 덕분에 매일 원기 왕성하게 군무에 임하고 있으니 안심하세요. 혹서 중의 훈련은 보통이 아닙니다만, 그 대신 오후 훈련은 휴식, 낮잠 시간까지 있으니까 걱정 없습니다. 격렬한 훈련이 끝나고 보는 저녁 풍경, 주보에서 마시는 소다수의 맛도 각별해요. 시골에서는 도저히 맛볼 수 없는 것의 하나입니다.

히라마쓰 일등병이 편지를 쓰고 있다.

배계, 오늘 일박 행군에 나가 이 편지는 숙사(宿舍)에서 우체통에 넣사옵니다. 행군길 10리, 무게 4관의 배낭, 게다가 총을 맸기 때문에 꽤 힘들었사옵니다. 낮이 조금 지나 목적지에 도착, 민가에 수명씩 분숙(分宿)하기 때문에 오랜만에 온돌방의, 그 뭐랄까 집에 돌아온 듯한 기분이 들었사옵니다. 게다가 더 없는 정중한 대접을 받아 병사들은 감개가 무량하옵니다.

야스모토 상등병이 편지를 쓰고 있다.

줄이옵고, 오랜만에 소식 올리옵니다. 부모님께서는 별고 없으시고 건강하실 줄로 믿사옵니다. 그런데 저희들은 이번 특별 훈련의 심의를 거쳐 상등병으로 진급했사오니, 기뻐해주옵소서. 그리고 근일 부대대항 연습이 개시되어 일동 더욱더 열심히 하려고 의욕에 넘치고 있사옵니다 …….

91. 영내

부대장, 군장 검사를 끝낸 시간.

부대의 전 장병 앞에서 부대장이 훈시를 하고 있다.

"결전 하에 시행되는 부대 대항 훈련은 한번 명령이 내려진 즉 용약(勇躍) 즉 응출(應出) 가능하다. 연습은 곧 전장(戰場)의 연무행(鍊武行)이다. 나아가 이번 훈련 중 '논밭의 농작물을 해쳐서는 안 된다. 과수원

---

23) 배계(拜啓) : 절하고 아뢴다는 뜻으로, 편지 첫머리에 쓰는 말.

등을 장애물로 보거나 한 명의 병사라도 그곳을 통과 해서는 안 된다.'
라는 통감부의 명령이 나와 있기 때문에, 항상 주의하도록."

92. 부대 대항 훈련 실황
폭음 소리 높이 하늘로 솟구쳐 오르는 군용기 편대
웅장한 캐터필러 소리를 내며 맹진하는 철사자(鐵獅子), 은은히 천지를
진동하는 야전 중포대(重砲帶)의 속사(速射).

93. 평야(平野)의 조망(眺望)을 확보한 고지(高地) 통감부의 천막
야전 책상 위에 펼쳐진 지도를 살피는 사단장을 비롯하여 참모장 이후
막료. 한 중좌가 지도 위에 연필로 선을 그으면서 뭔가 설명하고 있다.
크게 끄덕이는 사단장.

94. 솔밭 속
보도부의 ××대위가 보도반원에게 정보발표를 하고 있다.
"……어젯밤 이래 상신리(上新里) 부락 서남쪽 견고한 산악지대에 대기
하며 진격태세를 취한 東軍××지대(枝隊)에 대하여, 급진(急進)하는 서군
(東君)……." 등등 진격.

95. 훈련 실황
(특히 현대보병전투의 복잡함의 한 부분을 소개하는 의미로 다음 중에
서 적당한 것을)
속사포(速射砲)의 활약
보병포(步兵砲)의 활약
척탄통(擲彈筒)의 활약
자동포의 활약
화염방사기의 활약
가스부대원의 활약
통신부대의 활약
자동차 편성부대의 행군
병참부대의 행군

96. 보병부대의 행군
도보로 강 건너기
준험한 지역의 등산
진흙탕의 통과

97. 숲 속 그늘 길

부대는 힘을 내서 강행군을 견뎌내고 있다.
그 무거운 발걸음
그 중에 야스모토, 히라마쓰, 마고다 등의 모습
전방으로부터 구호가 뒤로 전해 온다.
"정지!"
"정지!"

98. 숲 속 그늘
다시 총선(銃線).
그 옆에 야스모토, 히라마쓰, 마고다 등, 반장과 함께, 금방 지은 밥을
맛있는 듯이 먹고 있다.
반찬은 소고기찜 통조림.

반 장　맛있네…….
마 고　네.
반 장　어떠냐, 이번 행군 힘들지.
마 고　아니요. 이 정도면 아무 것도 아닙니다.
반 장　거짓말. 마고다. 녹초가 된 걸 봤다. 하하하.
마 고　저는 힘들어서 그런 건 아닙니다. 숨이 찼을 뿐입니다.
반 장　잘도 빠져나가는구나. 하지만 모두 멋진 군인이 됐다. 히라마쓰, 너희가
　　　　입대했을 때는 얼마나 걱정했는지 모른다. 영내를 한 바퀴 도는 데도
　　　　헉헉거렸으니까.
히 라　반장님 죄송합니다.
반 장　아니, 죄송할 것 없다. 이젠 언제든 야전(野戰)에 나가도 괜찮다.
마 고　(주머니에서 사과를 꺼내) 반장님, 어떠십니까.
반 장　(놀라서) 너, 그거 했구나.
마 고　아니요, 잠깐 쉴 때 마을 사람이 준 겁니다.
반 장　그냥 받았지?
마 고　자기도 올해 군대 간다고, 잘 부탁한다고 했습니다.
반 장　하하하하, 그래서 받았는가.

　　　　마고다도 웃으면서
　　　　"넷, 어쨌든 드십시오."

반 장　아니다. 네 것이니까 먹어라.

마 고   제 건 여기 있습니다.

마고, 반대쪽 주머니에서 하나 더 꺼낸다.
(溶暗)

99. (溶明) 주보(酒保) 옆의 닭장
병사들이 횃대에 앉아 있는 닭들을 쫓아내서는 먹이를 주고 있다.
닭들의 기쁜 듯한 날갯짓

100. 부엌 뒤의 돈사(豚舍)
서양종(種)의 검고 살찐 큰 돼지가 서너 마리. 꿀꿀거리고 있다.
병사들이 통에 든 잔반(殘飯)을 먹이통에 넣어주고 있다.

101. 세탁소
야스모토 등이 훈련으로 더러워진 상하의와 군화 등을 척척 빨면서

히 라   엄청 더럽네. 여간 해선 때가 안 빠지겠어.
야 스   맹훈련을 했으니.
마 고   빨래를 하니까 마누라 생각이 나네.
× ×   너, 하나코(花子)상한테 빨래 방망이로 얻어맞았지?
마 고   이 기분은 총각은 몰라. 질투하지 마.
× ×   쳇. 알았어. 알았어. 손 들었네.

등등 화기애애한 빨래 장면

102. 빨래 건조장
파란 하늘에 흰 구름이 둥실 떠 있다.
각자 세탁물을 철조망처럼 뻗은 굵은 철봉에 걸려 말리고 있다.

마 고   아아, 화창한 날이구나.

등등 느긋이 시간을 보내고 있다.
거기 같은 내무반의 병사가 달려 온다.
"3내무반 집합"

103. 복도

주번 하사관, 엄숙한 말투로

"호명된 자는 일보(一步) 앞으로."

일순, 어떤 강렬한 예감이 정렬해 있는 병사들을 긴장시킨다.

주번 하사관, 종이쪽지를 읽기 시작한다.

이름이 불린 병사는 전신이 굳은 채로, 힘이 들어간 목소리로 대답을 계속하고 한 걸음 앞으로 나온다.

하사관이 호명한 6명 중에 히라마쓰, 마고다는 들어 있었으나, 야스모토의 이름은 없다.

주번 "명령, 이상은 즉시 중대사무실 앞에 집합하여 ○○군조의 지시를 받아라."

104. 하사관실

야스모토가 다와라 반장에게 하소연하고 있다.

야 스 반장님, 중대장님께 부탁해서 야스모토도 꼭 데리고 가도록 해주십시오.

반 장 야스모토, 야전에 나갈 기회는 이번만 있는 것이 아니다.

야 스 왜 제가 빠졌는지 섭섭합니다(점차 격해지면서) 이유를 알고 싶습니다.

반 장 야스모토, 말을 삼가라. 군대는 명령에 따를 뿐이다.

105. 3반실

지급된 새 피복 일체를 안고 야전행(野戰行) 명령을 받은 병사가 돌아온다. 각자, 침대 위에 두고 상의를 자기 몸에 맞춰 본다. 배낭에 매달기 위해 외투를 이리저리 접어보거나 하면서 전우들과 이야기한다.

"건강 조심해라."

"음, 열심히 하자."

야전에 가지 않는 병사들은 부러운 듯이 도와주고 있다.

그런 중에 히라마쓰가 야스모토의 모습을 찾으나 실내에는 보이지 않는다.

106. 영내

히라마쓰가 침울한 야스모토와 이야기하면서 걷고 있다.

히 라 너하고 같이 못 가는 것은 나도 너무 안타까워. 하지만 부대에 남는 사람의 임무도 무거우니까…….

야 스 히라마쓰, 위로할 참이면 그만 둬.

히 라 모르겠어? 얼마 안 있으면 우리 동생들이 징집으로 많이 입영하잖아. 너는 우리 동생들 뒤를 돌봐줄 차례잖아.

야스, 갑자기 생각에 잠긴다.

히 라 알겠어? 부탁해!

야쓰, 얼굴을 들고 히라마쓰의 얼굴을 응시하다가 크게 끄덕인다.

야 스 응, 나도 뒤에서 싸울께.

　　# 107. 사랑방
　　선기를 중심으로 충기, 인숙, 정희가 단좌하고 있다.

충 기 어머니, 선기한테 축하한다고 좀 해보세요.

"에에, 축하합니다."
인숙은 당신의 아들한테 공손하게 머리를 숙인다.

충 기 정희야. 너도.
정 희 오빠, 축하합니다.
충 기 자, 어머니, 오늘밤은 장행회(壯行會)예요. 음식 준비 좀 서둘러요.
선 기 음식은 필요 없어요.
인 숙 어차피 요즘 철엔 아무 것도 없지만……
정 희 괜찮아. 내가 있는 걸 갖고 솜씨를 부려서 요리할께.
선 기 아냐. 정희 요리라면, 오히려 군대 쪽이 낫지.

　　정희, 눈을 흘긴다.

인 숙 선기야, 넌 아직도 쏴붙이는 말을 하니?
정 희 할 수 없지. 오늘 요리는 내순이한테 부탁하지 뭐.
인 숙 정희야. 남의 집 따님한테 부탁하느니, 내가 할 테다.

　　# 108. 선기의 방
　　충기와 선기, 마주 보고

충　기　군인이 된 이상은 전장에 가는 것이 본분이지.

선　기　네.

충　기　집안 일은 아무것도 걱정말아라. 안심하고 봉공(奉公)하고 오너라.

선　기　어머님께도, 형님께도 지금까지 은혜도 못 갚았어요.

충　기　아니다. 나는 너한테 감사하고 있단다. 어머님한테도 네가 제일 효자란
　　　　다.

　　　# 109. 큰사랑(밤)
　　　때가 때이긴 하나, 꽤 호화로운 성찬이 준비되어 있다.
　　　충기, 선기, 인숙, 정희, 그리고 채순이도 자리에 앉아 있다.
　　　선기가 식탁을 둘러보며
　　　"굉장한 음식이네요. 어머니, 고생하셨어요."
　　　"웬걸."

인　숙　채순이한테도 인사 드려라.

　　　선기, 채순에게도 가볍게 머리를 숙인다.
　　　내순, 아무 말도 없이 슬픈 듯 미소짓는다.
　　　잔에 술이 돌자
　　　충기가 잔을 들고
　　　"자, 히라마쓰 선기 상등병의 무운장구를 빌며……."
　　　모두 잔을 들고 기원한다.

　　　# 110. 밤길
　　　선기 남매가 채순이의 귀가길을 배웅하는 도중
　　　정희, 일부러 피해주면서 뒤를 따라 온다.
　　　선기와 채순, 어깨를 나란히 걸으면서 더듬더듬 이야기를 나눈다.

선　기　이제 당분간은 못 뵙겠군요.

채　순　(머리를 조금 숙이고는)　네, 고생되시겠어요. 아무쪼록 건강하게 다녀
　　　　오세요.

선　기　고맙습니다. 내순씨도…….

　　　그때 등불을 켠 우차(牛車) 행렬이 방울을 울리며 다가온다.
　　　둘은 몸을 바싹 붙이고는 옆으로 피한다.

선기는 눈 앞에 있는 채순의 얼굴을 본다.
촉촉이 젖은 검은 눈동자, 얼굴.
그러나 잠깐 사이에 우차(牛車)의 행렬은 지나가고 둘은 다시 거리를
두고 걷기 시작한다.

111. 인숙의 방(밤)
인숙이 혼자 뭔가 생각하고 있다.
"어머니"
선기가 들어 온다.
"채순이, 바래다 주고 왔니?"

선 기 네.
인 숙 정말 괜찮은 아가씨인데…….
선 기 …….
인 숙 무슨 일이라도 있냐.
선 기 어머니, 부대장님께서, 네 몸은 내가 확실하게 책임질 테니까, 어머님께
        그렇게 전하라고 말씀하셨습니다.
인 숙 아니다. 나는 언젠가 총독님이 보내주신 그 편지를 몇 번이나 읽어봤단
        다.

인숙, 그렇게 말하며 옆에 있는 편지들 속에서 꺼내 보여준다.

인 숙 어차피 인간은 백 년 이백 년을 사는 것이 아니니.
선 기 어머니.
선 기 (인숙 쪽을 향해) 그 말씀을 듣고 겨우 안심이 돼요. 정말로 천만 명의
        아군을 얻은 기분이에요.
인 숙 (눈물을 머금고) 하지만, 아버지한테 오늘 네 모습을 한번 보여드리고
        싶었다.
선 기 저는 아버님께 제일 많이 걱정을 끼쳐드렸던 아들이에요. 어머님, 내일
        둘이서 성묘 갈까요.
인 숙 그렇구나. 얼마나 기뻐하시겠니.

112. 기차 안 (경춘(京春) 철도)
인숙과 선기, 나란히 앉아 있다.
들어온 4, 5명의 병사가 일제히 선기에게 경례한다.

113. 히라마쓰 집안 묘소

높은 언덕 위에 있는 청정한 묘비 앞에 모자를 벗고 직립부동의 자세로, 군대식으로 경례하는 선기. 꿇어앉아 경건하게 합장하는 인숙. 몰래 눈물을 훔친다.

114. 제 3 내무반실

히라마쓰, 천인침을 속옷 밑에 말아 넣는다. 군복을 입고 있는 야스모토가 옆에서 구시렁구시렁 돕고 있다.
마고, 아기의 사진을 살짝 꺼내보고는 몸에 단단히 간직한다.
이를 슬쩍 훔쳐 본 한 명이
"야, 마고다, 마누라님께 작별인사 확실히 올렸냐."

마 고 음, 다음 번에는 군인을 낳으라고 확실하게 주의 주고 왔지.

병사들, 와악하고 자지러진다.
주번 하사관이 들어온다.

병 사 경례.
주 번 지금부터 군장(軍裝)검사를 실시한다. 야전(野戰)으로 가는 자는 군장을 갖추고 막사 앞에 집합하도록.

115. 영내(본부 앞)

출진하는 약 ○개 중대 병사가 완전 군장을 하고 본부 앞에 집합해 있다. 열 중의 일등병 하나가 터질 듯 원기왕성한 목소리로 옆의 병사에게 말한다.
"난 좋아서 미칠 것 같아. 내지의 어머님과 친척에게도 자랑할 수 있쟎아."
그런 이야기를 듣고 있는 다와라(분대장), 히라마쓰, 마고다 등의 얼굴들
히라마쓰, 그리운 듯 중대 막사 쪽을 쳐다본다.

116. 중대 막사 앞

남은 병사들이 정렬해서 전우의 출진을 전송하고 있다.
감개무량한 듯한 야스모토의 얼굴.

117. 본부 앞

××중위가 지휘관 위치에 서서 구령을 붙인다.
"차렷."
본관의 현관에서 부관 등을 거느린 부대장이 나타난다.
중위, 그 앞에 나아가 검을 빼어든다.
"신고합니다. ××중위 이하 ○○명은 지금부터 출발합니다. 경례-. "
부대장은, 거수한 채로 끝에서 눈을 돌리며 답례한다.
중위 "번호!"
"일, 이, 삼, 사……."
눈에 보이지 않을 속도로 기합이 가득 들어간 병사들의 번호 소리가 전해진다.

중 위 우향 우.
중 위 앞으로…….

그 구령 아래 출진하는 병사들은 힘차게 군화소리를 내면서 발진한다.
그것을 굳건히 서서 전송하는 부대장의 모습

118. 영문
위병이 정렬한 가운데 나팔소리의 전송을 받으며, 발소리도 높이, 행진해 가는 출진 부대의 용장한 모습. (힘찬 행진곡풍 군가를 부르는 남성 합창 소리 점점 높아져간다)
(溶暗)

끝.

望樓의 決死隊

▷ 서지사항 : 야기 류이치로[八木隆一郎] 작, 야마가타 유사쿠[散形雄策], 야기 류이치로[八木隆一郎] 각본, 박연희 번역

人物

    고진(다카츠) 警部 補
    그의 처 유자(유코)
    삼산(스기야마)   巡査
    용택(구마자와) 巡査
    천야(아사노) 巡査
    김 巡査
    임 巡査
    안 巡査
    임옥선
    그의 아들
    김영숙=김 순사의 여동생
    왕옥룡=만주인. 중국요리 집 겸 여관주인
    왕옥호=왕룡의 아들
    왕옥연=왕룡의 딸
    유동순
    황창녀
    황혜옥
    쉰 목소리의 남자
    자위단(自衛團) A
    자위단 B
    자위단 C

타이틀

    이 한 편을 국경경비의 중임을 맡고 있는 경관들에게 바친다.

    (화면)
    일본 지도에서 조선 지도로 크게 비친다.
    수풍 댐, 무산 철산. 그 외 큰 공장 등의 실제 풍경.

    鴨綠江邊의 경찰 望樓. 防禦壁.

    일어나는 총성.
    匪賊들의 습격.
    희생자 등의 고통 소리.

116

Announce

조선!

압록강, 두만강으로 경계되어 있는 북선.

지금, 세계적인 수풍댐은 만들어지고, 지하의 매장자원은 개발되어 일본의 중요 산업지대로 약진하고 있는 북선.

그러나 지금도 여전히 드문드문 江岸 따라 이어지는 望樓와 방어벽.

이것이야말로 강 건너 저편의 만주국측과 힘을 모아 오늘날의 치안과 번영의 기초를 쌓은 국경 경찰관의 주재소이다.

思想匪, 抗日匪, 土匪의 준동! 습격! 약탈! 경찰은 싸운다.

파괴된 건조물, 순직자의 유품 등. 가족들도 총을 잡았다. 매번 고귀한 순직자가 나왔다.

피와 눈물과 땀으로 얼룩진 고투의 역사를 이어가자.

타이틀

소화 12년 경

황야

평안북도 변의 양안 지대를 낡은 열차가 달려가고 있다.

산간

다갈색의 민둥산. 그 산길에 고장난 승합자동차.

승객들은 그 뒤에서 밀고 있다. 그 중에는 지금 국경 경찰관으로 부임 중의 아사노 순사도 있다.

압록강 안

가을 햇살을 받으며 소달구지 꽁무니에 타고 흔들거리며 가고 있는 아사노 순사.

강 안에 임시로 만든 남산리 주재소의 마루가 멀리서 그에게 보이기 시작하였다.

주재소 앞

상의를 벗은 삼산, 임 순사의 지휘 아래 부락민들로 구성된 자위단원 수십 명이 석단의 보수, 참호 파기 등에 땀을 뻘뻘 흘리고 있다.

주재소 수석 다카츠 경부 보의 처 유코와 일본인과 같은 차림의 기모노를 입은 임 순사의 처 옥선이가 찻종과 질병을 가지고 주재소에서 나온다.

유 코 여러분 차 드세요.

모두가 그녀의 밝은 목소리에 이끌려 일손을 잠시 놓고 쉰다. 두 사람
은 찻종을 나누어도 주고, 따끈한 물을 부어주기도 하면서 허리를 굽힌
채 열심히 나누어준다.
아사노, 물건을 메고 가까이 왔으나 이 모습에 주저하며 우두커니 서
있다. 임, 스기야마를 계속하여 주시한다.

스기야마 이봐, 자네는 새로 부임하는 사람 아닌가?
아사노 ('차렷' 하고 경례한다) 예, 새로 부임하는 아사노 순사입니다. 경부 보
님은 계십니까?
스기야마 하하……. 수석은 지금 대안 내사에 계시지.

　　# 도선장
반도인(조선인)으로 변장한 다카츠. 대안의 만주족으로부터 오는 무리들
중에 기묘하게 섞여있는 무장한 도강자 조사를 담당하는 김, 안, 병 순
사와 가볍게 會食을 한 후 주재소를 향해 간다.

　　# 도로

소 년 영차…….

소년들이 하천의 돌을 가득 실은 차를 밀고 간다. 차에는 제중서당 소
년대란 작은 깃발이 걸려있다.
이 소년대의 지휘자는 서당의 선생 유동순이다.

다카츠 (뒤 따라와서) 어이, 수고들 하네…….
구마자와 (소년들 속에 같이 있던 구마자와 순사 뒤돌아서) 어서 오십시오. 걱
정하고 있는 중입니다. 뭐, 이상한 것이라도…….
다카츠 응음, 강 아랫쪽 노자구에 교룡의 밀정이 숨어들어온 것 같아.
구마자와 교룡, 공산비들이네요.
다카츠 금년은 이쪽도 풍작이라 방심은 금물이네.

　　# 주재소 앞.

스기야마 이봐, 수석님이 돌아오신다.

아사노 (다카츠 등이 있는 곳에 헐레벌떡 뛰어갔으나 착각하고 위엄 있게 콧수염을 기른 구마자와에게 경례를 한다) 조선총독부 평안북도 순사 아사노 순사, ○월 ○일 부 반포 경찰서 남산리 경찰 주재소 근무를 명받았기에 이에 신고합니다.

구마자와 하하…… 아니야, 수석 님은 다른 분이셔. (더러운 한복 차림으로 미소를 짓고 있는 다카츠를 가리킨다)

　　　아사노는 당황해하며 경례를 다시 한다.

　　　# 주재소, 수석 숙사, 취사장

왕 연 야-.

　　　만주복 차림의 왕연[1]이 열심히 화덕을 지피고 있다. 유코, 요리 준비며 만들어진 술과 음식을 운반하느라 정신이 없다. 옥선이도 도와주었다. 쾌활한 경관들의 웃음소리가 들려온다.

　　　# 주재소의 안뜰
　　　환한 달빛이 비쳐 나뭇가지에 걸쳐놓은 램프가 필요 없을 정도이다. 아사노 순사의 부임을 환영하는 마음 속에서 우러나는 환영회가 열리는 중이다. 다카츠가 있고, 구마자와, 임, 김도 있다.

김 그러면 노래 부르겠습니다. 별 수 없군요.

　　　김은 모두의 요구에 응하여 <白頭山節>을 부르기 시작하였다.

　　　수석 숙사,

왕 연 (뛰어들어오면서) 저어, 부인…….
유 코 (요리에 정신이 팔려 있다) 왜 그래, 왕연.
왕 연 김 상이 노래 불러요. 가십시다. 가십시다.

　　　유코의 손을 잡아당긴다. 왕연의 숯 깜뎅이 투성이 얼굴을 보고 놀란다.

---

1) 여관주인 왕옥룡의 딸, 왕옥연을 일컬음.

유 코 이거, 얼굴이 새까맣네.

왕 연 괜찮아요.

유 코 안 돼, 모두들한테 놀림 당해. 얼굴 닦아줄게.

왕연, 진정하고 자신의 손으로 힘주어 닦지만 더욱 더 더럽히고 만다.

中庭(안뜰)

노래를 마친 김. 계속하여 부른다. 임, 손박자를 치면서 장단을 맞춘다.
김, 흥에 겨워 춤을 춘다. 어깨의 율동에 특색이 있는 조선춤이다.

왕 연 (열광하여) 잘 하지요, 부인. 정말 잘 하지요.

옥선이도 웃으면서 나타난다. 임도 박수갈채를 보낸다.

김   하하하하. (머리를 감싸면서 앉는다)

구마자와 잘 했어⋯⋯. 자아, 한 잔. (따라주면서) 어이, 아사노, 이번에는 자네
         차례야.

아사노 아⋯⋯. 저, 저는⋯⋯.

김   자아, 부탁합니다. 도회지의 노래는 이런 곳에서는 정말 듣기 힘들므로
        한 곡 가르쳐 주십시오.

구마자와 (박수를 크게 친다)

모두가 기대를 한다. 다카츠도 미소를 머금고 있다.

아사노 그러면 하겠습니다. 한 곡 하겠습니다.

모두가 조용히 귀 기울이고 있다. 아사노 노래를 부른다. 구마자와 또
손을 친다. 아사노 소리를 높이고 다음엔 본격적으로 시작한다. 모두가
즐겁게 듣고 있다. 노래가 끝난다. 열광적인 박수.

왕 연 좋아요. 다음 사람은⋯⋯.

마자와 누구긴, 왕연이지, 뭐냐, 그 얼굴 모습이⋯⋯.

왕연은 다시 얼굴을 힘주어 닦는다. 더욱 검게 되었지만 투명해져 갔다.

아사노 (신기한 듯이 왕연을 본다. 웃으면서)

김 (웃으면서) 아사노 상, 근처의 중국요릿집 딸입니다만 재미있는 아이입니다.

왕 연 김 상도 재미있는 데가 있어요.

일동 웃는다.

望樓
안 순사, 달빛을 받으며 보초를 서면서 이 떠들썩한 웃음소리에 이끌려 싱글싱글 웃는다.

주재소, 사무소
스기야마 순사 근무하고 있다. 다카츠의 걸어오는 소리가 들리면서 드르륵 뒷문이 열린다. 스기야마, 놀라면서 일어선다.

다카츠 이상 없지?

스기야마 이상 없습니다.

다카츠 모두 같이 식사하고 와.

스기야마 네. (나간다)

다카츠, 앉아서 근무일지를 듣는다. 전화벨이 장성 단성의 소리가 끊어지고 이어지면서 울린다.

다카츠 예, 남산리의 다카츠입니다.

백운동 경찰관 출장소

요사가와 백운동 출장소의 길천(요사가와)입니다. 백운동에서 상류 쪽은 이상 없습니다.

남산리 주재소, 사무소.

다카츠 (장성 단성의 반복적인 특징이 있는 벨을 울리면서) 여보세요, 여보세요, 용담 주재소입니까? 남산리의 다카츠입니다. 남산리로부터 상류 이상 없습니다.

용담 주재소.

순　사　(전화벨을 울리면서) 여보세요, 여보세요, 도화리 주재소입니까? 용담
　　　　의 뇌미(세오)입니다. 용담으로부터 상류는 이상 없습니다.

주재소 안 뜰
구마자와 야-아 하고 월야에 묘한 가락을 흥얼거리고 있다.
일동, 조용히 듣고 있다.

주재소, 사무실
다카츠도 같이 생각에 잠겨 듣고 있었으나 의심스러운 듯한 눈초리로
자리에서 일어났다. 사무실 앞에 깔린 사람의 그림자, 그것이 창문 너머
로 보더니 곧 사라졌다.
다카츠 긴장하고 조심스럽게 접근하여 드르륵 문을 연다.
밖의 사람의 그림자는 움찔하며 그 자리에 섰다.

다카츠　누구냐……. 오, 황 상 아닌가?
황　상　아내가 애를 낳으려고 합니다.
다카츠　오, 막 나오려고 하는가?
황　상　사모님께서 와주셨으면 해서요.
다카츠　가고 말고. (뒷문쪽으로 가서 문을 열고 큰 소리로 부른다) 유코, 유
　　　　코.
유　코　예, 예.
다카츠　서둘러, 황 상네 아기가 태어날 것 같아.
유　코　어머, 축하합니다. 빨리 준비하여 가겠습니다.

주재소 안뜰

유　코　(서두르면서 들뜬 마음으로) 황 상 네 애가 태어난데요.
구마자와　으하, 남자입니까? 여자입니까?
유　코　아직, 몰라요. (숙소로 뛰어들어간다. 일동 폭소한다)
김　　　하……. 유쾌한데, 그 답답한 사람, 드디어 부탁하러 온 것 같아, 하
　　　　하.
구마자와　(어깨를 치면서) 김군, 우리들도 시간 됐네.
김　　　(시계를 보면서, 웃음을 그친다) 알았습니다. (일어선다) 왕연을 데려다

주겠어.

주재소, 사무소

구마자와 (김과 같이 무장을 갖추고 다카츠의 앞에 똑바로 서있다) 구마자와
　　　　　순사는 김 순사와 같이 야간 강안 경비에 들어가겠습니다.

다카츠, 힘 주어 경례를 받는다.

부락의 도롱 밖
월광.
구마자와, 김, 유코, 왕연이 온다. 황은 조금 뒤처져서 따라오고 있다.

왕　연 황 상, 아기가 태어나면 내가 자장가 불러줄게요. 잘 불러요.

왕연은 자신 있게 자장가를 불러댄다.
길이 두 갈래로 갈라지는 지점까지 왔다.

구마자와 김 군, 그 귀여운 토끼를 부탁하네.

구마자와는 유코와 같이 황의 집 쪽으로 향한다.

왕　연 으응, 전 토끼가 아닌데!

이것을 안녕 대신으로 왕연은 다시 노래를 부르면서 김과 같이 다른 길
로 간다.

중국 요리집, 쌍옥원 앞
김 순사와 왕연이 들어간다.

쌍옥원 앞
이제 문을 닫기 직전.
주인인 왕룽이 테이블 위에 남아있는 것을 치우는 중이다.
한 구석의 테이블 위에는 팔뚝을 걷어붙인 남자가 있었으나 김 순사를
보더니 술 취한 것 같이 얼굴을 감싼다.

김 꼬마 아가씨에게 너무 미안한데, 여러 가지로 도움이 되었나요.

왕 연 재미있었어요. 김 상이 노래를 불렀어요.

왕 룡 그래, 이번에 온 사람은 어떤 사람입니까?

김 조용한 사람 같아. 국경 경비라는 게 힘이 드는데, 익숙해질 때까지 시간이 좀 걸릴 꺼야. (구석의 남자를 보고서는) 저 자는?

왕 룡 처음 보는 손님인데요.

김 (가만히 보고 있더니 가까이 가 세운다) 이봐, 이봐…….

남 자 예에…….

김 뭐 하는 놈이냐?

남 자 예, 풍산진 사람입니다.

김 만주에서 뭐하고 있었나?

남 자 노자구의 제재소에 일하러 갔습니다.

김 어떤 일이야? (남자의 걷어붙인 팔을 만져본다)

남 자 아앗……. (아픈 듯이 얼굴을 찡그린다)

김 싸웠나?

남 자 아니오. 기계를 잘못 만져 가지고.

김 으음, 진짜로 아픈가.

남 자 예. (얼굴을 찡그린다)

김 알았어, 주재소로 와. 약을 발라줄 테니.

남 자 (당황하여) 괜찮습니다. 그렇게 불편을 끼쳐서야…….

김 뭐라, 만주에 처박혀 있으려면 몇 가지 물어볼 것이 있다. 어쨌든 같이 가자.

남 자 예에…….

김, 왕연 간다.

왕 연 알았어요…….

김은 왕룡에게 가벼운 인사를 하고 남자를 연행하여 간다.

왕 연 누구야, 금방 그 사람……,

왕룡은 대답하지 않고 두 사람이 나간 쪽을 살그머니 쳐다보고 있다.

\# 도로
김과 남자가 온다. 남자는 그 자리에서 선다.

김   이봐, 왜 그래.

순간, 남자의 걷어붙인 팔 속에서 권총이 불을 당겼다.

김   아앗!

비틀거리면서도 쓰러지지 않으려는 것을 또 한 방 쏜다. 김 순사는 푹
쓰러진다.

쌍옥원
무서워서 아버지에게 달라붙는 왕연.
왕룡도 깜짝 놀라 일어난다.
갑자기 어디선가 쪽지 하나가 날아온다. 또 수 발의 총성.

남산리 주재소 사무실
다카츠도 깜짝 놀라 큰 칼을 잡고 일어선다.

도로
쓰러진 김 순사 있는 곳으로 구마자와 순사 허겁지겁 온다.

구마자와 김 군…….
김   (무릎 꿇는 것을) 빨리…… 빨리…… 저 놈을……. (하고 끊어질 듯)

구마자와는 멀어져가는 남자를 향하여 쏜다. 명중되지 않았다. 호각을
분다.

주재소 망루
보초를 서고 있던 서(니시) 순사. 총성에 목을 빼고 쳐다본다.

다카츠   (다카츠가 아래에서 큰 소리로) 안 군, 부락 밖이 아닌가?
안   예에.

황의 집.
아궁이 방에서 물을 데우고 있던 이웃 아주머니가 유코에게 달라붙는
다.

유 코 황 상, 밖을 살펴보고 와요.

토간의 구석에 서있는 황은 움직이려고 하지 않는다.

혜 옥 (황의 처 혜옥이가) 당신이…… 사모님 대신…….

숨찬 목소리로 말하지만, 황은 꼬리를 뺀다.
울려 퍼지는 사이렌 소리.

주재소, 사무실
다카츠가 장성 단성의 특징이 있는 싸이렌을 울리고 있다.
비상소집이다.
맨 먼저 무장을 정비하고 스기야마가 달려온다.
아사노도 들어오지만 어찌할 줄 모른다.
스기야마는 그에게 총과 탄피를 건넨다.
아사노는 잽싸게 몸에 걸치려고 하지만 마음대로 안 된다.

다카츠 (다카츠는 사이렌을 울리면서 스기야마에게) 자네는 제1 보도 지점을
경계하고 구마자와 군과 연락을 취하면서…….

스기야마는 경례를 하고 뛰어나간다.

황의 집
사이렌 소리가 들려오자 유코는 정신을 차릴 수 없을 지경이다.
지금 막 애기가 나오려고 하는 중이다.

유 코 잠깐만 기다리고 있어, 곧 바로 뒤 돌아올 테니. (말하고는 유코가 황
급하게 밖으로 나가려할 때 황이 나타나서 그 앞을 가로막고 애원한다)

황 사모님, 곧 나오려고 합니다. 곧 나오려고 합니다.

유코는 불안에 떨면서도 이 한 마디에 멈춰 선다.

주재소 안뜰
유동순이란 그 외 자위위원에 의하여 운반되어 오는 김 순사. 사무실쪽
으로부터 다카츠가 달려온다.

다카츠 정신 차려, 김 군…….

김　　　예.

다카츠　유 군, 사무실에서 구급상자를!

유　　　예.

다카츠, 자위단원들에게 지시하며 김을 독신자 숙소로 옮기게 한다.
유는 사무실 쪽으로 뛰어간다.

사무실
아사노가 혼자서 안뜰의 상황을 걱정스레 하면서 어쩔 줄 몰라한다.
유가 뛰어들어온다.

유　　　구급상자!

아사노　구급상자?

아사노는 더욱 당황해한다. 유는 선반에서 그것을 내려가지고 허겁지겁
의자를 쓰러뜨리면서 나간다.

독신 숙사, 김의 집 안
옆으로 쓰러져있는 김을 삥 둘러서 자위단원이랑 다카츠가 있다.
다카츠는 응급처치를 하면서 김에게 묻는다.

다카츠　정황을 말해봐!

김　　　예, 아쉽게도!

다카츠　정신 차려! 확실하게! (말투는 거칠지만, 응급 처치하는 손을 쉬지 않
　　　　는다)

김　　　예…… 옥연을 바라다주려 쌍옥원에 갔습니다.

다카츠　으음, 그리고……? (김, 혼수상태로 빠지려고 한다)

다카츠　김 군! 김 군!

김　　　예, 예…… 팔을 잡고 그 녀석을 검문하였습니다.

다카츠　半島인가?

김　　　노자구의 제재소에서……. (말이 끊긴다)

다카츠　김 군! 김 군!

유　　　김 상! 나야 나, 유다. 알겠어?

다카츠는 일어서서 자위단원들에게 명령한다.

다카츠   미안하지만 내 집사람을 불러다 주게. 황 군의 집에서 아기를 받고 있
        을 거야.
A   예.
다카츠   그리고 자네…….
B   예.
다카츠   자네는 쌍옥원의 왕룽을 데리고 와.
B   예.
다카츠   그리고 자네.
C   예.
다카츠   수고스럽지만 자네는 아사노 순사를 안내하여 강안 경비를 부탁하네.
C   알겠습니다.

    다카츠는 그 단원을 데리고 나간다.
    유는 김 순사의 머리맡에서 보살피고 있다.
    간호하려고 해도 어수선한 대소동 속에서 어떻게 할 수가 없다.
    김이 무언가 찾으려고 하는 눈빛이다.

유   김 상, 나야 나, 유야.
김   유 군, 부탁해……
유   으응? 김 상, 김 상!
김   여동생……. 경성에 있어. 영숙……. 저것은 네……네 장래의…….

    그리고 들어가는 목소리.
    김은 가만히 유의 손을 잡는다.
    김의 얼굴은 편안한 모습으로 변한다.

    # 사무실
    다카츠가 아사노에게 명령한다.
    아사노의 옆에서 자위단원들이 무장하고 있다.

다카츠   좋다. 두 번에 걸쳐 누구냐 했을 때 응답이 없으면 발포하여도 좋다.
아사노   예…….

    경례하고 가려고 하다가 걱정스런 모습으로 김 순사의 容態를 물어본
    다.

아사노　김 순사의 용태는 어떻습니까?

다카츠　어렵겠어…….

아사노　어렵다? 조금 전까지 그렇게 재미있게 노래 불렀던 사람인데……?

아사노가 자기도 모르게 생각에 잠겼을 때.

다카츠　이것이 국경 경찰관이다. 빨리 가기나 해.

다카츠가 엄한 소리로 명령한다. 아사노는 다시 경례하고 나간다.

　# 江岸
　순찰 근무 중의 아사노와 자위단원.
　아사노가 갑자기 그 자리에 선다.
　귀를 기울인다.
　"누구냐, 뭐 하느냐?"
　자위단원도 귀를 기울인다.

자위단원　저것은 들개입니다.

아사노는 의구심을 버리지 않고 앞을 향하여 총을 겨누고 있다.
자위단원은 돌을 집어던졌다.
개가 도망가는 소리가 들린다.
아사노는 아무 일 없었다는 듯이 걸어간다.

　# 사무실
　왕룽이 놀라면서 의자에 앉지도 않고 서있다.
　앞에는 왕연이 울상을 하고 서있다. 뒷문으로 다카츠가 들어온다.

왕　룽　큰 일이 났군요…….

아사노　으음……. 저기.

왕　룽　아뇨, 저는 괜찮습니다…….

다카츠　노인장, 정직하게 대답해주시오.

왕　룽　예, 예…….

다카츠　김 군을 쏜 남자는 어떻게 생긴 녀석이었소?

왕　룽　보, 본 적이 없는 처음 본 손님이었습니다.

다카츠 몇 시경에 왔지요?

왕 롱 에헤, 6시경······. 이쪽의 제재소는 경기가 좋냐고 들었는데 진짜인가,
하면서 들어왔습니다만······.

다카츠 언제 만주에서 이쪽으로 왔다고 그러던가?

왕 롱 자, 작년 여름이라고 하던가······.

다카츠 확실하게 대답해주지 않으면 곤란해! 어쨌든 본 적이 없던 사람이 나
타나면 우리들한테 신고하지 않으면 곤란해. 알았나? 수상한 남자가 어
슬렁대든가, 알았는가? 김 순사가 저격 당했단 말이다.

왕룡은 이것을 계기로 떨리는 소리를 낸다.

왕 롱 나으리, 저는 저쪽 만주에서 수많은 산적에게서 괴롭힘을 당하고 이리
로 온 사람입니다. 집은 불타고 처는 살해되고, 지독한 괴롭힘을 당하
고 이곳으로 왔습니다. 압록강을 건너서 이쪽으로 도망 와서 벌써 5년.
이렇게 편안하게 지내는 것은 주재소 덕분입니다. 얼마나 고마움을 느
끼는지······. 예, 저는 오늘밤 본 것이 있으면 울고 싶어도 울음이······.
제 마음은 나으리가 어떻게 보아줄지 모르지만, 저는 결코 나으리들에
게 害가 되는 것은 하지 않습니다. 저는······.

이때 단전되었던 전화벨 소리가 들린다. 왕룡은 입을 다문다.

다카츠 (전화 수화기에 입을 댄다) 여보세······요, 예······. 남산리의 다카츠입
니다. 그후 보고는 없습니다. 소속 자위단까지 동원하여 비상경계 중입
니다. 수일 전부터 들어온 정보를 종합하여 보니, 김 순사의 저격 범인
은 공비적 교룡의 일당인 것 같습니다. 예, 잠입 목적입니까? 다분히 만
주쪽 토벌군에 쫓기어 탄약, 식량 등이 바닥난 결과 건너편 노자구를
넘보고 우리측 정세를 살피러 온 것 같습니다만······. 좀더 조사해보겠
습니다.

듣고 있던 왕룡은 안절부절 못 한다.

다카츠 예, 경과는 안 좋습니다. 의사가 올 때까지의 치료법을 알려주세요. 에,
그러면 처에게 전화를 바꾸겠습니다. 처는 어느 정도 의료 지식이 있으
니까, 잠깐만 기다려 주세요. 왕연, 집사람을 급히 불러라!

왕 연 예, 예······. (가려고 하다가 뒷문을 보더니) 사모님······.

유코가 뒷문에 서 있는 것이었다.

다카츠   유코, 본사에서 치료법을 가르쳐 줄 거야, 들어봐 줘.

유코는 차분한 마음으로 임한다.

왕 연   사모님, 김 상이……?

유코 알겠다는 듯이 왕연은 왈칵 울어버린다.

유 코   제가 좀더 빨리만 왔었어도…….
다카츠   그래, 좀더……. 어떻게 안 되겠나?
유 코   예, 지금 막…….

다카츠는 잠시 혼란에 빠졌으나 이내 정신을 가다듬고 시계를 본다.
다시 전화기를 든다.

다카츠   여보세……요, 김 순사는 ○시 ○분 殉職하셨습니다.

왕룡은 두려워하는 빛이 역력하다.
왕연의 울음소리가 점점 커진다.

부락의 도로
개들이 잠자고 소들은 한가하게 있다. 아이들은 뛰어놀고 있다.
그러나 안과 아사노는 모젤 총으로 무장하고 戶口調査를 하고 있다.

부락의 어떤 집

안   아들한테 연락이 있는가?
아주머니   없습니다. 돌아오면 경부 보 님께 의논하려 가겠습니다.

부락의 또 다른 집

안   이상 있는가?
할아버지   예, 모두 건강하고 경부 보 님, 사모님이 할멈의 병을 깨끗하게 치료

해주었습니다.

유의 서당
소년들이 초등 국어독본을 읽고 있다.

안　　오늘은. (문을 연다)

유　　차렷! (소년들이 일제히 머리를 숙인다) 지금, 주재소에 갈 생각이었습니다. 한 아이가 나무에 이상한 표시를 한 것을 발견하였습니다. 통나무집에서 조금 윗쪽의 상류 지점입니다.

강안
나무에 새겨진 표시를 검사하는 안과 아사노.
아사노, 열심히 사방으로 풀 속까지 헤쳐본다.

벌목꾼들 오두막집 부근.
안, 인부의 우두머리를 찾고 있다.

안　　이 근처에서 이상한 것은 보지 못했는가?

인부우두머리　아니오, 특별히…….

안　　잘 모르는 녀석이 서성거리지 않던가?

인부우두머리　예, 한번도!

안　　인부 중에 이상한 자는……?

인부우두머리　없습니다. 모두가 신고한 사람들뿐입니다.

아사노, 빈 틈 없이 사방을 보고 있다.

도로
안과 아사노 오고 있다.

아사노　진짜로 교룡 일당은 숨어들어올까요?

안　　…….

아사노　따로따로 나타나지는 않을까요?

안　　그렇기도 하지만 확 몰려올 수도 있어.

아사노　예, 예.

안　　웃을 일이 아니오. 저집니다. (안, 갑자기 일어선다. 전방을 본다) 저집

132

니다. 김 군이 총 맞은 곳…….

이라고 말하고 수상한 것 없는가 하는 눈초리다. 아사노도 서서 전방을 본다. 김 순사가 순직한 부분에는 白木으로 標가 세워져 있다. 그 앞으로 韓服을 입은 젊은 여자가 오고 있다. 김순사의 여동생 영숙.

안　　아, 김 순사의 여동생이다. (옆으로 간다)
영 숙　아, 안 상…….
안　　정말, 안 되었습니다.
영 숙　오빠를 살해한 남자는 잡았습니까?

안과 아사노는 얼굴을 쳐다보며 대답하지 못하고 있다.

안　　(머뭇거리며) 경부 보 님이 자세한 설명을 드릴 것입니다. 아, 이 쪽은 새로 온 아사노 순사입니다. 그 사건이 있던 날 부임하여 왔습니다. 당신 오빠가 저와 교대할려고 했는데……. 정말 안 되었습니다.

영숙은 아사노를 쳐다본다.

아사노　저의 부임을 축하하는 자리에서 노래를 불러주었습니다만……. 정말 잘 부르는 노래…….

영숙은 참을 수 없어서 얼굴을 파묻는다.
안은 곤란한 표정으로 그만 하라는 듯이 아사노에게 눈짓한다.
아사노도 눈치를 채고 입을 다문다. 아래를 내려다본다.

　# 유의 서당 앞
　안 순사가 들어간다.

　# 서당 내

안　　유 상, 잠깐만.
유　　예, 뭡니까?
안　　잠깐만……. (근처에 있던 유에게 낮은 목소리로) 김 군의 여동생이 달려왔으니 가봐.
유　　아, 그렇습니까? (생도들에게) 오늘의 수업은 이것으로 끝이다.

와아, 하고 생도들은 환호성이다.

김의 독신자 숙사
영숙이 유코, 옥선, 이야기하고 있다.

영　숙　(거의 우는 소리로) 저, 학교 그만두겠습니다. 의사가 되기까지는 아직
　　　도 멀었습니다……. 오빠가 돌아가셨는데 학교를 다니면 무슨 의미가
　　　있습니까?

유　코　앞으로 반 년 후면 졸업이야, 지금까지 다닌 게 너무 아까워.

영　숙　그래도, 돌아가신 것은 돌아가신 것입니다. 저, 어디에선가 일하고 싶
　　　습니다.

유　코　그, 그것은 안 돼요. (라고 하는 동시에 유가 방에 들어온다)

영　숙　…….

유　　　학교 중도에 그만 두면 오빠가 당신을 의사로 만들고 싶었던 진정한
　　　뜻이 전부 재가 되어버린단 말이오.

영　숙　그렇지만. (유는 강하게 말을 맺는다)

유　코　으음, 뭐 좋은 방법을 생각해봐요. 으응, 유 상…….

영숙은 모든 것을 포기하고 말려는 듯이 가만히 있다.

수석 숙사
밤. 다카츠와 아사노가 근무하고 있다. 유도 있다. 유가 다카츠에게 말
한다.

유　　　저 논 같은 것 필요 없습니다. 이것을 팔아 저 사람의 학비로 하겠습
　　　니다. 김 상으로부터 부탁을 받았는데 이제 와서 학교를 그만 두어서는
　　　부탁한 보람이 없습니다. 그렇지만 내가 논을 팔아 학비를 준다고 하면
　　　저 사람 받지 않을지도 모릅니다. 당신이 학비는 내줄 테니 걱정하지
　　　말라고 전하여 주십시오. 부탁합니다…….

다카츠　그런가……. 그렇게까지 자네는 말하는가. 영숙이는 행복도 하지. 잘 알
　　　았어…….

유　　　죄송합니다.

주재소 앞

달구지를 탄 영숙이가 전송하는 다카츠 부처랑, 아사노 등에게 손을 흔든다.

다카츠 열심히 공부해야 된다.
영 숙 예에…….

달구지는 주재소에서 점점 멀어져 간다.

도로
달구지가 온다.

유   (기다리던 유가) 내가 전송하겠소.
영 숙 에헤. (유는 달구지에 뛰어오른다)
유   잘 되었습니다. 다시 공부할 수 있게 되어서…….
영 숙 예, 수석 님이 친절하게도…….
유   으응, 좋은 사람입니다.

두 사람은 나란히 가고 있다.

주재소 안
석양, 서서히 겨울이 온다.
완전히 복구된 돌담이랑 철조망 위로 눈이 쌓인다.

부락의 도로
사람들이 눈을 밟으면서 유의 서당으로 모인다.

유의 서당
부락의 어른들이랑 유와 왕룡의 모습.
모인 남녀노소의 모습이 보인다.
황의 처 혜옥이도 애를 데리고 와 있다.

다카츠 (정면에 편하게 앉아서 부드럽게) 드디어 결빙기가 왔습니다……. 그때까지라고 했던 주재소의 방비공사도 구장님이…….

노인인 구장, 머리카락이 없고 기침을 하면서 이야기한다.

다카츠 으음, 구장님을 비롯한 자경단, 그 외 전 부락민의 피와 땀으로 완성하였습니다. 소원 일동을 대표하여 감사 드립니다. 대단히 고맙습니다. (머리를 숙인다. 일동도 鄭重하게 인사한다) 그러나, 강에 얼음이 얼면 匪賊들은 여기저기서 건너올 것입니다. 放心하면 사정없이 습격하여 올 것입니다. (왕룡, 뭔가 붕 떠있는 듯한 얼굴) 물론 주재소는 있는 힘을 다하여 막을 것입니다만, 무엇보다도 넓은 강변입니다. 여러분이 힘을 합하여 주지 않으면 충분히 막을 수가 없습니다. 오늘 저녁 좌담회는 그것을 상의하기 위하여 열린 것입니다.

모두가 긴장하고 있다.

다카츠 (털썩 앉으며) 자아, 편안하게 하세요. 그리고 차분하게 이야기합시다.

강안의 물음.
눈이 나리는 어둠 속에서 하나의 검은 그림자가 살그머니 나타난다.
주의 깊게 어둠을 헤치고

그림자 라이. (그 쉰 목소리는 틀림없이 김의 저격범임에 틀림없다)
저격범 시-. (살며시 응답하는 것이 물음에서 끝난다)

두 그림자 살며시 만난다.

강안의 길
순찰 경계 중의 경찰관 및 자위단원의 그림자가 조심스러운 발걸음으로 오고 있다.

강안의 물음.
쉰 목소리로, "왔어!"
조용히 귀를 기울인다.
쉰 목소리, "왔어!"
제二의 그림자, 서둘러 헤어지고 사라진다.
쉰 목소리, 대담하게 어둠을 뚫고 짧은 만남이었지만, 제二의 그림자와 반대 방향으로 쏜살같이 사라졌다.

유의 서당

다카츠 (부드럽게) 아…… 황 상, 잘 왔네. 여기 비어 있네.

때마침 들어오는 황에게, 자리를 비워준다. 황, 가만히 있다가 혜옥의 모습을 보더니 흘겨본다. 혜옥, 방안의 사람 틈에 있는 모양을 하고 있다.

다카츠 황 상, 지금 비적을 막을 방법을 자위단원의 야경을 증가할 것과 밀정이나 내통자를 막기 위하여 부락민 전체가 힘을 합할 것을 의논하고 있었습니다만, 무슨 의견 없는가?

황 (무뚝뚝하게) 없습니다. 저는 누구한테도 방해받지 않고 일하고 싶습니다.

다카츠 방해? 뭣을…….

황 저기 석축 쌓기, 참호 파기, 그 외 교대로 야경 하기 등 저는 밤일할 시간도 없습니다.

유 일에 관해서는 정부 보장도 걱정하고 계십니다. 좀더 부업을 활성화시키면 어떨지 하고 있어요.

황 (유를 흘겨본다) 나도 돼지, 닭을 키우고 있습니다. 그렇지만, 우리 같은 농사꾼은 노는 것 같이 하는 일은 주재소의 나으리들의 생각하는 것 같이 안 돼요.

구 장 황 상…….

다카츠 아니오, 구장님, 확실하게 말하는 게 좋습니다. 가슴 속 깊이 있는 것을 말하는 것이 황 상에게도 좋습니다.

황 이제 저는 할 말 없습니다.

조용히 있는다. 혜옥, 화가 치밀어서 참석자 조용해진다.
한 남자 밝은 표정으로 들어온다.

한남자 오늘밤은 늦어서 죄송합니다.

  # 주재소, 사무소

아사노 아 추워라.

방한복 차림으로 스토브에 다가선다. 구마자와 임 등도 역시 방한복을 입고 모여든다.

자경단원 여러 명이 반도 독특한 풍의 방한복 차림으로 기다리고 있다. 구마자와 아사노가 입고 있는 모습을 고쳐준다.

구마자와 지금 영하 40도라고 해봐. 이렇게 입었다가는 고드름이 되고 말 거야.

아사노 하…….

구마자와 진짜야, 새는 얼어서 죽고 물고기는 톱으로 자른다.

임 이발소도 필요 없습니다.

아사노 왜 그렇죠?

구마자와 물을 뿌리면 머리카락이 얼어버린다. 그것을 잡아 비틀면 똑- 잘라져버려. 하하.

일동 일어선다.

일 동 어서 오십시오.

구마자와 어땠습니까. 부락민은?

다카츠 음, 많이 와서 열심히 들어주었어.

구마자와 그렇습니까? 강이 얼게 되면은 누구도 안심할 수 없는 처지거든요. (시계를 쳐다본다)

그때 안이 자위단원 수 명과 방한 무장을 철저하게 한 차림으로 들어온다.

구마자와 그럼, 교대하자.

임 및 자경단원 등이 일어선다.
이때 전화가 울린다,
안이 받는다.

안 예, 남산리 주재소입니다 예, 우편국에 전보가? 다카츠 수석에게…….예, 지금 바꾸겠습니다.

다카츠 전보……? 여보세요, 다카츠입니다……. 예? 발신지는 구마모또? 알겠습니다. 읽어주세요.

구마자와 아사노에게 귓속말 한다.

구마자와 수석의 고향에서 온 것이야.

다카츠 예……. 음, 알겠습니다……. 고맙습니다. (다카츠는 전화를 끊고 나서 잠시 그 상태로 있다가) 자, 교대해.

구마자와 고향에 무슨 일이라도?

다카츠는 없다는 표정으로 손을 내젓는다.
경례를 하고 일동과 함께 나간다.
다카츠는 근무일지에 뭔가 기입하였으나 펜을 든 채로 또 생각에 잠긴다.

아사노 수석님, 걱정거리라도 있습니까?

다카츠는 다시 손을 내저으며 안뜰로 나간다.

주재소, 수석 숙사
다카츠 들어온다.

유 코 오서 오세요. (서둘러 남편을 편안하게 해주려고 한다)

다카츠 아, 괜찮아, 다시 나갈 거니까.

유 코 예…….

다카츠 지금 전보가 도착했다고 우편국에서 전화가 있었는데. 고향에서.

유 코 고향에서……?

다카츠 어머니가 위독하다고 왔다.

유 코 예!

다카츠 형님한테서…….

유 코 위독…….

잠시 두 사람은 말이 없었다.
다카츠 무거운 마음으로 더듬더듬 말한다.

다카츠 어머니 위독……. 돌아오라고…….

유 코 …….

다카츠 간장인가…….

유 코 …….

다카츠 간장에, 담석, 전에 온 편지에는 있었지만…….

유 코 …….

다카츠 이제, 늙으셨으니…….

유 코 지금이라면 괜찮아요.

다카츠 음.

유 코 이제서야 눈이 내리기 시작하였을 뿐인데 지금이라면은 아직 얼음이 얼지도 않았고, 어머님을 뵈우려가는 것이라면…….

다카츠 벽 위의 어머니 사진 앞에 무릎 꿇고 앉는다.

유 코 저어……. 제가 대신해서 보살펴 드리러 가면은…….

다카츠 (사진을 보면서) 아니야, 이쪽으로 올 때 최후의 작별 인사를 하고 왔다. 당신도 그렇게 인사하였고…….

유 코 그렇지만……. 다른 경우가 아닌 어머님이 위독하시다고 하지 않았습니까? 저라도…….

다카츠 아니야, 아니야……. 눈이 내리기 시작하면 여기는 전쟁터나 똑같다. 우리 몸이 가있다고 해도 부족해. 내일, 고향에는 전보를 쳐. 어머님도 용서해주실 것…….

유 코 …….

그리고 다카츠는 조용히 일어선다.
가만히 방한복을 입기 시작한다.
유코는 말 없이 도와준다.
그렇지만 솟아 내려오는 눈물을 억제할 수 없어 쓰윽 닦는다.

망루
아사노, 보초 서있다.
모든 것이 얼고 바람에 눈이 달려 방한복 사이로 사정없이 살을 찢는 듯하다.
추위를 이기기 위하여 때때로 뜀질한다.
멀리서 총성 비슷한 소리가 들린다.
재빨리 총을 거머잡고 자기도 모르게 안전장치를 푼다.
임이 올라온다.

임 이상 없습니까?

아사노 지금 총소리 듣지 못하였습니까?

임   총소리?

또 다시 희미하게 같은 총소리가 들린다.

아사노   이것 보세요.
임   (듣고 있다가 미소를 지으며) 아ー 저것은 얼음이 갈라지는 소리입니다.
아사노   아ー아, 그 소리입니까?

깜짝 놀라 가지고 부끄러운 모습을 한다.

임   괜찮아, 처음에는 잘 착각합니다. 교대입니다. 추웠지요?

망루의 내부
망루의 사다리를 내리는 아사노.
망루와 사무실을 연결하는 지하도.
아사노, 지하도를 걸어서, 사무실로 올라간다.

주재소, 사무실
아사노, 사무실로 나와 총의 안전장치를 뺀 것도 잊어버리고 책상에 걸쳐서 벽 바르는 모양으로 난로 옆으로 간다. 조금 따뜻해지자 꾸부린 자세로 의자를 잡아당겨 앉으려고 방아쇠를 쳐, 갑자기 한 발 빵!

주재소, 독신 숙사
자고 있던 스기야마. 재빨리 이불을 걷어붙이고 옆의 안의 어깨를 흔든다.
둘 다 옷을 입은 상태였다.
머리맡의 총을 집어들고 뛰쳐나간다. 진짜 敏捷한 동작이었다.
안도 뒤이어 나온다.

수석 숙사
자고 있던 유코도 벌떡 일어난다. 다카츠의 잠자리가 비어있다.
머리맡의 피스톨을 쥐어잡고 귀를 기울인다.
마음을 가다듬고 걸려있던 램프를 불어서 끈다.

주재소 사무실

스기야마   (뛰어와서) 뭐야!

넋이 나가있는 아사노.
실탄은 창문 유리를 깨고 사무실 안은 찬바람이 불며 눈발이 세차게 날라 들어온다.
스기야마, 노련하게 여기저기 살펴본다.

스기야마 이게 자네 짓인가?

아사노 (고개를 떨구며) 죄송합니다. 폭발했습니다.

스기야마 멍청아. (라고 하였지만, 안과 얼굴을 보며 부드럽게) 어쩔 수 없군. 시말서 감이군.

안도 수긍하였지만 눈이 내리는 안뜰로 뛰어들어간다.

　# 주재소, 사무실
　몸을 움츠리고 있던 유코, 옥선 등이 숙사 쪽에서 이쪽을 보고 있다.

안 (큰소리로) 이것은 실수였습니다. 미안합니다. (라고 자기 자신의 失策이었던 것 같이 말한다)

옥 선 당신이 그랬어요?

안 아사노 상, 익숙하지 않으면 잘 그래. 하하-.

유 코 (긴장을 풀고) 피해는?

안 피해는 창입니다. 괜찮습니다. 하-- 이제, 주무십시오.

유 코 (몸에 떨어진 눈을 털어가며) 걱정되네. 우리 남편에게 알려지면 괜찮을까?

안 수석님께는 저희들이 사과 드리겠습니다.

유 코 어쨌든 피해가 없었으니 다행이네. 잘 자요.

옥 선 안녕히 주무세요.

안 안녕히 주무세요.

유코, 숙사에 들어온다.

　# 주재소 앞
　아침, 눈은 내리지 않고 있다.
　다카츠가 피곤한 모습으로 구마자와 씨랑 자경단원과 같이 돌아오고 있다.

다카츠 (자경단원에게) 수고하셨습니다.

자경단원들은 인사를 하고 헤어진다.

주재소, 사무실
아사노, 죄 지은 모습으로 고개를 떨구고 있다.
스기야마, 안 등은 감싸주려는 마음으로 옆에 서있으나

스기야마 (들어오는 다카츠에게) 안녕하십니까?
다카츠 안녕. 이상은 없었는가?
스기야마 으……. (입 다문다)

다카츠, 판대기로 가려놓은 창문을 가만히 보더니, 가까이 간다.

다카츠 이것은 왜 그렇지?
스기야마 아, 그것은 내가 고쳤습니다.
다카츠 왜 부서졌었지?
아사노 (앞으로 다가서 결심한 듯이) 제가 쏴서 그랬습니다. 오늘 새벽, ○시 ○분, 안전장치가 풀려있는 것을 모르고 있다 그랬습니다.
다카츠 자네는 총의 사용법도 모르고 있는가?

엄한 목소리에 아사노 고개를 숙인다.

스기야마 무엇보다 아사노 군이 아직 익숙치 않아서…….
안 대단히 피로해 있습니다.
다카츠 그것은 누구나 똑같다. 대부분 사람들이 어제 낮부터 야간에 걸쳐 근무하고 있다. (모두가 가만히 있다) 아사노 순사, 자네가 부임해올 때, 국경 경찰관의 마음가짐에 대하여 주의하였을 것이다.
아사노 예.
다카츠 기억하고 있겠지?
아사노 예, 어떠한 조그마한 것이라도 주의를 태만히 하지 않을 것, 끊임없이 긴장감을 가질 것, 등입니다.
다카츠 말로만 해서는 안 된다. 마음 속 깊이 새겨두고 실천하라.
아사노 예. (다시 고개를 떨군다)
다카츠 (주위 사람에게) 지금부터 강안 경계는 누구 차례인가?

스기야마 저입니다.

다카츠 음. 아사노 군. 징벌의 의미에서 자네도 강안 경계를 명한다. 같이 나가.

아사노 예…….

구마자와 수석…….

> 다카츠, 해명하려고 하는 듯한 구마자와의 부르는 소리에 응답하지 않고 숙사 쪽으로 가버린다.
> 아사노, 가만히 彈皮를 차고 있다.
> 모두가 가만히 눈만 쳐다보고 있다.

> \# 강안
> 순회 중의 스기야마, 아사노.
> 아사노 결심한다.

아사노 (갑자기 서면서 큰 소리로) 스기야마 상, 저는 사직합니다. 사직하면 된다!

스기야마 아사노 군!

아사노 싫어, 사직한다. 아버지는 일부러 나를 이런 데로 쫓아버리다니, 어차피 감당한다는 것은 이제 참을 수 없고 불가능해!

스기야마 아사노 군, 자네같이 말해서는 이제 끝장이야.

아사노 나는 그만두겠어. 그만두고 내지로 돌아간다. 아버지 자신이 국경에서 고행한 적이 있으니까 나에게도 고생을 시키려고 하는 것이 화가 나서 못 참겠어. 나는 사양한다!

> 스기야마, 되돌아 가려고 하는 아사노를 돌이켜 세워 조금씩 걸어간다.
> 아사노도 스기야마를 따라서 걸어가기 시작한다.

> \# 주재소, 수석 숙사
> 다카츠, 복장을 벗지 않고, 조그맣게 코를 골면서 수면을 하고 있다. 베개에는 큰 칼과 모젤 총이 놓여져 있다.
> 유코, 보고 있다가 재빠르게 깨운다. 다카츠, 코고는 소리를 멈춘다.

유 코 여보…….

다카츠 음……. (상반신을 일으킨다)

유 코 아사노 상이 보였습니다만.

다카츠 아사노 군, 이쪽으로 오라고 해. (아사노, 들어온다)

아사노 저, 오늘 부로 사직하겠습니다.

다카츠 뭐, 사직?

아사노 그렇습니다. 그만두게 해주십시오.

유 코 아, 아사노 상.

다카츠 (단호하게) 안 돼. 결코 사직은 허락 안 해.

아사노 뭐, 뭐라고요!

다카츠 안 돼. 사직은 절대 안 돼. 가봐, 가서 근무해!

　　　아사노 뚫어지게 쳐다본다.

다카츠 아사노 군, 강은 벌써 얼어 있어. 말할 것도 없이 얼음이 녹기까지는 이
　　　것은 있어서는 안 된다. 이것은 국경 경찰관의 의무다.

　　　아사노, 반발하지만 멈칫할 수밖에 없다.
　　　다카츠의 시선에 부릅뜨고 당돌하게 서있다 간다.

다카츠 아사노 상은 저런 사람이니까 조금 더 부드럽게 해주는 게 좋겠다고 생
　　　각……. 저 사람 아버지라는 사람은 훌륭한 사람이었어……. 아사노 경
　　　사라고 하면 모르는 사람이 없어. 자식은 못난 녀석이지만 꼭 잘 가르
　　　쳐 줘…… 라고 하는 편지를 나한테 보냈어. 다시 말하지만 사직! 저런
　　　정신 상태일 때 나는 허락할 수 없어.

유 코 …….

　　　# 독신 숙사

아사노 (누워서 천장을 응시하며) 제기랄!

구마자와 수석은 말은 저렇게 하여도 정은 많은 사람이다.

아사노 …….

　　　다카츠, 목소리 그때 갑자기 밖으로부터 들려온다.

다카츠 휴양 중의 사람은 안뜰로 모여 검도를 한다.

아사노 (마지 못해 일어서서) 좋아, 힘껏 내리쳐 보아!

구마자와 수석은 4단의 실력자이다.

아사노 4단이 뭐야?

주재소 안뜰
눈이 쌓인 안뜰에서 힘찬 기합 소리가 난다.
임과 구마자와 시합하고 있다.
아사노, 다카츠를 향하여 정면으로 휘들러 댄다.

다카츠 뭐-야, 왜 그래?
아사노 아 아……!

격렬하게 반발하는 마음이 아사노의 죽도 끝에서 분출한다.

강안, 도선장
얼음이 깔려있다.
도선장 관리들 도선 관리를 겸하여 얼음 위 교통을 감시한다.

주재소, 헛간
자위단원들이 지붕을 손질하고 있다.
부업에 관한 지난번의 件을 받아들인 것이다.
옆에서는 휴식 중의 스기야마가 능숙하게 網을 만들고 있다.

주재소 부근의 길
말방울 소리가 산길 내려오면서 주재소 쪽으로 오고 있다.
영숙이가 타고 있다.

주재소 부근의 길
영숙, 달구지에서 내려 사무실로 뛰어들어간다.

주재소 사무실

구마자와 (근무 중에 번쩍 얼굴을 들고) 야-아, 영숙 상 아닌가? 야, 놀랬는데
    하하하. 이전에 올 때보다 더욱더 경성 미인이 되었네. 하하하. 어떻게
    지냈습니까? 저…… 사모님은? 사모님도 대단히 기뻐하실 거야. (일어
    서서 부른다) 사모님, 사모님.

유코, 얼굴을 내밀고 영숙의 모습을 보더니 달려온다.

146

유 코 야아, 잘 왔어요.

영 숙 학교가 방학을 하였기에……. 쉬는 동안 신세를 져도 괜찮으시겠습니까?

유 코 얼마든지…….

영 숙 사모님 옆에 있으면 저는 항상 그 어디에 있는 것보다 외롭지 않아요.

유 코 정말로, 그것은 실은 유상 이 있으니 그렇지 않아요. 다 알고 있어요.

영 숙 아…….

유 코 자, 방으로 갑시다. 잠깐만, 옥선 상, 옥선 상, 영숙 상이 왔습니다. (안뜰을 향하여 부른다)

옥선, 숙사쪽으로 달려온다.

수석 숙사
온돌의 연기가 천천히 피어오른다.
조용한 밤.

수석 숙사 안
문이 열려있는 불당 안에 김 순사의 사진이 놓여있다.
용기에서 꺼낸 선물을 조심스럽게 놓는다.
영숙, 유코, 옥선, 그리고 다카츠가 담소하고 있다.

영 숙 쓸데가 있을 것 같아 약을 가져왔습니다.

유 코 잘됐네. 감기가 잘 걸려 곤란하던 차에…….

영 숙 이것은 옥선 상.

옥 선 저에게도……? 자, 이것 경성에서 유행하는 것이야.

다카츠 (나무상자 속의 것을 꺼내어) 이것이 내 선물인가?

영 숙 (웃으며) 아니오, 그것은 동순 상 것.

다카츠 그래, 하하하. 그러면 이것인가?

영 숙 (빨개지며) 그것도 동순 상의…….

다카츠 하하하, 그럴 줄 알았다. 나에게는 너무 화려하더라. 하하하.

영숙 빨개진다.

유 코 어때, 이제 여의사가 된 것 같네. 정말로.

영 숙 여의사라뇨……. 아직……. 저 같은…….

유　코　이제 훌륭한 선생님이 아닙니까?

영　숙　몸둘 바를 모르겠어요. 그렇게 말씀하시니까.

유　코　어떻게 된 거지. 유는? 영숙이 왔다고 연락을 취하였으니, 달려왔을 텐데.

유　코　하…….

영　숙　그러게, 늦네요.

옥　선　야경당번입니까?

다카츠　그렇지는 않아.

　　　　이때 문 열리는 소리가 들린다.

다카츠　이봐, 왔네.

유　　　(유의 목소리) 실례합니다.

다카츠　유 군인가?

유　　　(유의 목소리) 예.

다카츠　어려워하지 말고 이쪽으로 오게.

　　　　유는 어려워하며 방으로 들어온다. 영숙을 놀란 듯이 쳐다본다. 서있는 채로.

다카츠　왜 그래, 유 군. 처음 만난 사람 얼굴 본 것처럼, 하--,

유　코　대단히 많이 당신의 선물이 있어요.

유　　　예…….

　　　　유는 다시 인사를 한다.
　　　　영숙도 곤란한 표정으로 방법없이 다시 한다.

다카츠　어이, 뭐야, 자네들……. (하고 어이없다는 듯 말하면서 웃는다)

유　　　너무나 변해서…….

영　숙　어…….

다카츠　변했어. 그로부터 반 년 밖에 안 지났는데. 이렇게 변하다니. 하하하.

영　숙　이런 옷을 입으니까?

유　　　으-웅. (말끝을 흐리면서 유코에게 다시) 저, 사모님, 실은…….

유　코　뭡니까?

유　　　실은……. 생도가 배가 아픈 모양인데, 어떻게 약을 좀…….

유 코 아, 그것이라면 여기에 진짜 여의사가 있어요. 여의사님에게 상담하세요.

영 숙 어떤 아이가? 배가 아파? 다른 데 아픈 데는 없고?

유 (짧게) 없습니다.

영 숙 (영숙은 그 외의 사람의 행위나 말에 대하여 조금 동떨어진 감을 느끼고 가만히 있었지만) 그렇습니까? 그러면, 그러하면은, 우선 이것을 오늘밤 세 알. 내일은 제가 보러 가겠습니다만……. (약을 건넨다)

유 고마워. 생도가 불쌍하니까. 오늘밤은 이만 실례하겠습니다. (유는 가버린다)

다카츠 유 군, 그렇게 도망 안 가도 되잖아. 선물 있어, 선물…….

유 그래도……. (유는 멈칫하다가 휙 가버린다)

다카츠 왜 그러지. 유 상……

영 숙 제가 이렇게 해 가지고 와서 뭔가 잘못됐습니까?

유 코 그렇지 않아.

다카츠 아니야, 영숙이 너무 도시풍의 미인이 되어 돌아왔기 때문에 유 군이 놀랐던 거지. 하하하…….

영숙은 그러나 웃지 않는다.

\# 주재소 사무실
유, 가볍게 인사를 하고는 밖으로 나가려고 한다.

아사노 왜 그래, 벌써 가려고?

유 예, 할 일이 있어서.

아사노 그래, 이전에 보았을 때보다 굉장히 아름다워졌는데. 이런 시골엔 그런 사람이 없지. 자네는…….

유 ……. (유가 간 뒤 멀리서 우편배달부가 온다)

배달부 안녕하십니까?

아사노 수고하십니다. 당연히 누구지?

배달부 수석님입니다.

아사노 흥, 내 것은?

배달부 (웃으면서) 없습니다.

아사노 가끔은 가져오세요. 우리 어머니는 편지를 보내지 않아. 아버지가 완고하셔서 나를 이런 곳에 일부러 보냈어. 그래서 어머니라도 편지를 보내면 되는데. 쳇.

아사노는 끈질기게 이야기한다. 배달부는 엉덩이에 불붙어 도망가듯이 바로 가버린다.

배달부 잘 계시오. 그럼…….
아사노 돌아와요.
배달부 그렇지만……. 그곳 더 돌아야 돼요.

배달부, 사라진다. 아사노는 편지 발송인을 읽어본다.

아사노 구마모토현…….

이것을 가지고 뒷문으로 나간다.

수석관사 입구

아사노 사모님, 편지입니다.

편지를 놓고 사라진다.

유 코 미안합니다.

말하면서 나온다. 놓고 간 편지를 뒤집어 본다.
순간, 놀란다. 말없이.
이때, 다른 칸에서 나타난 다카츠에게 건네진다.
다카츠, 급히 개봉한다.
유코, 남편의 긴장한 옆 얼굴을 지그시 걱정스럽게 쳐다본다.
순간, 튀는 듯이 총성이 울려온다.
보초 서고 있는 구마자와가 외친다.

부락의 도로

안 순사, 자위단원 등이 황급하게 강안 쪽으로 뛰어간다.

쌍옥원

왕 룡 이것, 연······. 무릇······.

왕연, 호기심에 빛나고 왕룡의 제지도 듣지 않고 밖을 쳐다보고 있다.

왕 룡 아아, 등불을······.

그리고 밖을 보고 있는 왕연을 제치고 문을 닫았지만 꽉 문을 누르고 귀를 기울인다.

왕 룡 연, 무슨 소리가 들리지 않았니?
왕 연 으음.
왕 룡 (또 귀를 기울인다) 그런가? (램프를 꺼 또 손을 잡는다)
왕 연 아버지······. 왜 그래? (왕룡, 눈을 똑바로 뜨고 쳐다본다) 아버지.
왕 룡 (자기에게 돌려) 귀 울림인가? 느낌 때문인가?

불을 꺼서 총성이 많이 들려온다. 왕연, 서있는 부친에게 다가선다.

    # 강안
    촌 안의 불길은 더욱 세진다.
    장 기관총을 잡고, 촌 안을 주시하는 다카츠를 비롯하여 스기야마, 안 등의 긴장한 얼굴.

피난민 아앗, 집이 타고 있다. 갈 곳이 없어졌다······.

촌 안에서 피난민이 슬픔에 젖어있다.
미친 듯이 총성이 울려온다.
보초 서고 있는 구마자와가 외친다.

    # 주재소
    일장기가 망루 위에서 펄럭이고 사무실 앞에서는 소나무 장식 바쯔가자리 금줄이 걸쳐 있다.

    # 주재소 안뜰
    경찰관과 그의 가족 일동.

기모노 차림의 영숙이도 같이 정렬하여 있다.

다카츠 궁성을 향하여 받들어 총!

가족 등은 벌써 경례한다. 어린이들의 '기미가요'[1])가 들려온다.

유의 서당
국기를 들고 유가 소년들 하고 '기미가요'를 부르고 있다.

주재소 사무실
책상 위에는 오합 및 오징어가 약간 있다.
동결된 밀감이 세면기 안에서 녹고 있다.
다카츠, 집합한 경찰관 일동이 컵에 술을 부어준다.

다카츠 새해, 복 많이 받아요. 올해도 작년보다 더욱더 일치 단결하여 분투를 빕니다.

일동 컵을 든다.

다카츠 시간이 있는 사람은 우리집으로 가서 처가 마음써 만든 떡국을 제공하고 싶어하니까…….

수석 숙사

구마자와 사모님, 염치 불구하고 데려왔습니다.

아사노도 안과 같이 들어온다.

유 코 (친절하게) 드십시오, 차린 것은 없지만…….
구마자와 뭘요, 작년의 떡국 맛은 아직도 잊지 못 하고 있습니다.
유 코 금년은 영숙 상이 도와주었기 때문에 더욱 더 맛이 있습니다.
영 숙 아.
안 상당히 좋다고 하려고 했습니다. 하…….
구마자와 당신 같은 여의사 손이 닿으면 병도 빨리 나을 것 같아요. 아니, 빨리 낫지 말고 언제까지라도 손 잡아주면 좋겠다. 하……. '이 약으로 해 약으로.

---

1) 일본국가.

152

자신의 집인 양 얼굴을 한다.
안, 문득 다카츠의 어머니 사진에 눈이 멈춘다. 액자에 검은 리본이 걸쳐있다.

안   구마자와 상, 저것은……?

       일동, 얼굴을 쳐다본다.

유 코   오래 기다리셨습니다.

       유코는 영숙과 같이 힘들지 않은 듯 떡국 그릇을 날라댄다.

구마자와 (자세를 가다듬고) 사모님, 이 리본은 어떻게 된 것입니까? 설마
        ……?

       궁금하여 물어본다. 유코, 가만히 있는다.

스기야마 설마, 돌아가셨는지……?
유 코   오늘은 물어보지 말아주세요. 곧 주인이…….
구마자와 그것은 안 됩니다. 그것은 남 대하듯이 하는 것입니다. 예, 사모님.
        언제입니까. 돌아가신 것은……?
유 코   (흐느끼며) 지난 달 말 20일이었습니다.
구마자와 20일? 그러면 전보가……?
영 숙   아아, 저 옆방에서 들었습니다만, 어떻게 된 것입니까? 사모님……. (울
        듯하다)
유 코   괜찮아, 괜찮아. 누구에게도 알리지 않으려고 하였기 때문에.

       아사노도 안과 같이 들어온다.

영 숙   그렇지만, 저는……. 미안합니다.
유 코   아-아, 정초부터 울기나 하고 영숙이도 같이 떡국이나 먹어요…….

       모두가 그 누구도 젓가락을 집으려고 하지 않는다.

유 코   아, 식으면 안 돼요. 자, 드세요…….

모 두 (경직되어 아무도) 하……. 하…….

유 코 아, 그러시면 제가 남편에게 혼이 납니다.

구마자와 그러면 잘 먹겠습니다. 어이…….

그릇을 들고 안 등에게 권한다.
안도 무거운 마음으로 젓가락을 든다.
아사노도 조용히 젓가락을 든다.
다카츠 들어온다.

다카츠 많이들 먹어. 금년은 긴장감을 한창 강화하지 않으면 안 되니까는……. 왜들 그래, 여의사님. 너무나 조용하지 않은가? 오늘은 정초요. 이상한 일이 있어도 웃는 날이오.

다카츠는 왔던 방으로 되돌아간다.

유 코 (일동에게) 가만히 계셔 주세요. 부탁합니다.

구마자와 (크게 기지개를 켜고 일부러 큰 소리로) 그러면 한 그릇 더 주시겠습니까?

유 코 (명랑한 목소리로) 예-. (유코는 부엌으로 간다)

다카츠 아사노 군, 잘해주어요. 자네는 집에서 편지가 오지 않은 것이 불만인 모양인데, 실은 이 떡 이것은 자네의 어머니가 보내주신 것이다.

아사노 에? 어머니가?

다카츠 동봉해온 편지에는 귀여우니까 먹이게 하려고 보내는 것이 아니라, 모든 사람에게 드시게 하려고 보내는 것이라고 적혀 있을 뿐이다. 그러나 아사노 군, 여기의 모든 사람이라는 속에는 어머님의 깊은 속에서 나오는 애정이 있다는 것을 알지 않겠는가? 어쨌든 이 떡은 자네의 어머니 손으로 만들고 자른 떡이다. 많이 먹어. 그리고 더 먹어. 어머님이라는 분은 정말 고마우신 분 아닌가?

이때 영숙이, 왈칵 소리를 높여 운다.

영 숙 죄송합니다. 저 옆에 있으면서 참을 수 없어서…….

다카츠 아니, 왜 그래?

영 숙 (유코는 눈치를 주지만 영숙은 알아차리지 못하고) 수석님이, 어머님이…….

다카츠 예? (주위를 돌아보더니, 모두가 고개를 숙이고 있다. 순간, 유코와 눈이
        마주치자 큰 소리로) 멍청아!

유 코 ……?

다카츠 얼음이 녹을 때까지는 누구에게도 알려서는 안 된다고 말을 하였을 텐
        데…….

유 코 죄송합니다.

다카츠 지금 모두에게 알릴 처지이면 전보를 받았을 때 당신을 구마모토까지
        보냈을 거야.

유 코 정말로……. 죄송합니다.

        얼마간은 아무도 말을 못 꺼낸다.

구마자와 (분위기 전환을 위하여) 사모님, 또 한 그릇 더 주세요.

유 코 예.

다카츠 이봐, 아사노 군. 안 군.

안   그럼, 드십시다……. (그릇을 내민다)

아사노 그럼, 저도…….

다카츠 어때, 아사노 군, 떡 맛있지, 하하하.

        다카츠는 얼버무리려하는 듯 크게 웃는다.

        # 부락
        정월 풍물 시.
        부락에서 떨어진 곳.
        얼어붙은 압록강이 보이는 곳.
        영숙과 유가 나무토막에 걸터앉아 있다.

영 숙 그렇게도 내가 변하였는가. 유 상은 조금도 저에게 옛날처럼 이야기는
        해주시지 않네요. 언제나 피해버리고…….

유   ……. 나는 당신이 좋은 의사가 되길 바래요.

영 숙 됩니다. 될 생각입니다. 꼭…….

유   응, 정말 되길 바래요.

영 숙 졸업하면 곧바로 돌아오겠어요. 이 근처에 의사가 한 명도 없어요. 당
        신에 지지 않고 일할 거요.

유   그렇지만……. 훌륭한 의사가 되기 위해서는 경성에서 더욱 더 공부하

지 않으면 안 된다고 생각……해. 나는 말야…….

영 숙 응, 뭐라고……?

유   나는 말야. 잘 생각해보았는데 나는, 나에게 맞는 시골 처녀를 신부로
      맞이할까 생각한다.

영 숙 예……?

유   우리들의 결혼을 허락할 부모들은 서로가 없다. 그래서 약속은 없었던
      것으로 하여도 괜찮다.

영 숙 동순 상, 그것, 제 정신……?

유   제 정신이오.

영 숙 아…….

유   이제 갑시다.

영숙은 돌연 얼굴을 감싸고 뛰기 시작한다.

수석 숙사

영 숙 (유코를 향하여) 저, 이제 경성으로 갈 생각입니다.

유 코   왜 그래, 방학중에 계속 있을 계획이었잖아.

영 숙 그러나…….

유 코   아, 알았다. 유 상 하고 싸웠지. 지금부터 싸우는 것은 너무 일러요. 아
      무리 결혼할 사이라고 하지만. (웃는다)

영 숙 그런데 저 사람 너무해요.

작은 방에 무릎 꿇고 앉아 불단 앞.

영 숙 (그 속에 있는 오빠 사진에) 오빠……. (울고 있다)

도로
밤.
순찰 경계 중의 아사노와 유.

유   ……. 저도 가슴 아파요. 영숙을 위해서는 저 같은 것은 잊어버리지 않
      으면 안 돼요.

아사노 그런 것이 어디 있어?

유   아니, 정말 그렇습니다.

156

아사노 　상대방이 그렇게 생각하지 않을 때에는 어떻게 해.
유　　　그럴 수는 없습니다. 그렇게 하는 것이 좋은 방법이니까…….
아사노 　자네는 쓸데없는 고집이다.
유　　　고집이라고 해도 좋아요.

　　　# 쌍옥원
　　　밤 깊어진다.

왕 룡 　(졸고 있는 왕연을 향하여) 연……. 연……. (왕연, 깜짝 놀라 눈을 뜬
　　　다) 감기 걸린다. 자, 빨리 들어가 자거라.
왕 연 　응, 아버지, 금방 큰 거리를 소를 타고 가고 있어요.
왕 룡 　잠꼬대하고 있네. 잘 자거라.

　　　어깨를 걸치고 방으로 데려간다.

왕 연 　큰 거리였어요. 아마 저어 경성이었어.

　　　민첩하게 방으로 들어온다.
　　　왕룡, 주판을 튕기며 계산을 시작한다.
　　　돌연, 낮은 휘파람 소리가 들린다.
　　　왕연, 갑자기 손을 멈춘다.
　　　휘파람 소리, 한층 더 잘 들린다. 왕연이 잘 부르는 자장가이다.
　　　왕룡, 얼굴색이 변하면서 자기도 모르게 꼿꼿이 선다.
　　　멈칫멈칫하며 딱 그친다.
　　　왕룡, 침을 삼킨다.
　　　얼마간 소리 없이 침묵.
　　　창 밖에서 쉰 목소리로.

왕 호 　아버지…….

　　　왕룡, 굳어져서 대답을 하지 못한다.
　　　왕룡, 주저하면서 떨리는 손으로 자물쇠를 연다.
　　　왕호, 경쾌한 모습으로 쑤욱 들어온다. 어깨로 탁 문을 닫는다.

왕 호 　아버지……. (가까이 오려고 한다)
왕 룡 　(밀치며 감정을 억누르며 하는 목소리로) 아버지라고 부르려면 개과천
　　　선하여 돌아오거라.

왕 호 (왕호 대답하지 않고) 뭐, 먹을 것을 좀 주시겠어요? 아, 아침부터 아무 것도 안 먹었어요.

왕룡, 조용히 식사 준비한다. 왕호, 슬그머니 그런 모습을 본다. 왕룡, 먹을 것을 갖다 준다.

왕 호 아버지, 야위어지셨네요.

자식과의 눈을 맞추지 않으며, 접시를 던지듯이 놓는다. 왕호, 굶주린 듯이 먹기 시작한다. 왕룡, 그의 모습을 곁눈질하며 늙은이의 눈에 눈물이 고인다.

왕 룡 여우같이 숨어서 너 역시 나쁜 짓 하는 것 아냐?

왕호, 대답하지 않는다.
왕룡, 털썩 주저 앉는다. 슬픈 절망감이 일어난다.

왕 호 아버지…….
왕 룡 필요 없어. 나는 지금부터 네 아버지가 아냐. 먹을 만큼 먹었으면 어서 떠나버려.
왕 호 갈 거니까 한 마디만 들어주세요. 이것을 말하고 싶어서 왔으니 가까운 시일 내에 우리 패거리들이 이 부락의 주재소로 쳐들어올 꺼요…….
왕 룡 뭐야! 역시 너는 교룡의…….
왕 호 쉿! 조용히 하세요. 위험하니까, 만주 쪽으로 피하세요. 부탁해요.
왕 룡 싫다.
왕 호 그렇게 말씀하시지 말고…….
왕 룡 싫다. 나는 이 부락 사람이다. 이렇게 좋은 부락을 짓밟으려고 하다니? 네 이 도둑놈들아……. (떨리는 목소리가 점점 커진다)
왕 호 쉿 가족, 여동생을 생각하셔서.
왕 룡 여동생? 연에게는 오빠가 없어. 저런 철없는 아이에게 네가 하는 짓을 알려줄 수 없어.
왕 호 아버지, 그, 그렇게도 내가 증오스러워요?
왕 룡 (몸을 떨면서 흘겨보고 있다가) 나가! 나가 버렷! 가지 않으면……. (위협하는 표정으로 문 쪽으로 밀어붙인다)

순간, 문이 부서지는 듯 하면서 열렸다.

쌍옥원의 침상
벌떡 눈을 뜬 왕연.

쌍옥원
二명의 남자가 권총을 들고 뛰어 들어온다.

남　자　왕호, 배반을 햇!
왕　롱　앗! (자기 몸으로 왕호를 감싼다)
왕　호　아버지!

피할 틈도 없이 권총이 왕룡을 향해.
왕호는 그대로 쓰러진다.
왕호도 적을 향해 쏜다. 흉한들 도망간다.

부락의 도로, 쌍옥원 앞
야간 경계 중의 아사노와 유, 재빨리 뛰어들어온다.
유, 뒤처진 한 명에게 쫓아간다.
흉한, 권총을 쏜다.
유, 총을 맞고 쓰러진다.
아사노, 총을 쏘지만 흉한들 도망간다.
호각을 분다.

쌍옥원
아사노 뛰어들어온다. 왕연, 꿈 속에서 왕호에게 날아간다.

아사노　개새끼……. 개새끼…….

가슴을 친다.
멍하니 권총을 내리 들고 서있는 왕호.

왕　호　(사나운 표정으로) 야-.

왕호, 움찔하며 포기한 듯이 권총을 던져버린다. 무저항으로 묶인다.
왕연, 왕룡의 시체에 놀랐으나, 갑자기 통곡한다. "아버지가 돌아가셨어,

아버지가 돌아가셨어"

유의 서당
유, 괴로운 표정으로 있다.
모여드는 부락 사람들, 놀래 가지고 어찌할 줄 모른다.
임 순사, 유코와 영숙을 데리고 뛰어들어온다.

임   유 군, 유 군……. (유, 살며시 눈을 뜬다)
임   유 군, 수석님의 사모님이 오셨어. 영숙 상이 치료할 거야. 유 군…….

유, 유코와 영숙의 얼굴을 보며 미소를 진다.

임   사모님, 부탁합니다.

하고는 임 순사는 뛰쳐나간다.
영숙 서둘러 피묻은 의복을 가위로 자른다.
피묻은 사진이 떨어진다.
영숙의 사진이다.
영숙은 울컥 가슴이 복받친다.

유 코   영숙, 지금이니까 말하지만, 당신의 학비는 동순 상이 대주었어요.
영 숙   옛! 이 사람이……. (깜짝 놀란다)
영 숙   동순 상, 저 영숙입니다. 안 돼요, 눈을 감으면……. 정신 차렷…….동순 상! 동순 상!

영숙 반 통곡하면서 치료를 한다.
유는 꼼짝하지 않고 있다.

유의 서당
같은 날 밤.
다카츠, 왕호를 조사한다. 옆에 무장한 아사노 순사가 있다.

다카츠   왕호…….

왕호, 부시시 옆을 향하고 있다.

다카츠   너, 왕호지!

왕 호 …….

다카츠 그럼 왕호는 누구냐?

왕 호 …….

다카츠 너는 왕룡을 아버지라고 하였다는 것 같은데…….

왕 호 아니오.

다카츠 왕룡의 딸 연이가 확실하게 들었다던데.

왕호, 처음으로 얼굴 색이 변하였다.

왕 호 저런 조그만 계집애가 무엇을 알겠습니까? (하고 웃는다)

다카츠 나중에 들어온 두 녀석이 왕호가 배반하였다고 말했다는데.

왕 호 …….

다카츠 그 패거리가 무엇 때문에 왕룡을 습격하였나? 무엇 때문에 왕룡을 죽였나?

왕 호 …….

다카츠 그럼, 누가 왕룡을 죽였나? 네가 죽이지 않았더냐? 너는 왕룡을 아버지라고 불렀잖아……. 으응?

왕 호 …….

아사노 지독한 놈이네. 잘 대하여주니 올라타려고 하네.

다카츠 아니야, 이 새끼는 어떤 말도 하지 않을 각오인 것이야.

왕호, 뜻 모를 웃음을 짓는다.

아사노 이 새끼…….

일어설 때에 뒷문에서 바람같이 왕연이 뛰어들어온다.

왕 연 경부 보 님, 오빠가 아냐, 오빠가 아니야. 오빠가 이렇게 나쁜 사람이 아냐.

흘겨보면서 왕호, 처음으로 눈을 깐다.
유코, 왕연을 따라서 들어온다.

유 코 왕연…….

왕연, 유코의 가슴에 얼굴을 파묻는다. 울어댄다.
왕호의 얼굴 일그러진다.

주재소 구치소
낮.
왕호, 눈을 감고 돌부처처럼 앉아 있다.
갑자기 눈을 뜬다.
다카츠의 전화 거는 소리가 들린다.

다카츠　정보에 의하면 마을 안에 있는 교룡의 행동은 점점 활발하고 이쪽으로
　　　　침입하여 습격의 위험성이 증대하고 있습니다. 예…… 지금 탄약의 보
　　　　급과 경관의 증원을 부탁합니다. 예, 즉시 출발하겠습니다.

그러나 왕호를 깜짝 놀라게 한 것은 스토브의 연료를 가지고 온 왕연이
불을 지피면서 다른 쪽을 응시하고 있는 것이었다.
왕호, 자기도 모르게 일어서서 격지에 기대어 왕연을 주시한다.
일순간, 왕연이 눈을 다른 데로 돌리고 사라진다.
왕호, 고개를 돌린다.

주재소 사무실
다카츠, 전화를 끊는다.

다카츠　아사노 순사!
아사노　예!
다카츠　본서로 급히 가서 내일 아침까지 탄약을 수령하여 증원된 경찰관들을
　　　　동행하여 오기를…….
아사노　본 순사는 본서에 급히 가서 내일 아침까지 탄약을 수령하여 증원된
　　　　경관을 안내하여 오겠습니다. (라고 복창하고 사라진다)

작은 노래 소리가 들려온다.

주재소 안뜰
왕연, 얼음으로 가득한 우물에서 물을 길으면서 왕룡이 좋아하는 자장
가를 부른다.

구치소

왕 호 (참지 못하면서) 나으리…….

다카츠 (다가오면서) 뭐야……. 하고 싶은 말이 있는가?

왕 호 (다카츠를 흘겨보면서 눈을 깐다) 아니요.

> \# 강안
> 심야.
> 한 점의 검은 그림자. 건너편으로부터 건너온다.
> 그리고 기슭으로 거슬러 온다. 고요한 가운데 날카로운 소리.
> 나무 그늘 속에서 "라이"

검은그림자 시-.

> 날 밝는 것이 가까워 온다.
> 구마자와, 자경 단원들과 같이 순찰 경계에 임한다.
> 岩壁의 그늘로부터 허공으로 총격.
> 퓨-웅 하고 탄환이 구마자와를 향하여 날아온다.
> 계속하여 여러 발. 구마자와 위험하여 몸을 엎드린다.

구마자와 (자경 단원 등에게) 엉덩이를 내려! 머리가 높다!

> 적의 총 불이 맹렬하다.

> \# 주재소 망루.

스기야마 비적 습격!

> 연속하여 총격과 함께 불길을 봤다.
> 그 순간, 빵- 하고 망루에 탄환이 날아온다.

> \# 주재소 구치소
> 누워 있던 왕호가 견디지 못하고 몸을 일으킨다.

> \# 주재소 사무실
> 창문이 격렬한 소리를 내면서 산란한다.
> 다카츠, 눈 깜짝할 사이, 램프를 껐다.
> 안 "수석!"하고 뛰어들어온다.

다카츠　이봐, 측면 부탁해.
안　　예.

뛰어나간다.
임, 허둥대며 들어온다.

다카츠　자네는 인원수가 적은 것을 알려서는 안 된다.
임　　예.

계속하여 나간다. 다카츠, 전화기로 뛰어간다.

다카츠　여보세요, 여보세요…….

전화기는 비적들 때문에 절단되었다. 다카츠, 전화기를 던져버리고 숙소
쪽으로 외친다.

다카츠　유코, 유코.

　# 수석 숙소

유코　(온돌의 불에 물을 끓이면서) 예.

　# 사무실

다카츠　경기관총을 망루로 옮겨. 알았어?

　# 수석 숙사

유코　예.

남편의 모젤 총을 들고 나간다.
왕연도 따라가려고 한다.

유코　안돼, 움직이면. 기다려.

왕연을 밀어붙이고 뛰어나간다.

164

사이렌 소리가 울린다.

사무실

옥 선 (옥선이가 들어와서) 아, 제가 올리겠습니다.
다카츠 부탁해.

정면 방벽으로 뛰어들어간다. 유코, 들어와 경기관총을 끌어 당겨와 탄환, 사무소의 벽에 집어넣는다. 옥선은 쉼 없이 사이렌을 울리는 것을 계속한다.

강안

교전 중의 구마자와 등은 총성 소리에도 사이렌 소리가 들린다.

구마자와 (잠깐 주재소로 철수한다)

방어벽

다카츠, 응전하고 있다.

망루의 내부

지하도로 숨어 나온 유코와 옥선.

유 코 (전성관을 향하여) 스기야마……. 스기야마…….

망루 위

스기야마 (전성관을 향하여) 예, 예.
유 코 경기관총을 갖고 가겠습니다.
스기야마 조심하여 주십시오.

유코, 목을 내민다.
탄환이 날아온다.

스기야마 위험해. 엄호해.

유코, 위험을 무릅쓰고 경기관총과 탄약을 건네준다.

유 코 내려오세요, 이제 됐습니다.

구치소
왕호, 철창에서 먹이를 먹는 모양으로 목을 내밀어 밖의 모양을 알려고 한다.
스기야마, 격렬하게 경기관총을 쏘아댄다.

부락
타오르는 부락. 도망가는 부락 사람.
자경단의 한 사람한테 합쳐서 유가 피난 간다. 그 옆에 영숙.

황의 집 부근

황 (미친 듯이) 개새끼, 도둑놈, 내 돼지, 내 닭.
혜 옥 네가……. 네가…….

필사적으로 달라붙어 정지시킨다. 돌연 총소리가 들리고 약탈하는데 정신이 팔려 있던 비적들이 흩어진다.
구마자와 등이 뛰어들어온다.

주재소 전면
구마자와, 유와 영숙, 그외 피난민 등이 유도하여 온다.
비적들을 추적하려고 한다.
스기야마 망루에서 경기관총을 들고 맹렬하게 원호 사격, 피난민의 수용에 성공한다.

주재소
비적은 지금 아주 주재소를 포위한다.
부락은 여기저기에서 총성이 한층 격렬해진다.
자경단원 등 양 벽에 붙어있고 탄환을 운반하고 경찰관과 같이 방어한다.
하늘 밝게 비친다.

주재소 안뜰
피난민들이 불안한 듯이 모여있다.
부상으로 움직일 수 없는 유는 장작더미 속에 기대어 있다.

166

유　　영숙, 나에게도 피스톨을 빌려가지고 와 줘.
영　숙　예.

　　조금 있다가 영숙은 피스톨을 가져와 건네준다.

영　숙　동순 상, 더 이상 안 된다고 할 때에는 나를 먼저 쏘세요.

　　유는 뜨겁게 달아온다.
　　일순간 강한 영숙을 응시하다가 불편한 몸과 다리를 이끌고 응전한다.

　　# 수석 숙사
　　옥선, 황의 처 혜옥을 도와 주먹밥을 만든다.

　　#주재소 안뜰
　　그의 남편, 황은 정신 나간 사람처럼 절망스런 모습으로 있다.

황　　아……. 아, 개새끼……. 아─ 아, 개새끼…….

　　갑자기 총탄이 격렬하게 날아온다.
　　벽을 맞춘다.
　　비적의 환성

황　　(우뚝 선다) 어떻게 되냐, 아……. 우리들은 어떻게 되는 거야. 벌써 틀
　　렸어. 이젠 틀렸어.

　　일동 갑자기 여자들, 아이들이 울어댄다.

유　코　(소리 높여) 괜찮아요, 괜찮아요.

　　# 留置所
　　고심과 초조의 빛이 나타난다.
　　눈을 부릅뜨고 있다.
　　사무실을 뛰쳐나가는 다카츠 모습을 보고.

왕　호　경부 보 상!

　　다카츠의 모습은 벌써 안뜰에 있다.

왕호, 심하게 고심하여 자기 자신의 머리를 탁자에 부딪친다.

중간 뜰

다카츠 (놀라 있는 부락민들을 향하여) 여러분! 조용히, 조용히.

일동, 다카츠의 모습에 차츰 안심하고 진정한다.

다카츠 (미소를 머금고) 조금만 참으세요, 얼마 안 있으면 아사노 순사가 응원
　　　　경관을 데리고 올 것입니다.

산길
아사노와 증원군의 경찰관들이 탄 트럭이 질주하여 온다.
갑자기 총성 한 발. 매복하여 있던 적의 기마대. 습격한다.
아사노 등, 응전하여 전진한다.
총탄을 맞아 말에서 떨어지는 비적들.
돌연 자동차가 급히 정차한다.
거목을 쓰러뜨려 길을 막고, 앞쪽에서 추적하여온 것이다.
후방의 적도 따라오고 자동차는 포위 속에 빠졌다.

주재소 사무실의 전면

안　　(사격하면서 다카츠의 방으로 들어온다) 늦어지는데, 아사노 군은…….
다카츠 (같이 사격하면서) 으음…….
안　　(머뭇거린다) 이제 탄환이 별로 없습니다.

망루 상의 경기관총의 소리, 돌연 중단된다.

다카츠 (망루를 올려다보며) 스기야마 군, 스기야마 군.

주재소, 망루의 위

스기야마 (중상을 입고) 예, 예.

다시 쏘기 시작한다. 그러나 또 한 발.
스기야마, 경기관총의 위에서 가로막고 떨어지지 않는다.

168

다카츠의 소리 스기야마 군, 스기야마 군.

　　　스기야마, 머리를 든다. 미소를 띠고 응답하려고 하지만 첫 마디가 나오
　　　지 않는다. 머리를 흔들려고 한다.
　　　세를 얻은 정면의 적, 맹렬하게 쏜다.

안　　(올라와서) 스기야마 군. 안아 일으켜봐. 빨리. (말이 끊긴다) 빨리.

　　　그리고 적의 말을 탄 무리. 환성을 지르며 측면으로부터 우회하려고 한
　　　다.

안　　　개새끼.

　　　말 탄 무리 보면서 쏜다.

　　　# 주재소 옆 벽
　　　임과 구마자와 있다.
　　　왕연, 주먹밥을 가지고 탄환 속을 헤치고 재빠르게 날아온다.

임　　(날라다 준 주먹밥을 받아들고) 밥보다 탄환을 가지고 와, 탄환을…….

　　　왕연은 관계없이 임의 입 속에 집어넣는다. 임, 죽창을 만들어 쏴.

다카츠　(뛰어와서) 아사노가 늦는데, 본사에 급보를 보내지 않으면 안 된다.
임　　　예, 갔다 오겠습니다.
구마자와　(끼어 들며) 안 되요, 저 사람은 말타기가 능숙하지 않습니다. (막 가
　　　려고 하는 임에게 큰 칼을 들이대고) 말타기 하면 나야! (마굿간 쪽으
　　　로 달려간다)

　　　# 주재소 뒷면
　　　구마자와, 뒷문으로 쏜살같이 말을 타고 나간다.
　　　순간, 한 발의 총탄. 퍽 하며 구마자와 직선으로 떨어진다.
　　　비적의 무리들이 구마자와의 몸쪽으로 다가오려고 한다.
　　　다카츠, 비적의 무리들을 쓰러뜨리지만 또 다른 적들이 집요하게 따라
　　　온다.
　　　옆구리에 있던 임 순사, 참지 못하고 구하려 뛰어나가 구마자와의 몸을
　　　안고 돌아온다.

유는 임 순사에게 접근하려고 하는 비적을 한 쪽에서 조준하여 쓰러뜨린다.

산길
경찰관들이 자동차를 방패로 포위하는 적과 싸우고 있다.

아사노 (정면의 적을 두려워하였으나, 보이지 않는 적들을 향하여 냉소를 보낸다) 경기관총 부탁해.

폭약을 가지고 거목을 향하여 뛰어온다. 맥이 풀리지만 다시 기어간다.
폭약을 설치한다. 순간! 거목이 분쇄된다.
대원들, 아사노를 자동차에 끌어올린다.
자동차, 적을 뚫고 돌진한다.

주재소 안뜰
황, 총격에 놀라서 머리를 감싸고 있다.

혜 옥 (화가 나서) 당신은 겁쟁이, 당신 사내야?

황, 우리편에서 일어나는 상황을 사방으로 살펴본다.
피난민의 남자들은 한 명도 보이지 않는다.

주재소 방어벽
남자들이 열심히 경찰관과 함께 싸우고 있다. 유코, 옥선이도 모젤 권총을 잡고 방어벽에 서있다.

임 탄환 없는가? 탄환…….

한 부락민이 탄환을 운반하려고 하다가 총을 맞아 쓰러진다.
황, 잽싸게 오더니 탄환을 집어들고 임이 있는 곳으로 가지고 온다.
영숙, 부상자들이 있는 방으로 뛰어들어가 치료를 하려고 하나, 붕대가 떨어졌다. 영숙, 자신의 옷을 찢는다.

유치장
이쪽에도 탄환이 날아온다.

왕 호 (움직이지 않는 철창을 흔들며 절규한다) 내보내줘. 경부 보 상…… 저 녀석들을 쏴버리고 싶어. 경부 보 상!

다카츠의 응답은 없다.
사무실 밖에서 싸우고 있는 중이었다.
왕연, 돌연 뛰어들어와서 철창 앞에 선다. 왕호도 절규하는 것을 멈추고 왕연을 바라본다.
왕연, 주먹밥을 집어 넣어주려고 한다.
왕호, 왕연의 손을 꽉 잡고

왕 연 아야!
왕 호 (흔들면서) 잘못했다. 연아— 아버지를 돌아가시게 한 것은 내가 아니야.
왕 연 오빠!
왕 호 (환희에 찬 눈빛을 하며) 아, 연-아!

철창살을 넘어 오빠와 동생이 손을 힘있게 잡는다.

왕 호 (더욱 힘차게) 경부 보 님, 아버지의 원수를 쏴버리고 싶습니다. 저는 왕호입니다. 왕룡의 자식입니다. 교룡의 한 패였습니다.

사무실 앞
총을 쏘고 있던 다카츠, 돌연 뒤돌아보며.

왕 연 오빠를 내보내주세요, 오빠 나쁜 사람이 아닙니다.

소리를 지르며 달려온다.

유치소
다카츠, 흥분한 왕연을 저지하며 철창살 앞에 선다.

왕 호 (결의에 찬 눈빛으로) 제 생각이 틀렸습니다. 잘못했습니다. 비적을 물리치겠습니다.
다카츠 비적하고 싸워도 너의 죄는 없어지는 것이 아니다.
왕 호 관계 없습니다. 저 녀석들을 물리치면 죽어도 좋습니다.

다카츠, 가만히 쳐다보고 있다.
왕호의 눈은 눈물에 젖어있다.
다카츠, 조용히 열쇠를 열고, 밖으로 내보내준다.

왕 연 오빠!

달려든다.
왕호, 끌어안았으나, 건너편을 보더니 눈에서 빛이 난다. 다카츠가 건네
주려고 하던 총을 빼앗 듯이 받아든 순간, 창문 너머로 발포한다.

옥상
다카츠를 저격하려고 하던 비적 한 명이 허공을 가르며 떨어진다.

사무실 앞.
망루 위의 경기관총 소리가 멈춘다.

안 탄환이 없습니다.

날 듯이 달려온 다카츠, 혀를 깨문다.
비적, 힘을 얻어 쏴아악 포위망을 좁혀 들어온다. 방어벽에 있던 사람들
에게 전언한다.

다카츠 최후의 한 발까지 헛되게 쏘지 마라. 다 쏜 뒤에는 나를 따라 돌격한
다.

큰 칼의 손잡이를 힘주어 잡는다.
이때 경기관총을 앞세운 맹렬한 일제 사격.
부락의 전화를 뚫고 증원의 트럭이 돌진하고 있다.
일동, 일제히 함성을 지른다.

강 위
얼음이 녹았다.
흘려내려오는 유빙 사이로 반짝 웃는 듯한 물이 찬란하게 비친다.

강안
얼마 안 있어 산에 쌓여있는 눈은 녹아 봄을 오게 하고 강가에서 세탁
하는 여자들의 물 푸는 소리가 널리 퍼진다.

172

유와 영숙이가 기슭에 있다.
유의 상처는 아직 아물지 않았다.

주재소 안뜰
정렬해 있는 경찰관들. 안, 아사노, 붕대를 한 구마자와의 엄숙한 자세로 똑바로 서있는 모습이 보인다.

다카츠 오늘, 잠시 후 총독부에서는 순직 경찰관 초혼제가 성대하게 거행되고 있다. 우리들도 같이 그 외의 부락, 그외 주재소를 사수한 고 순사부장 김춘식 군, 고 순사부장 스기야마 이루요시 군도 같이 영광이 함께 하길 빈다. 동군의 영령에 대하여 우리들이 임무 수행에 한층 노력을 하여 매진을 할 것을 선언한다. 두 사람의 영령에 대하여 받들어 총!

주재소 밖
망루 위에는 보초 서있는 경관이 오늘도 물샐 틈 없이 경계를 하고 있다.
길에 서서 묵념하는 부락민들.

<끝>

출전

일본동보영화사의 <망루의 결사대> 대본.

참조1
제작사 : 高麗映畵協會, 東寶映畵社 합작
제작 : 李創用, 藤本眞澄
제작주임 : 淺野龍馬
기획 : 崔寅奎
감독 : 이마이 다다시(今井正)
감독보 : 崔寅奎
각본 : 山形雄策, 팔목융일랑
촬영 : 鈴木 博
편집 : 崔寅奎, 畑房雄
조명 : 金聖春, 平田光治
녹음 : 梁柱南, 高皇氏康
음악 : 鈴木靜一

調音 : 片岡造
미술 : 金貞桓, 松山崇
편집 : 崔寅奎
현상 : 東寶現像所, 西川悅二
규격 : 10권 95분
출연 : 朱仁奎, 田澤二, 全玉, 沈影, 金賢, 金信哉, 高田稔, 齋藤英雄, 菅井
一郎, 淸水將夫, 鳥羽陽之助, 淺田健三, 佐山亮, 木下陽, 原節子, 三哭幸
子, 戶川弓子, 秦薰(姜弘植의 藝名)
개봉관 : 대륙극장
개봉일 : 1943년 4월 29일-5월 7일
규격 : 10권

너와 나

▷ 서지사항 : 히나쓰 에이타로[日夏英太郎] 작, 조선군 보도부 작품,
  육군성 보도부 후원, 심원섭 번역

제작 의도

국가는 용이하지 않은 난국 위에 서 있다.

국가의 총력은 고도국방국가의 건설에 임해 있다.

국민은 총후에서 이를 완수하는 토대가 되어야 한다. 국민과 가장 가까운 접촉을 갖고 있는 영화 역시도, 국가의 방향과 같은 보조로 나아가야 하는 것이 엄숙한 운명으로 계시되어 있다.

우리가 조선에서, 새삼스럽게 이 영화를 채록하는 것은, 반도인 사이에 넘치는 애국열과 황민화된 적성(赤誠)을 기반으로 국가추진력을 확충하기 위해서이다. 일년 3,000명 모집인 지원병에, 본 연도의 응모자는 14만 명을 넘기에 이르렀다. 이것은 하나의 예에 불과하나, 이 팽배하게 열을 더해가는 황국 신민으로서의 순충(純忠)에, 우리는 따뜻한 손길을 내밀어야 한다.

이 영화가, 시각과 청각을 통해 반도의 실정을 올바로 전달할 수 있다면, 조선에 대한 내지(內地)의 일반 대중의 인식을 시정 향상하고 완화할 수 있을 뿐만 아니라, 만중(滿中) 양 국민 각각의, 동아공영권에 대한 인식을 심화시킬 수 있으리라는 것도 믿어 의심치 않는다. 지금은 일반 민중의 생활은 물론, 모든 방면에서 군인 정신이 요망된다. 내선(內鮮)은 물론, 만·중인(滿·中人) 역시도 군인정신이 필요하다.

작자가 염원하는 바도, 영화를 통해 군인정신을 고취하고, 지원병 문제를 중심으로 한반도의 중요 문제들을, 평이하고 쉬우며 밝은 오락성 속에 소화시켜, 보는 이의 가슴에 깊은 시사를 제공하려는 데 있다. 덧붙이면. 제목인 '자네와 나'에서, '자네'란 일반 내지인의 총칭이며, '나'란 즉 일반 반도인의 총칭이며, 자네와 나가 손을 굳게 잡고 대동아공영권의 초석이 되어야 한다는 결의를 제시한 것이다.

개요

젊은 반도의 육군병 지원자들은, 영광의 제국 육군 군적에 곧 편입될 날을 기다리며, 훈련에 임하고 있다.

전 운전기사였던 야스모토(安本). 지원병에 합격하고 싶어, 매일 아침 2리 반이나 되는 길을 걸어 3년간에 걸쳐 신사에 기원을 올렸다는 야마모토(山本), 키가 작아 고민하다가 신체검사 때에는 뒤꿈치를 올려서 합격했다는 시미즈(淸水), 고향집에 처자를 남겨두고 과감히 지원한 기노시타(木下), 음악학교를 중퇴하고 지금은 훈련소의 지도자로서 사랑받고 있는 반장 가네코 영조(金子英助), 이들은 모두 일사군은(一死君恩)에 보응(報應)하려는 외줄기 정신으로 연결되어 있기 때문에, 깊은 우정을 갖고 있었다. 어느 초여름 초하루, 지원병들은 수료식 전의 가장 즐거운 행사의 하나인 외박 야영행군에서, 심신이 약동하고 있었다. 그 중 기노시타만은 웬일인지 울적한 모습이다. 동향 출신인 가네코는 그렇지 않왔다. 밤의 연습이 한 번 끝나고, 잠들어 조용한 야영진지 천막 밑에서 고민하고 있는 기노시타의 모습을 마침 불침번 근무 중이었던 가네코가 발견하고 사연을 물어본다. 대답인 즉, 고향 친구가 알려줘서 사랑하는 자식의 죽음을 알게 되었다는 것이었다. 그러나 아내로부터는 아무런 연락도 없었다. 가네코는 교관에게 이를 보고했다. 그러나 담당 교관은 이미 이것을 알고 있었다. 아내로부터 교관 쪽에만은 이미 알려두었던 것이다. 이것은 훈련 중인 남편에게 아이의 죽음을 알려 사기를 떨어뜨리지 않으려는 아내의 진심의 발로였던 것이다.

기노시타도 모든 것을 납득한다.

일요일, 훈련소의 가네코에게 아사노 미츠에(淺野美津枝)가 찾아온다. 미츠에는 출정병사의 여동생으로 경성의 체조음악학교의 학생이었다. 가네코가 아직 지원병이 되기 전, 경성 역에서 출정병사 접대 봉사를 하고 있었을 때, 미츠에의 오빠인 겐조(謙三)와 의기투합한 후부터 아는 사이였다. 지원병 훈련소의 제도의 훌륭함을, 미츠에는 직접 와보고 처음으로 알 수 있게 되었다. 3천 명의 젊은이들은 대동아의 건설은, 자기들 반도청년이 솔선수범함으로써만 실현 가능하다고 굳게 자부하고 있다. 금번의 사변에 대해서도, 이미 명예로운 전사를 낸 훈련소, 이윽고 반도에 징병령 시행의 기운을 촉진시키는 것도 이 훈련소를 중심으로 한 황민화 운동이며, 심신(心身)도 내선일체의 높은 이상을 실현하는 것도 이 훈련소를 중심으로 한 움직임이어야 하는 것이었다.

이윽고, 4개월 훈련도 끝나고, 감격의 수료식이 다가오자, 각각 동경하던 부대에 입영한다. 내선인(內鮮人), 즉 자네와 나가 상호협력하여 병영 내에서의 생활도 마음 풍성한 데가 있었다. 곧 가네코와 기노시타 등이 소속되어 있는 부대는 전선에의 출정이 결정되었는데, 반도 지원병들만은 특별히 귀향을 허락 받는다. 가네코와 기노시타는 고향 부여에 돌아간다. 이 즈음 미츠에도 부여 박물관장으로 있는 형부 댁에 신세를 진다.

미츠에의 형부 구보 료헤이(久保良平)는, 내선일체의 성지인 부여의 박물관에 봉직하면서, 몸을 바쳐 내선일체의 구체화에 노력하고 있는 양식가(良識家)였다. 귀향한 가네코가, 지역의 중견 청년들을 동원하여, 대륙의 병참기지인 반도의 농업이 얼마나 중요한가를 역설하고, 스스로 쟁기를 들고 간척 사업에 매진하는 모습을 보고 가슴 벅참을 느낀다. 더불어 미츠에와의 정결한 교제도 진행되어, 가네코와 미츠에야말로 내선 결혼으로 맺어져 마땅한 천명이라는 것을 느낀다. 그리고 스스로 가네코를 설득하여, 미츠에를 아내로 맞아들이도록 진력하는 것이었다.

휴가도 끝나고 가슴 속에 붉은 어깨띠를 건[1] 가네코가 원대복귀하는

---

1) 붉은 어깨띠 : 어깨에서 허리쪽으로 거는 폭 십여 센티미터 전후의 천. <무운장구(武運長久)> 등의 소망이 담긴 글귀를 적곤 했다. 원표현은 아카타스키(赤襷).

날, 가네코의 노부모는 아름다운 미츠에의 조심스런 시중을 받으면서, 전송하러 나와 있었다. 반도의 총후(銃後)는 내선일체를 통해 따스하게 수호되어 가는 것이다.

배역

가네코 에이스케(金子英助)(25세)　지원병. 후에 이등병
기노시타 타로(木下太郎)(25세)　지원병. 후에 이등병
아사노 미츠에(淺野美津枝)(23세)　체조음악학교 학생
구보 료헤이(久保良平)(40세)　부여박물관장
구보 후사코(久保房子)(28세)　良平의 처, 미츠에의 언니.
아사노 겐조(淺野謙三)(26세)　출정병사, 미츠에의 오빠
이백희(李白姬)(23세)　체조음악학교 학생
기노시타 복순(木下福順)(24세)　木下太郎의 처
야스모토(安本)(21세)　지원병, 후에 이등병
金子英助의 부(58세)
金子英助의 모(55세)
崔여사(25세)　체조음악학교 강사

훈련소 교관 갑을병. 훈련소 생도 갑을병 기타 전 생도. 민가의 부인들. 위문단. 경성의 부인 단체. 출정병사. 체조음악학교의 생도들. 지원병의 행군을 보는 행인들. 유리 구슬 놀이를 하는 경성의 아이들. 묵도하는 노인. □□부대장. □□부대 병사. 부여중견 청년수련소의 사람들. 부여신궁(夫餘神宮) 어조영(御造營)에서 봉사를 맡은 사람들. 부여의 아이들. 구보(久保)댁의 하녀 명숙(明淑). 부여의 우체부. 박물관의 소사. 사비루에 머물고 있는 기생. 춤추는 마을 사람. 춤추는 마을의 처녀. 춤추는 아이들. 부여의 재향군인. 부여의 부인 단체. 국민학교 학생들. 역장 사람들. 동네 사람들. 선두— 기타.

현지 촬영 예정 장소

경성부(京城府)내 및 그 근교
부여
지원병 훈련소
해변 현지 촬영 장소.

1. 버드나무 무성한 가도(街道)

F.I
지원병 생도 전원이 씩씩한 군가를 부르며 행군하고 있다.
모두의 얼굴에는 터질 듯한 기쁨이 충만하다.
지원병 갑, 옆의 을에게
'넌 훈련소를 졸업하면 어디 지망할 거냐?'

을   나는 관동군에 입영하고 싶어.
병   나는 제일선에 빨리 가게 해줬으면 좋겠어.

갑의 건너편 열을 향해 부른다. '야, 운돌아!'
뒤돌아 본 것은 운전수 출신 야스모토(安本).
야스모토, 꾹 참으며 '운돌이라고 부를래? 전에야 차를 끌었지만, 지금
은 근사한 지원병이잖아. 군인한테 운돌이, 운돌이 할래?'
라며 씩씩거린다.,

갑   야, 미안 미안. 야스모토, 넌 역시 수송부대 갈 거지.
야스모토   아니, 난 이번엔 탱크 탈 거야.

라며 으시댄다. 일동 '오오', 눈을 크게 뜬다.
야스모토, 다른 줄을 향해 '어이, 쬬꼬맹이'
이름 불린, 쬬꼬맹이란 별명의 생도 시미즈(清水)가 '뭐에요?'라 답한다.

야스모토   내가 탱크를 몰면, 넌 몸이 쬬꼬마니까 같이 태워줄게.
시미즈   몸은 쬬꼬만 해도 난 대포를 쏘는 쪽으로 갈 거에요.

선두의 가네코 에이스케(金子英助)가, 웃으며 '이번엔 야스모토가 졌다.
쬬꼬맹이 시미즈로 말하자면, 사기가 왕성한 점에서는 훈련소 안에서도
유명하니까.'

갑   어쨌든, 키도 작은 주제에 지원해 갖고선, 몇 번이나 퇴짜를 맞고도, 결
국은 신체검사 받을 때 발꿈치를 올려서 억지로 합격했으니까.

전부 큭큭 하고 웃는다.
쬬꼬만이 시미즈, 어색한 걸 감추려고 '저 야마모토(山本) 좀 봐요. 칠칠
치 못한 놈이에요.'
일동 그 쪽을 본다.
뚱뚱한 야마모토, 푸우푸우 하며 땀을 흘리고 있다.

시미즈가 '저 몸에 지원병이 되고 싶다고 매일 아침 2리 반이나 되는 길을, 마을 신사(神社)까지, 기도하면서 깨금발로 갔다니, 거짓말 같은 이야기에요.'

에이스케(영조) 호오, 야마모토에게도 그런 일화가 있었어?

시미즈 모두 열심이에요. 그러시는 반장님도 음악학교를 중간에 그만두셨잖아요.

에이스케 음, 그래도 이건 일본 남아의 당연한 의무니까. 근사한 예술가가 된다 해도, 군인정신은 절대 필요해.

시미즈 그래요. 특히 우리 반도인이 보다 나은 일본인이 되려면, 군대생활을 해서 훌륭한 일본정신을 체득해야 해요.

줄 가운데에서 아까부터 유일한 한 명, 묵묵히 우울한 듯이 행군하고 있는 기노시타 타로(木下太郎).
야스모토가 그걸 보고 '기노시타.'
하고 부른다.
기노시타, 기운없는 목소리로 '응'하고 답하고는, 다시 묵묵히 걷는다.
에이스케가 흘낏 그걸 훔쳐본다.
야스모토가 '또 울적해 하네.'
시미즈 '이상하네. 저 자식, 요즘……'
이때 대열, 목적지에 닿는다.

2. 광 장
각각 정렬이 끝나자, 교관의 훈시 '모두 이제 며칠 후에는 지원병 훈련소를 졸업하고 머지 않아 영광스러운 제국군인이 된다'
일동 무심코 '주의' 자세를 취한다. '오늘은 훈련소 생활의 마지막을 장식하는 야영이다. 각각 준비를 해두도록.'
W.P

3. 야영
준비 완료 상태.
부근의 민가에서 부인들이 국수, 떡 계란 등을 갖고 와 '좀 드세요.'
지원병들, 사양한다.
부인들 '안 돼요. 이거 안 드시면 안 돌아갈 거에요.'
들판에 주저앉는다.
어쩔 수 없이 받는다.
부인들 기쁜 듯이 귀가한다.

W.P

4. 부근의 민가
널뛰기를 즐기는 생도들.
뚱뚱한 야마모토, 엉덩방아를 찧는다.
민가의 처녀들도 우스워 배꼽을 잡는다.
W.P

5. 개천 변의 미루나무
높이 매달려 있는 그네.
처녀 두 사람이 탄다.
그걸 보고 있는 지원병들
W.P

6. 야간 진지
장렬한 야간 연습이 실시되고 있다.
W.P

7. 천막 안
피곤해 곯아떨어진 지원병들. 교관이 순시를 하면서 곯아떨어진 생도들의 자세를 고쳐주거나 모포를 덮어주거나 하며 보살피고 있다. 생도들의 코고는 소리가 우렁차게 들린다.

8. 밖
달빛. 천막 진지, 보초가 곳곳마다 서 있다. 개 짖는 소리.

9. 다른 천막
자는 척을 하며 달빛에 편지를 읽고 있는 한 생도, 기노시타 타로.
불침번을 서면서 돌아온 가네코 에이스케(金子英助)가 그걸 지켜본다.
그래도 기노시타는 그걸 모르고 편지를 읽고 있다.

에이스케 어이, 기노시타, 뭘 해?

기노시타 깜짝 놀라 편지를 감추며 '아, 반장님이십니까.'
이리 말하고 일어난 기노시타의 눈은 웬일인지 젖어 있다.
에이스케, 태연히 '너, 혹 고향 생각나서 그러는 건 아니지?'
기노시타 묵묵.

에이스케 그렇지 않으면 전선에 가는 게 무서워졌거나.

기노시타 계속 묵묵
에이스케 화를 내며 '이래서야 군인이라고 하겠나. 계집애같이 눈물이나
흘리고, 확실히 못하겠나?'
대갈한다.
기노시타, 손에 든 편지를 에이스케에게 건네면서 '반장님, 이 편지를
읽어보십시오.'
에이스케는 기노시타의 편지를 받아 읽는다. 조용히 읽고 난 뒤에 생각
에 잠긴다.
그리고 말한다. '애가 죽었구나.'
기노시타 '네.' 하며 끄덕인다.

에이스케 그런가. 자네한텐 처자가 있었지.

기노시타 끄덕인다.

에이스케 그래서 언제 세상을 떴나.

기노시타 네, 제가 훈련소에 들어와서 두 달 뒤에 죽었는데, 집에서는 아무 연
락도 없습니다. 이건 친구한테서 온 겁니다.

에이스케, 한번 더 편지를 본다.
편지 내용 '이미 듣고 계시리라고 생각하옵니다만, 귀하의 장남 가즈오
(一夫)군의 서거를 마음 깊이 애도하는 바입니다.'

10. 바깥
순시하러 온 교관, 이상해서 안을 들여다 본다.
에이스케 자세를 고쳐 경례하고 '불침번 근무 중, 제2중대 제3반에 이상
발견했습니다.'
W.P

11. 꽃 핀 잎사귀
교관과 에이스케와 기노시타가 걸어 간다.
기노시타, 교관에게 '아무래도 이상합니다. 집에서, 부모인 저한테 왜 애
가 죽은 걸 알리지 않았는지 모르겠습니다.'
교관, 잠깐 침묵하고 있다가 '자네 애가 죽은 것은 실은 나도 알고 있었
다.'

기노시타, 놀라서 '엣? 교관님께서 그걸 어떻게?'

교 관 음, 나뿐만 아니고, 훈련소 직원은 모두 알고 있다.

기노시타, 기괴한 얼굴로 '엣? 그럼 다른 분들도 모두……'

교 관 그렇다. 모두 알고 있다. 알고도 자네한테 말 안 한 것은, 자네 부인의 말을 존중해서다.

기노시타 아내의 말이라니요?

교 관 그렇다. 자네 부인은 반도 부인에게는 보기 힘든 훌륭한 마음씨를 갖고 있다. 잊을 수가 없지. 부인에게서 온 저 편지 내용을.

생각난 듯이 수첩을 꺼내 조용히 읽는다.
'소장님, 그리고 교관님, 그 후에도 별 일 없으십니까? 남편 기노시타 타로의 장남 가즈오가 오늘 그간 써온 약의 효험도 없이 세상을 떴습니다. 남편 부재중에 소중한 아이를 잃은 것은, 아내로서 무거운 책임을 느끼기 때문에, 무엇보다도 빨리 이를 남편에게 알리려 했습니다만, 포기했습니다. 지금 중요한 훈련 중인데 이 일을 알리면 모처럼의 사기가 떨어질 것 같아서, 남편에게는 알리지 않았습니다. 남편의 마음 속에 군인정신이 굳건하게 자리잡았을 때 털어놓을 참입니다. 그때까지는 선생님께서 남편에게 이 소식을 알리지 마셨으면 합니다.'
쭉 듣고 있는 기노시타와 에이스케.

교 관 알았는가. 기노시타.

기노시타 네.

교관, 수첩을 닫으면서 '실로 훌륭한 군국(軍國)의 부인이 아닌가. 너무나도 건강한 문장이어서 수첩에 베껴두었다가 언젠가 기회를 봐서 자네에게 알리려고 생각하고 있었다.'

기노시타 죄송합니다. 그런 줄도 모르고, 저는 아내를 원망하고 있었습니다.

말하고 에이스케에게 '반장님, 오늘밤 저의 계집애 같은 행동을 용서해 주십시오. 아이 아빠로서, 아이의 죽음 소식을 들었을 때는 인간인 이상 누구나 슬플 것이라고 생각합니다. 저도 한때는 충격 때문에 쓰러질 뻔도 했습니다만, 뭐야 이런 일로 군인의 본분을 망각해서 되겠는가, 하고 마음을 다잡았습니다. 그래도 무심코 눈물을 흘린 것은 제국군인에게

있어서는 안 되는 행위였습니다.'
라 말하고, 다시 '그런데, 저의 눈물은 죽은 애에 대한 애착의 눈물이 아
닙니다. 제 아이는 일본애입니다. 일본의 사내를 잃은 것이 자꾸자꾸만
안타까웠습니다.'
에이스케 조용히 기노시타의 어깨를 안아주며 '알았다' 하고는 걷기 시
작한다.

에이스케　자네도 나도 같은 길을, 그것도 고향까지 같은 부여에서 온 동료니
　　　　　의심은 안 해. 이제부터는 뭐든지 상담하자구.
기노시타　네, 감사합니다.

　　　　　가볍게 끄덕인다.

에이스케　행군 때부터 자네 모습이 보통 때하고는 달라서 신경이 쓰였다네.
기노시타　죄송합니다.
에이스케　자네 부인, 얼마나 가슴이 아프겠나. 여자의 좁고 작은 마음이 얼마나
　　　　　괴롭겠나.

　　　　　기노시타, 묵언
　　　　　교관, 따뜻한 눈으로 '그거야 기노시타가 한번 부인께 격려 편지를 드리
　　　　　면 되잖는가.'

에이스케　그렇습니다. 오늘 실은 이런 일이 있어서 경위를 잘 알았으니 걱정하
　　　　　지 말라, 씩씩하게 집을 잘 지켜라, 내일이라도 하나 써서 보내면 되지
　　　　　않을까.

　　　　　기노시타의 어깨를 두드리며 말한다.
　　　　　기노시타 끄덕인다.

교　관　자, 밤바람은 독(毒)이다. 오늘밤은 빨리 자자.

　　　　　# 12. 야영진지(낮)
　　　　　용장한 황국신민 체조를 하고 있는 제1중대. 제2중대 일부는 교관을 둘
　　　　　러싸고 고 이인석 (李仁錫) 상등병의 전사 이야기를 들으면서 용분하고
　　　　　있다.
　　　　　'하루라도 빨리 전선에 가서 선배의 원수를 갚고 싶어.'

184

'음, 치가 떨려.'

취사당번 오가와(小川), 식기를 씻고 있다.

에이스케가 이를 지휘하고 있다. 천막에서 뭐나 쓰고 있다.

기노시타에게 에이스케가 말을 건다. '어이, 아직도 부인한테 보내는 편지 매달려 있나. 언제까지 꾸물거릴 거야?'

기노시타 수줍어하면서 편지를 들고 달려와 보여준다. 다른 생도들도 '뭐? 뭐?' 하면서 에이스케 쪽으로 몰려들어 편지를 훔쳐본다.

에이스케 '야, 연애편지 아니야. 저리 가.'

읽어내리면서, '잘 됐다. 잘 됐다. 그런데 이걸로 얼마나 부인이 안심하시겠는가.'

에이스케, 갑자기 이상한 얼굴을 한다.

편지 일부 '다만, 장래에 제국의 훌륭한 청년이 될 □□을 잃은 것은, 너무도 가슴이 아팠다'

에이스케 이 □□는 왠가.

기노시타 애 이름입니다. 가즈오(一夫)라 쓰면 집사람이 또 애 생각할 테니, 일부러 □□라 썼습니다.

에이스케 음, 부인 생각을 해 준 거구만. 괜찮구만.

지원병 한 명 끼어들면서 '나한테도 좀 보여줘요.'

낚아채서 달아나면서 큰 소리로 읽는다. '기노시타 복순 보게. 자네도 일본의 아내가 아닌가. 그것도 일본 군인의 아내가 아닌가. 남편이 없는 사이에 집에 불행이 났다고 해서 병사인 남편에게 그것을 감출 필요가 어디 있는가. 친구에게서 온 편지로 불행을 알고 교관님께도 자네한테서 편지가 왔다는 걸 알았네.'

기노시타 창피해서 '야, 이젠 돌려줘.'

라며 빼앗으려 한다.

주변의 생도들 '더해. 더해.'

장단을 맞춘다.

편지를 쥔 생도, 도망가면서 뒤를 읽는다.

'지난 일은 다시 이야기하지 않겠네. 다만 장래에 제국의 훌륭한 장정이 될 □□을 읽은 것은 너무도 가슴이 아팠다.'

기노시타 겨우 쫓아와서 편지를 빼앗아간다. 그리고 에이스케를 힐난한다. '반장님, 너무하십니다. 저한테 창피를 주시다니.'

에이스케 마아, 편지를 보낼 수 있는 착한 부인이 있으니, 넌 행복한 거야.

기노시타 반장님도 내지인 여성한테서 가끔씩 편지가 오지 않습니까.

다른 생도들, '어어, 그게 정말이야? 목하 열애 중이시라네. 반장님'

에이스케   뭐라구? 오해야. 오해

하고 자리를 황황히 뜬다.
모두 뒤를 졸졸 따라가면서 '진실을 털어놓지 않으면 오해할 거에요.'

에이스케   진실 같은 거 아무것도 없다. 그 내지인 여성이 뭐냐 하면, 어느 출정
          군인의 여동생이다. 아직 훈련소에 입소하기 전에 경성역에서 출정 군
          인을 전송하는 일을 잠시 한 적이 있었어.
          W.P

13. 경성역 구내
출정병사를 실은 열차. 환호성. 내선 부인단체가 열정어린 접대를 하고
있다.
'나라를 위해 열심히 싸워주세요.'
'승리해서 개선하세요.'
'전승을 빕니다.'
병사들은 제각각 건강한 모습을 차창 밖으로 내밀며 '감사합니다. 잘 싸
우고 오겠습니다.'
라고 말한다.
홈을 달려오는 아사노미즈에(淺野美津枝)와 그 친구 이백희, 창문마다
살피면서 걷는다.
출정병사 아사노 겐지(淺野健三)가 전우와 담소하고 있다. 이를 발견한
미츠에 '오빠'하고 부른다.
겐조, 그 소리에 머리를 내밀고 '어, 지금 왔어.'
미츠에, 갑자기 정색한 목소리로 '축하해요.'
겐조도, 무인(武人)답게 예를 취한다. 미츠에 '고마워요.'

미츠에   친구인 이백희 씨.
겐 조   아 그러십니까.
이백희   축하해요.

겐조, 다시 한번 예를 취한다.
미츠에, 천인침(天人針)을 백희에게 받아 겐조에게 건네면서 스스럼없는
말투로 '이거 백희 씨가 만들어 준 거야.'

겐조, 경례하고 받으면서, 백희에게 '조선의 각 역과 기차 연선(沿線)에서 생각지 못했던 환호를 받아, 우리 병사들은 깜짝 놀랐고 또 감격스럽습니다. 감사합니다. 잘 받겠습니다.'
천인침을 정중하게 받아 챙긴다.

미츠에 내지는 어때?

겐 조 모두 건강해. 넌 바이올린 좀 늘었니?

'응'
'학교는 언제까지냐.'
'곧'
'졸업하면 내지로 돌아갈 거니?'
'조선에 좀더 있고 싶어. 당분간 부여(夫餘) 언니한테 신세 좀 지기로 했어.'
그때, 말쑥한 한복 차림의 가네코 에이스케(金子英助)가 '병사님, 감사합니다.'
고 말하면서, 부적을 하나씩 병사들에게 건넨다.
얼마 없던 부적은 순식간에 없어졌다.
겐조가 커다란 손을 내밀어 '감사합니다. 우리 형제.'
에이스케, 기쁜 듯이 손을 내밀며 '부탁합니다. 잘 싸우고 돌아오십시오.'

겐 조 받은 부적, 몸에 꼭 간직하고 출정하겠습니다. 부대장님에게도 드리죠. 이 순정을 마음 속에 간직하시도록 할 겁니다.

에이스케 감사합니다.

출정병사를 보내는 노래가 들려온다. 깃발의 물결. 환호성. 에이스케 힘차게 노래한다. 발차 벨이 울린다. 진지한 얼굴로 노래하고 있는 에이스케. 겐조가 작은 종이쪽지를 내밀며
'여기 좀. 여기 좀'
하고 황급히 에이스케를 불러 종이 쪽지를 건넨다. 환호 속에 열차는 움직이기 시작한다.
'만세'
'만세'
울려 퍼지는 소리는 넓은 구내를 채운다. 멀어져 가는 겐조의 모습. 언제까지나 전송하는 미츠에와 백희, 그리고 에이스케, 에이스케는 종이쪽지를 펴 본다.

종이쪽지에는 다음과 같은 것이 적혀 있었다. '조선 여러분 감사합니다. 우리는 반도의 이 열렬한 환영을 영원히 잊지 못할 겁니다. 전선에 가는 저에게 돈은 필요하지 않습니다. 어딘가 도움되실 만한 곳에 써주십시오. - 한 병사'
그리고 그 속에는 조그맣게 접은 십 원짜리가 한 장 들어 있었다.

14. 애국부 내부
장부에 이렇게 써넣는 에이스케
일금 십 원 정 무 명

15. 조선군 애국부(愛國部) 앞
국방헌금 수납처라는 입간판.
에이스케와 미츠에, 백희 나온다. 에이스케가 미츠에에게 '군인은 정말 기분 좋군요. 저도 얼마 있다가 군인이 됩니다.'

미츠에 어머, 그러세요?

에이스케 지금 지원병 시험을 치고 있는 중입니다. 지원병이 될 수 있다면, 언젠가는 오빠 분하고도 만나게 되겠지요.

미츠에, 믿음직하다는 눈으로 쳐다본다.

에이스케 그럼, 이만 실례하겠습니다.

'어머, 그러세요. 그럼 안녕히 가세요.'
에이스케, 속히 자리를 뜬다. 미츠에 계속 쳐다본다.

16. 전의 야영진지

에이스케 이게 전부다. 어때? 오해는 풀렸지?

생도들 끄덕인다. 다른 한 명'그래도, 좋겠네.'
모두 웃는다.

17. 체조음악학교 교실
첼로를 켜는 내선(內鮮)의 처녀들
미츠에가 있다. 이백희가 있다.
지도하는 선생.

18. 체조관
율동적인 여학생들의 연습.
지도하고 있는 이는 무용가 최여사.
이윽고 종이 울린다.
연습 끝난다.

19. 운동장
여학생 일부와 최여사 걷고 있다.
음악과 교실 쪽에서 나온 미츠에와 백희가 최여사 쪽에 인사하러 온다.
가로수 사이를 걸으면서 최여사 말한다. '내가 주장하고 있는 것은, 지금까지의 여성미에 대한 사고방식을 고치기 위한 운동이에요.'
최여사는 계속한다. '특히 지금부터 어머니가 되는 여성들은 아이를 낳아 강한 자손을 남긴다는 큰 역할이 있어요.'
미츠에 등, 와- 하고 소리지른다.
최여사 열심히 설명한다. '정말로 생각해야 할 것이에요. 고등교육을 받은 여성들 중에는 독신이 편하다고 해서, 결혼을 기피하는 사람도 있어요. 혹 여러분 중에는 그런 분은 없으리라고 생각하지만, 그런 사고방식이야말로 봉건적인 것이라고 생각해요. 즉 개인의 입장만 생각하고 국가가 여성에 대해 현재 어떤 것을 요구하고 있는가 그것을 생각하지 않는 것이지요.'
듣고 있는 미츠에 등.
'최근 여성미에 대한 관념은 많이 변해 왔어요. 건강미, 굳건함, 이것이 진정한 아름다움이에요. 내가 여러분에게 연습을 엄하게 시키는 것도, 그것이 하나의 훈련이기 때문이에요. 국가를 위해 꾹 참으면서 고생을 겪어 보게 하는 것이 목적인 것이에요.'
이백희가 '그래요. 병사들 일을 생각해봐야 하죠.'
리드미컬하게 걷고 있는 여성들의 다리.

20. 경성 거리
행군하는 지원병들의 다리. 씩씩한 군화 소리. 정연한 행군의 위용.
행인들, '지원병이다'
'우리 병사다.'
경애 넘치는 표정으로 행군을 지켜본다.

21. 부근
애들이 유리구슬 놀이를 하고 있다가 '지원병이다. 지원병이다'
하고 내닫는다.

마침 정오 사이렌.
지원병, 교관의 구령에 맞춰 보행을 멈추고 묵도 시작.
달려온 아이들 중 한 애가 서서 '야, 묵도 시간이야'
말하자, 아이들 일제히 멈춰서서 묵도를 시작한다. 여기를 지나가는 반
도 노인 한 명.
아이가 노인의 소매를 끌면서 조선말로 '아저씨 묵도 시간이에요'
노인 의아한 표정으로 '묵도?'

아 이 예, 매일 정오에는요 ,영령의 명복과 전선에 있는 군인아저씨들의 무운
장구를 비는 거에요. 사이렌 소리에 맞춰서.

노인 이제야 깨닫고 경건한 기분으로 혼을 넣어 묵도한다.

22. 거리
정숙하게 묵도를 계속하는 지원병들

23. 다른 거리
머리에 짐을 이고 있는 반도부인과 관(冠)을 쓴 노인까지 묵도를 하고
있다. 멈춰서는 전차. 묵도하는 승객.
사이렌이 멈춘다.
사람들 걷기 시작한다.
전차 움직이기 시작한다.

24. 전의 거리
지원병들은 다시 행군을 계속한다. 용장한 '행군의 노래'제창.

25. 다른 거리
음악학교에서 돌아오던 미츠에와 이백희 가볍게 '행군의 노래'를 부르면
서 온다.
건너편 길을 지원병의 행군이 온다.
백희가 '어머, 지원병이야.'

미츠에 어쩜, 멋져.

두 사람 행군대열 쪽으로 간다. 행군 대열의 선두에 서서 창도하고 있
는 에이스케, 달려온 미츠에, 에이스케를 보고
백희에게 말 '어머, 저 사람이야. 경성역에서 오빠한테 부적을 준 분'

백희 찬찬히 에이스케를 보고 '맞아. 그때 지원한다고 했는데, 정말이네.'
이것도 모르고 에이스케의 행군은 지나간다.
'만세 만세'
외치면서 행군을 성원하는 사람들.
미츠에, 감격에 겨운 듯이 '지원병 너무 멋있어.'
백희가 생각난 듯이 '아사노(淺野)상이 이번 일요일에 훈련소에 견학 간다는데 안 갈래?'

미츠에 그래도…….

백 희 저 근사한 행진을 보니까, 훈련소 생활이 어떤 건지 직접 보고 싶어

미츠에 겨우 결심한 듯 '좋아, 우리도 반도 병사들의 생활이 어떤지 알아둘 필요가 있어.'
보니 지원병 대열, 이미 거리 저 편으로 사라져 버리고 없다.
F.O

26. 지원병 훈련소
F.I
기노시타 타로가 야스모토의 머리를 깎아주고 있다.
야스모토가 부탁하며 '야, 아파. 좀 조심스럽게 못 깎아?'
하고 비명을 지른다.

기노시타 아파도 참아. 조금만 참으면 되잖아.

사각사각 깎아간다. 야스모토 얼굴을 찡그리며 투덜거린다.
건너 편에서는 쬬꼬맹이 시미즈가 뚱뚱한 야마모토의 머리를 깎아주고 있다. 시미즈 야마모토의 머리의 크기를 손으로 재면서, '엄청난 면적의 두상이시네. 덕분에 모처럼의 일요일 다 깨졌다. 오늘은 위문공연이 있다는데, 그때까지 깎을 수 있을까'
사각사각 깎아나간다. 기계가 걸린다. '아, 아파'
야마모토가 튀어올라 '아까부터 쭉 참고 있었더니.'
라 말하면서 눈물을 훔친다.
건너 편에서 한 명의 생도 와서 기노시타에게 '기노시타 부인한테서 편지야.'
기노시타, 기뻐서 야스모토 머리에 걸린 바리캉을 그대로 놔둔 채 저쪽으로 간다.

27. 내무반 안

'자네와 나'라는 노래를 부르면서 정돈작업 지휘를 하고 있는 에이스케, 거기 기노시타가 온다. '반장님, 집사람한테서 답장이 왔습니다.'

에이스케   아, 그래?

자기 일처럼 편지를 받아서는 '읽어봐도 괜찮나.'하고 읽는다. '당신에게, 언제나 그리워하는 아내 올림……인가. 어이, 기노시타, 이거 정말 눈뜨고 못 보겠구만.'
기노시타 머리를 긁는다.
에이스케 읽는다. '그 후로 오래 소식 전하지 못했어요. 오랫동안 당신한테서 편지가 없어서 너무 외롭고 힘든 참이었어요.'
주위 생도들 일을 내팽개치고 귀를 기울인다. (앞의 무리)
'편지를 보고, 아이가 죽은 사실을 알게 되신 후에, 저도 어떻게 하면 좋을지 몰랐어요. 그래도 당신한테서, 너도 일본 아내가 아니냐, 군대에 가 있는 남편에게, 아이가 죽은 것 정도도 못 알릴 정도면 어떻게 할 작정이냐는 말씀을 듣고, 저는 오늘까지 정말로 일본의 아내라는 자각이 없었다는 걸 깨달았어요. 이제부터는 집에 무슨 일이 있든지간에 알려드리겠어요. 당신이 어떤 일에도 놀라지 않을 정도로 훌륭한 제국군인이 되셨다는 것이 얼마나 기쁜지 몰라요. 지금부터 저도 열심히 공부해야겠어요. 대일본제국 군인의 아내로서, 부끄럼이 없도록 공부를 해야해요.'
에이스케, 기노시타에게 '군인의 아내로서 부끄러움이 없도록 공부를 해야 한다 하는 그 뜻이 가상하시네.'
기노시타 웃으며 '마누라로서는 꽤 걸작이에요.'
말하며, 주머니의 수첩에서 한 장의 사진을 꺼내 에이스케에게 보여준다. '이게 제 마누라입니다.'

에이스케   호오 굉장한 미인이잖아.
기노시타   미안합니다. 너무 일찍 결혼해서요.
에이스케   언제 했나.
기노시타   네, 제가 열 일곱 살 때니까, 아내는 그때 열 다섯이었습니다.
에이스케   이 자식, 좀 빨랐네 하하하.

두 사람 웃는다.
거기에 한 생도가 와 에이스케에게 '반장님 면회입니다.'

에이스케 면회?

생 도 네, 굉장한 예쁜 내지 여자분입니다.

기노시타 왔다 왔다, 편지 주인공. 출정 군인의 여동생인가 하는…….

따라 간다.
그 뒤를 무리가 고개를 쳐들고 졸졸 따라간다.

28. 내무반 입구
야마모토가 야스모토의 머리를 깎고 있다.
거기 생도 한 명이 와서 야마모토에게 뭔가 말한다. 야마모토 바리칸을 놓고 사라진다.

야스모토 야, 끝까지 안 깎을 거야?

비참한 목소리로 절규한다.

29. 뜰
미츠에와 백희를 안내하고 있는 에이스케와 기노시타
'굉장히 멋진 훈련소군요. 와보고 놀랐어요.'

에이스케 그보다 멀어서 놀라셨죠. 경성에서 4리나 떨어져 있으니까요.

미츠에 현재 몇 분이나 계세요?

에이스케 저희 지원병이 천 명, 교관이 35명 정도 있습니다.

기노시타 대체로 1년을 3기로 나눠서 1기에 천 명씩 수용하니까 3천 명 모집합니다만, 올해는 14만 명이나 응모자가 있었습니다. 반도의 지원병 열기는 굉장합니다.

에이스케 이 숫자만으로도 우리 반도인의 애국심이 얼마나 열렬한가를 상상하실 수 있을 겁니다.

미츠에 알겠어요. 사변(事變) 때부터 여기 반도의 황민화 운동에는 저희도 마음속으로부터 경의를 표하고 있어요.

에이스케 감사합니다. 내지 분들께서 이것을 진심으로 알아주셨으면 합니다. 제가 지원병이 된 동기도 이 중대시국의 전 책임을 내지 청년만 짊어지게 할 수는 없다는 것이었습니다. 우리 반도인이 총을 들고 황국을 위해 일어서지 않으면 안 된다는, 그것만이 일시동인(一視同仁)의 성지

(聖旨)를 받드는 길이라고 믿었기 때문입니다.

기노시타 반도의 청년들은 모두 굳게 이렇게 믿고 있습니다. 장래의 국방의 제 일선은 우리들이 수호할 거라는 결의에 불타고 있습니다.

백 희 정말로 저도, 반도인으로서 긍지가 높아져요.

에이스케 우리도 긍지가 높습니다. 자만하고 있는 것은 아닙니다만, 가령 지금 현지에 수만 명의 장정이 출정하고 있다고 하죠. 그렇다면 금년 태어날 아이가 그만큼 줄어들지요. 금후 전투가 길어지면 길어질수록 출산율이 떨어지는 한편으로, 20년, 30년 후의 것을 생각하면 저희들은 걱정하지 않습니다. 저희는 그 보충을 우리 반도인이 해야 마땅하다고 생각하고 있습니다. 우리 지원병이 훌륭한 임무를 수행하는 것이 가능하다면 이 팽배한 애국정신으로 인해 필히 가까운 미래, 반도에도 징병령이 시행될 것으로 믿어 의심치 않습니다.

미츠에, 에이스케의 말에 큰 감동을 받는다.
뒤 쪽에 졸졸 생도들 일단이 엿보러 온다.

에이스케 짧은 4개월의 훈련에 지나지 않습니다만, 이곳의 규율 바른 생활은 저희에게 강력한 군국혼을 불어 넣어줬습니다. 얼마 안 있으면 수료식입니다만, 정든 선생님들과 이별해야 한다고 생각하니 벌써 마음이 싱숭생숭하군요.

미츠에 벌써 졸업이에요?

에이스케 넷.

그 때 집합 나팔
주변을 달려가는 지원병
'위문단이 왔다아.'
'멋있어'
에이스케 등의 뒤에서 이미 온 무리도 그 쪽으로 달려간다.

미츠에 뭐에요?

에이스케 네. 이 산골에도 가끔씩 위문오시는 분들이 있습니다. 괜찮으시다면 함께 보시지 않겠습니까.

미츠에 등 망설인다.
여기를, 머리를 반만 깎은 야스모토가 투덜대면서 도구를 들고 달려간다.
그 모습을 보고 무심결에 모두 웃는다.

30. 대강당
빼곡이 들어차 있는 지원병들.
교관이 '여러분도 곧 이 훈련소를 수료하게 된다. 오늘은 경성에서 ××
단 분들이 특별히 수료식을 앞둔 여러분을 위해, 위문을 와 주셨다. 모
처럼의 호의이므로 감사하게 받기로 했다. 여러분도 마음 속으로부터
감사의 염을 다해, 받도록 덧붙여 둔다.'
인사에 이어 위문공연이 시작된다. 어여쁜 자태의 처녀들이 건강하고
밝은 노래와 춤을 전개한다.
즐거워하는 지원병들. 미츠에와 백희도 보고 있다.

31. 훈련소 정문
F.I
일장기가 걸려 있다. 정문에 내 걸린 '소화 16년도 제1기생 수료 증서수
여식'이라는 글자.

32. 대강당
식단 앞에 엄숙하게 열지어 선 지원병들. 착석한 내빈들.
식순 소장 식사(式辭)라는 글자(확대 촬영). 단상에서 식사를 읽는 우메
다(梅田) 소장. 듣고 있는 에이스케와 기노시타 등.
식순 총독 고사(告辭)라는 글자(확대 촬영). 단상에서 고사를 하는 미나
미(남) 총독. 듣고 있는 지원병들.
식순 군사령관 고사라는 글자(확대 촬영). 단상에서 고사를 하는 나카무
라(中村) 군사령관. 에이스케와 기노시타의 눈에서 점점 뜨거운 것이 빛
난다. 이윽고 생도 대표가 답사를 한다.
에이스케, 이어서 일동의 황국신민의 서사. 그리고 '바다로 가면' 제창이
대강당을 흔들 무렵, 다감한 지원병들의 눈, 눈, 눈에는 감격의 눈물의
꽃. 열창을 하는 것이었다.
W.P

33. □□부대 안 뜰
보무당당한 신병들의 행진. 이등병 군복도 새로운 가네코 에이스케. 기
노시타 타로, 야스모토, 시미즈, 야마모토의 얼굴들, 얼굴에 홍조를 띤
채 행진하고 있다.
(이 대목을 다이내믹하게 연출할 것)
엄숙한 그 태도. 시원시원한 그 점호. 이윽고 부대장의 훈시.

(지원병들의 각오, 내지인과의 합류, 자네와 나의 감정의 융화)
경청하는 에이스케 등

34. 병영 내
내지인 속에 합류한, 지원병들의 군대생활. 단련 모습 등 몇 컷. 마지막
컷에 (머지 않아 제일선에 출동하게 된다는 통지가 온다. 자네와 나, 뛰
어오르며 환호의 함성을 지른다.)
F.O

35. 부여의 거리
F.I
버스가 도착한다. (버스 속에서 촬영) 버스에서 내리는 병사 두 명, 가
네코 에이스케와 기노시타 타로.

36. 부여 신사(神祠)
은사(恩賜) 휴가·귀향 인사를 하는 에이스케와 기노시타.

37. 부여신궁(神宮) 경내
성역(聖域)에서 근로봉사를 하는 사람들. 내지인도, 반도인도, 모두 이마
에 땀을 흘리며 괭이로 땅을 파는 성스러운 작업을 하고 있다. 그 속에
끼어서 일하고 있는 에이스케와 기노시타.
기노시타가 기쁜 듯이 '잠시 못 본 사이에 고향도 변했네.'

에이스케 음, 부여신궁이 완성되면 우리 고향은 조선의 우지(宇治)2) 야마다시
    (山田市)가 될 거야.

38. 신궁 길
내려온 에이스케와 기노시타 '갑자기 돌아왔으니 자네 부인도 놀라겠지'
기노시타, 끄덕이며 '깜짝 놀라겠죠.'
국민학교 아이가 지나치며 두 사람에게 경례한다. 두 사람 미소지으며
받는다.
아이 중의 하나, 곰곰이 에이스케를 보더니, '앗, 가네코상이다. 에이스
케 상이야.'
다른 애 하나가 '기노시타 타로상도 있어.'
그러면서 애들, 거리 쪽으로 내달린다.

---

2) 우지 : 京都府 남부에 있는 시. 우지교(宇治橋), 평등원(平等院) 등 역사 깊은 유적들이 있다.

39. 부여 거리
아이들 달린다. '군인 아저씨가 돌아 왔어.'
'에이스케 상이 돌아왔어요.'

40. 다른 거리
아이들이 달린다. '기노시타 타로상이 돌아 왔어요.'
아이들의 수는 점점 늘어난다. 동네 사람들 놀란다.

41. 가네코 에이스케의 집
대문을 열고 뛰어들어온 아이 한 무리가 '아줌마, 에이스케 상이 돌아
왔어요'
'멋있는 군인 아저씨가 돼서 돌아왔어요.'
집안에서 뛰어나온 에이스케의 모친.
거기 들어오는 에이스케 '어머니 저 돌아왔어요.'
에이스케의 모친은 잠시 의아한 얼굴로 에이스케를 보다가 '아니, 영조
냐.'
조선어로 놀란 듯이 외친다.
에이스케, 군대식으로 씩씩하게 오른손을 들어 '지금 돌아 왔습니다.'
'야아, 영조야.'
모친은 기쁨의 색을 얼굴 가득 띄우고 '왔느냐.'
고는 몰라 볼 정도로 훌륭해진 아들의 모습을 보고서는 노안이 눈물에
젖는다.

에이스케 아버님은?

그때, 서원 안에서 기침 소리와 함께 장지문이 열리며 곰방대를 문 에
이스케의 부친 가네코 용봉(龍鳳)이 나온다.
'아버님, 지금 왔습니다.'
에이스케는 직립부동 자세로 경례한다. '오오'
너무도 훌륭하게 변한 아들의 모습에 부친은 정신이 나간 듯한 표정이
다.

42. 개천 언저리
세탁을 하고 있는 기노시타 타로의 처 복순. 아이들이 달려와 '아줌마,
아저씨가 돌아 왔어요.'
'아저씨가 멋있는 군인 아저씨가 돼서 돌아왔어요.'
복순은 '뭐?'하고 귀를 의심하듯이 일어선다.
저 쪽에서 기노시타 타로가 온다.

복순은, 정신이 나간 듯 '여봇!'
하며 달려간다.
기노시타도 정신없이 '복순이'
하고 달려간다.
아이들이 보고 있다.
복순은 무심코 '여보'
하고 안긴다.
기노시타, 아내의 얼굴을 손으로 들어올리면서 엄숙하게 말한다. '복순이'
복순, 일순 아, 하고는 떨어진다. 남편의 위엄을 느끼고 반성하면서 '돌아오셨어요?' (조선말)
조용히 머리를 떨군다.
기노시타, 거수로 예를 받는다. 두 사람 그리고는 벙실 웃는다.

43. 에이스케의 집, 사랑방
군복 차림 그대로 부친 앞에 예의 바르게 앉아 있다.
에이스케를 보면서, 부친은 감개무량한 목소리로(조선말) '야아, 훌륭하구나. 정말 훌륭하구나. 내 아들이 제국 군인이 되다니, 이렇게 기쁠 수가.'
모친이 옆에서 '돌아온다면 돌아온다고 한 마디라도 미리 하지 않구서.'

에이스케 네, 그게 갑자기 그렇게 됐어요. 실은 곧 전선에 가게 됐습니다.

갑자기 긴장된 분위기가 흐른다. 부친의 얼굴도 모친의 얼굴도 놀라서 창백해 보인다.
에이스케, 결연히 '그간 빌어오던 소망이 이뤄져서, 곧 출정하게 됐습니다. 그래서 우리 반도 지원병들만 특별한 대우를 받고 실은 하직 인사를 올리러 돌아 왔습니다.'
부친 잠시 침묵하고 있다가, 분명한 목소리로 '그렇냐. 언젠가는 그렇게 되리라고 각오는 하고 있었다. 군인이 된 이상은 출정해서 전선에 서는 것이 당연하지.'

에이스케 고맙습니다. 연세 드신 아버님, 어머님, 효도도 못 드리고 정말 죄송합니다.

모친도 딱 잘라 말한다. '영조야. 무슨 말을 그렇게 하느냐. 천황 폐하를 위해 충의를 다하는 것이 부모에게 효도를 하는 거다.'

에이스케 어머님, 죄송합니다.
모 친 집안 일은 아무 걱정 말고, 훌륭한 공을 세우도록 해라.
에이스케 어머니.

　　　참을 수 없어서 군복 소매로 눈을 닦는다.
　　　모친 꾸짖는 듯이 '뭘 울고 있느냐'

에이스케 어머니, 기뻐서 울고 있어요. 실은 살아서 돌아올 지 알 수 없는 전
　　　선에 간다고 어머님께 말씀드리면, 어머님이 꼭 걱정하실 것 같아서
　　　……

　　　흐느껴 운다.
　　　모친 달래듯이 '여전히 애 같구나. 너는'

　　　# 44. 묘지
　　　복순과 기노시카 타로가 온다. 복토한 지 얼마 안 되는 작은 무덤. 새
　　　비석에 '기노시타 가즈오의 묘'라 씌어 있다. 복순은 갖고 온 꽃을 놓
　　　고, 새 물을 붓고 묘 앞에 경단을 놓는다.
　　　기노시타는, 무덤을 계속 보고 있다가 곧 머리를 떨군다. 이윽고 앉아
　　　서 흙을 어루만지며 무덤을 향해 '가즈오야 외로웠지. 아빠도 없는 사
　　　이에 이렇게 되다니……'
　　　'죄송해요.'
　　　하고 복순은 참을 수 없어 '당신이 없는 새에 애가 세상을 떠서, 무슨
　　　말씀을 드려야 할 지 모르겠어요.'
　　　기노시타, 묵묵히 흙을 만지고 있다.
　　　복순 무덤 앞에 손을 놓고 '가즈오야, 아빠가 널 보러 왔단다. 봐라. 훌
　　　륭한 군인이 되셔여. 너도 아빠의 모습을 잘 봐 둬라.'
　　　통곡을 터뜨린다.
　　　기노시타, 아내를 조용히 위로한다. '울지 말게. 수명은 어쩔 수 없지
　　　않나. 이 애가 불행한 별 자리에 태어난 거야.'

복 순 그래도 한 번이라도 좋으니, 당신의 이 근사한 모습을 애기한테 보여
　　　주고 싶어요. 그랬으면 애는 꼭 웃으면서 "안녕히 계세요"했을 거에
　　　요.[3]

---

3) 원문은 <坊主やは笑って失敬をして見せたでせうに>. 작별인사를 한다는 뜻.

45. 부여 거리
F.I
새벽 하늘 '영차 영차'
건강한 청년들의 음성. 카메라, 팬다운, 아직 어두운 부여 거리를, 에이스케, 기노시타를 선두로, 청년들이 농기구를 어깨에 씩씩하게 매고 구보로 행군하고 있다.

46. 구보 료헤이(久保良平)의 집
장지문을 연 양평의 처, 후사코(房子)가 '여보, 저 소리 뭐에요.'
구보 료헤이, 나와서 '뭘까'
후사코가 '어머니, 어머니-'
하고 식모를 부른다. 식모인 명숙(明淑)이 부엌 쪽에서 나온다.
후사코, 소리 나는 쪽을 가리키며 '뭔지 좀 보고 와요.'
명숙 '네에' 하고 나간다.

47. 부근 길가
에이스케와 기노시타를 선두로 한 청년들, 영차, 영차 함성도 우렁차게 달려 사라진다.

48. 에이스케의 집 뜰
함성이 들린다.
궁성방위(宮城方位)라 씌어진 나무 표지 앞에 마련된 배단(拜壇)에서, 동쪽을 향해 절하는 에이스케의 노부모, 요배(遙拜)를 마치고 부친이 소리나는 쪽을 보면서 '영조, 그 놈 좀 푹 쉬면 좋을 것을.'
모친 '정말 튼튼한 애에요.'

49. 구보 료헤이의 집
료헤이 부부에게 보고하고 있는 식모, 명숙 '저, 사모님, 어제 부여 출신 병사가 두 명 내려 왔어요. 고향 청년들과 조기회(早起會)를 만들었대요.'

료헤이 조기회?
명 숙 네, 그래서요. 지금 괭이를 들고 밭을 일구러 갔대요.

50. 백마강변의 공터
파헤쳐지는 흙
높이 휘두르는 괭이

200

국민가요 '아침'이, 합창으로 노래불러지고, 에이스케가 괭이를 휘두르면서 앞장서고 있다.

51. 부근의 길
농기구를 멘 구보 로헤이가 온다. 이미 작물이 익어 있는 밭. 료헤이, 멈춰서서 청년들 쪽을 보고 있다가, 밭에 들어가 작황을 조사하기 시작한다.
에이스케와 기노시타가 작황(作況)이 어떤가 보러 온다. 료헤이를 보고 인사한다. '여기가 선생님 밭이십니까?'

료헤이 아니요, 제 밭은 아니지만 개천이 점점 메워지는 바람에 이 부근이 쭉 공터가 되어서 팔운동 겸해서 조금 농사를 해봤는데요.

에이스케 작물을 보고 '그러세요. 잘 익었네요'

료헤이 댁은 군인이시네요.
에이스케·기노시타 넷 그렇습니다.
료헤이 부여 출신 병사가 두 분 돌아오셨다는 걸 들었는데, 댁이군요.
에이스케 네 은사(恩賜) 귀향을 받아서 고향에 인사를 드리러 왔습니다.
료헤이 그럼 얼마 있다가 전선에 가십니까?
두사람 네.
료헤이 수고하시는군요. 잘 부탁드립니다.
에이스케 네, 반도인으로서 우리가 나라를 위해 봉공(奉公)할 수 있으니, 영광으로 생각하고 있습니다.
료헤이 아니요, 저희야말로 감사 드려야지요. 나중에 박물관에 한 번 들러 주세요. 제가 내일 가 있을 테니까요.
에이스케 감사합니다.

라 말하고, 모두 일하고 있는 곳으로 가면서, 개척하고 있는 쪽을 가리킨다. '저기도 뭔가 심어보세요. 개척해 둘 테니까요.'

료헤이 아아 그렇습니까.
에이스케 감자라면 될 거 같아요.
료헤이 감자라면 괜찮겠지요.
에이스케 식량 증산이라고까지 하면 좀 뭣하지만, 땅과 친숙해지는 것이 중요한 것 같아서요. 어제 돌아오자마자 마을을 한 바퀴 돌고 청년들과 의논해서 휴간지를 전부 개척하기로 했습니다. 그래서 오늘 아침부터 일찌감치 실행하고 있는 참입니다.

로헤이, 감동한다 '그러면, 나도 끼어서 같이 하고 싶군요.'
농기구를 메고 에이스케 쪽으로 간다.

52. 구보 료헤이 집
복도 밖.
후사코, 방 안을 향해 '미츠에. 깼어?'
장지문을 열고 얼굴을 내미는 미츠에, 미츠에의 뒤에서 얼굴을 내미는 이백희.
백희, 후사코에게 '안녕하세요.'

후사코 잘 주무셨나?
백 희 네. 정말 갑자기 와서 너무 폐를 끼치고 있습니다.
후사코 아니, 시골구석이니 아무 것도 대접 못하지만, 편안하게 지내세요.
백 희 감사합니다.

미츠에, 주변을 둘러보고 후사코에게 '언니는 뭐든지 조선식이네.'
후사코 웃으면서 '그이 취미야. 배추 절임도 우리 집에선 김치가 아니면 안 돼.'

미츠에 어머, 그래요?

말하고는 '형부는?'

후사코 들판에 갔어.
미츠에 들판에? 그래도 형부는 박물관 관장님이시잖아.

후사코 끄덕인다. '그래도 아침마다 들에 안 가면 기분이 나쁘대. 시골 태생이니까 그런가 봐'

미츠에 어머, 형부답네.
후사코 그래도 너희가 와주어서 굉장히 기분 좋은 것 같애. 오늘은 자기가 부

202

여 안내를 한다고 했어

53. 강변 근처 길
농구를 어깨로 쳐들어 올리는 청년들
료헤이, 에이스케에게 '오늘은 꼭 부탁하고 싶은 게 있는데'

에이스케   아, 뭡니까?
료헤이   친척한테 여기 백제의 서울 부여의 내선일체 사적을 보여주고 싶은데,
         일도 웬만하니 안내 좀 맡아주실 수 없겠습니까?
에이스케   개척이라면 얼마든지 맡겠습니다만, 안내는 좀……

54. 구보 료헤이의 집 밖
우체부가 온다. '구보 상. 편지요'
어머니 명숙이 나온다.

우체부   아사노 미츠에상이라는 분 계시죠?

미츠에 나와 '네, 저에요'
받아든다. 우체부 간다.
뒤로부터, 준비를 마친 백희가 후사코와 함께 나온다.

후사코   어디서?
미츠에   전선에 있는 오빠한테서야.
후사코   그래? 겐조상 잘 있을까?
미츠에   겐조 오빠는 괜찮아. 전달에 경성역에서 만났을 때도 발랄했어.
후사코   우리는 남매 3인조인 걸. 잘해나가지 않으면 안 돼.

55. 박물관 뜰
미츠에, 서둘러 와 료헤이에게 '겐조 오빠한테서 편지가 왔어요.'

료헤이   오오, 잘 됐다. 이거야?

하고 손을 내민다. '안 돼요. 저한테 온 걸요.'
미츠에, 편지를 갖고 저쪽으로 뛰어간다.

후사코 여기서 읽어도 될 걸.
미츠에 나중에.

　　　이렇게 말하고 박물관에 들어가 버린다.
　　　료헤이, 뒤를 지켜보며 '비밀스런 편지도 아니야.'
　　　하고는 백희를 보고 '안을 한 번 둘러 봐.'
　　　백희, 인사하고 미츠에 뒤를 따라 관내로 모습을 감춘다.

료헤이 그럼 이젠 가네코 상이라도 불러볼까?

　　　하고는 소사를 불러서 내보낸다.
　　　후사코, 불편하다는 듯이 '가네코 상이라니, 누구에요?'

료헤이 음, 누군 것 같아?
후사코 전 모르겠어요.
료헤이 좋은 청년이야. 내가 홀딱 반했어.
후사코 뭐라구요? 뜸들이지 말구 빨리 얘기 좀 해 보세요.

　　　료헤이, 웃는다.
　　　후사코 신경이 쓰여서 '좀 말해 주시면 안 돼요?'

료헤이 잠시만 기다려 줘. 그것보다 말야 후사코
후사코 네에.
료헤이 미츠에를 좋은 곳에 시집 보냈으면 어떨까 하는데.
후사코 생각하시는 데라도 있어요?
료헤이 있어, 있지만 좀 이해가 없으면 이야기가 안 돼.
후사코 뭔지는 모르지만, 상당히 마음에 드신 모양이시네.
료헤이 응, 말해버리면 아무것도 아니지만.
후사코 당신이 점찍은 사람이라면 틀림없을 테지만, 본인의 의향도 확인해봐야
　　　하지 않겠어요.
료헤이 본인이 응한다면 해볼까?
후사코 네, 일단은 내지의 숙부님쪽과도 상의를 해야 하겠지만, 제가 제일 맏이
　　　니까 부모님 대신이라도 할 수밖에요.

56. 부근 길
에이스케, 박물관의 소사와 함께 온다.

57. 앞의 장소

료헤이 저 사람이야. 저 친구야.
후사코 어머, 군인이에요?
료헤이 응 가네코 에이스케라고, 근사한 청년이야.

거기 에이스케 다가온다.
료헤이가 후사코를 소개한다. '가네코상, 내 아내.'
에이스케, 후사코에게 경례하며 '가네코 에이스케입니다.'
료헤이, 관내를 향하여 '어이, 미츠에.'
관내에서, 미츠에 '네에-.'

료헤이 여기 좀 나와 봐.

미츠에와 백희 나온다. 가네코 에이스케 둘을 본다.
의외의 해후에 놀라는 미츠에 '어머 에이스케상'
에이스케도 '아니 아사노상이세요?'

미츠에 그때는 정말.
에이스케 천만에요. 저야말로.

아연한 표정으로 지켜보는 료헤이 부부.
미츠에, 에이스케를 찬찬히 뜯어보면서 '드디어 입영하셨군요.'

에이스케 네, 곧 입영하기 때문에 은사 휴가를 받아서 어제 부모님께 말씀을
올리러 내려왔습니다.
미츠에 네에 고향이 부여셨군요. 그건 축하드릴 일이군요.

에이스케, 예를 받는다.
료헤이, 에이스케에게 '새삼스럽게 소개하는 것도 이상한 일이지만, 가
네코상, 얘는 아내의 동생이에요.'
하고 미츠에를 소개한다.

에이스케 그랬습니까. 실은 경성에서 우연히 만나뵌 적이 있습니다.

료헤이 그래요? 하여튼 젊은 사람들이란……. 아니, 그 뭐랄까.

하고 하하하 호쾌하게 웃는다
에이스케, 미츠에에게 '오빠분으로부터는 그 후에 소식이 있었습니까?'
미츠에, 아까 편지를 꺼내 '네, 오늘 왔어요.'
후사코가 '뭐라고 썼어?'

미츠에 네에, 굉장히 건강한 것 같아요.

료헤이 한 번 읽어 봐.

미츠에 제가요? 싫어요.

료헤이 뭐가 싫어. 평소 안 하던 말을 하네. 그럼 내가 한 번 읽어볼까?

하고 미츠에로부터 편지를 받아 읽기 시작한다.
'지금 □□에 도착했다. 너도 부여 언니한테 가 있을 때겠지. 부여는 모두 건강하시냐. 박물관장 매형은 변함없이 내선일체 논하고 계시겠지. 사실 이번 출정을 계기로 반도를 재인식했다. 현재 내지에 살고 있는 사람들은 반도에 대해서 좀더 따뜻한 눈을 가져야 해. 우리 선조는 이미 1300년 전, 부여를 중심으로 해서 보통 관계가 아니었다는 역사적으로도 잘 알려져 있지. 이 방면은 박물관장 매형의 전문이시니까 생략하고……'
료헤이, 계속 읽는다 '여기서도 반도의 형제들은 성전의 임무를 잘 수행해 주고 있다. 우리가 출정 길에 있을 때, 반도의 역이란 역 모든 곳에서 받은 환송과 흰옷의 부인들이 열성적으로 흔들어 주신 저 깃발의 물결을 생각할 때마다 우리 병사들은 목숨이 아깝지 않다고 생각하고 있단다.'
죽 듣고 있는 에이스케.
료헤이의 읽는 소리는 계속된다. '특히 경성역에서 우리한테 부적을 나눠주면서, 병사님, 부탁합니다. 수고하십니다. 감사합니다, 하고 걸고 있던 한 명의 기상 높은 청년의 모습이 영 잊혀지지 않는구나.'
미츠에, 불쑥 고개를 들어 에이스케를 지켜본다. 백희도 무심코 에이스케를 본다. 에이스케는 쭉 듣고 있다.
료헤이 더 읽는다. '나는 그 청년의 모습, 그 정성어린 말을 듣고, 그 진지한 얼굴을 보고는 감격에 넘쳐서, 10원짜리를 종이에 싸서 좋은 곳에 써달라고 건넸단다.'
에이스케, 점점 감동을 느낀다.
료헤이의 목소리는 열을 띠기 시작한다. '겨우 10원의 돈으로 그 청년의 마음을 사려고 생각한 것은 아니다. 마음으로부터 우러나온 성의에서 감사의 마음의 일단을 그 청년에게 알리고 싶은 일심(一心)뿐이었다. 나는 열심히 싸울 거다. 그 반도 청년을 위해서, 내일 적탄에 맞아 쓰러진다 해도, 빙긋 웃으며 죽을 수 있을 것 같다.'
에이스케의 눈에 눈물이 스며나온다. 그것을 보이기 싫어 자리를 뜬다. 모두 에이스케 쪽을 본다.

미츠에 형부, 그 편지 속 청년이 저 분이에요.

뭐?
료헤이 부부, 놀란다.

미츠에 경성역에서, 오빠하고 친구분들한테 부적을 드린 분이 저 분이에요. 아직 군인이 되기 전이었어요. 그렇지 백희 상.
백 희 그래요. 이런 데서 만나게 되다니 참 알 수 없군요.

료헤이 부부 얼굴에 감동의 빛이 떠오른다.
W.P

58. 사비루
미츠에와 백희를 안내해 온 에이스케, 누상(樓上)에서 1,400년 전의 내선일체의 역사를 설명한다.

59. 구보 댁의 툇마루

후사코 저 가네코라는 분 여기 분이죠?
료헤이 그래.
후사코 그런데 글자가 이상하잖아요?
료헤이 모르면 가만 있게. 지금 조선에 옛날식 김(金)상이나 박(朴)상이라는 이름이 있어?
후사코 아아 창씨를 했군요.
료헤이 그렇지. 당신은 반도에 와서 5년이나 됐는데 그것도 몰라서 어떻게 해?
후사코 미안해요.
료헤이 그런데, 좋은 청년이지?

후사코 좋은 분이네요.

료헤이 미츠에도 만족스런 눈치야

후사코 쟤는 도대체 사람을 차별할 줄을 전혀 모르는 애라서요.

료헤이 솔직하잖아. 그래서 얼굴이 밝아.

후사코 그래도 호적문제나 다른 문제들이 있으니 시골 숙부는 어떠실는지.

료헤이 반대가 있으면 내가 설득하지. 아까 편지에도 그랬지 않은가. 내지 사람이 좀더 따뜻하게 손을 내밀어야 한다고.

후사코 조선의 정말 좋은 점을 내지 사람들은 전혀 알 기회가 없어요. 그러니까 시골일수록 호적 같은 걸 복잡하게 따지죠.

료헤이 그러니까 조선을 이해하고 있는 우리가 먼저 실천해서 그런 구폐(舊弊)를 고쳐야지. 잘못하면 아무리 시간이 가도 내선일체는 소리만으로 끝나는 거야. 복잡한 이유 달 필요없이, 먼저 실행하는 거야. 난 호적법이 개정되면 원적을 충청남도로 옮길 테야. 당신도 분명히 마음을 정해 둬.

후사코 네, 네.

료헤이 그런데, 당신 부여신궁의 제신(祭神)은 어느 분이 알고 있을까?

후사코 제가 알고 있어요

료헤이 말해 봐.

후사코 응신(應身)천황, 제명(齊明)천황, 천지(天智)천황, 신공(神功)황후 이 네 분의 제신(祭神)이에요.

료헤이, 만족스러운 듯 '굉장하네. 내 아내만 가능한 일이다. 그런데 제신이 특히 부여에 서 모셔지고 있는 건 무슨 까닭일까.'

후사코, 웃으며 '어머, 애들 시험도 아니고, 그거야 요즘 당신이 말씀하시는 내선일체 한 마디면 다 끝나잖아요.'

료헤이, 호쾌하게 웃는다. 그리고 '그런데 말이야, 내선결혼은 우생학적으로도 매우 좋대. 후생성에서도 총력연맹에서도 특히 내선결혼을 장려하고 있다는 얘기야.'

후사코 어머 정말이에요?

료헤이 음, 통계상에 나타난 모양이야. 좋은 애가, 그것도 굉장히 많이 나올 테니까 이런 좋은 얘기가 어디 있어.

후사코 요새 유행하는 세 쌍둥이라도 나온대요?

료헤이 세 쌍둥이는 어떤지 모르지만, 우리 나라로서는 이 인구문제는 중대하

니까. 스물 셋이나 됐는데 미츠에도 어슬렁어슬렁 놀고만 있어선 안 돼
요.

후사코 그래서 당신은 저 가네코상 생각도 물어봤어요?

로헤이 아차, 그걸 물어보는 걸 잊었다. 하지만 그건 내가 책임지고 맡을 테니
까, 당신은 미츠에 쪽을 설득해 주게.

후사코 아이고, 중매하느라 뼈골 빠지겠네.

두 사람 웃는다.

60. 백마강
배를 타고 있는 에이스케와 미츠에와 백희. 사공이 애조 어린 노래를
부르고 있다.
멀어져 가는 낙화암. 백화정(百花亭).
에이스케가 설명하고 있다. '저 바위가 유명한 낙화암입니다. 백제 궁녀
3천 명이 당과 신라 군사에게 항복하는 것을 수치로 여겨, 이 백마강에
몸을 던져 아깝게 산화(散花)한 사적이지요.'
듣고 있는 미츠에와 백희, 흘러가는 물, 사공의 노래

에이스케 지금 사공이 무심히 부르고 있는 노래가 3천 낙화의 민요지요. 당시
의 서글픈 모습이 떠오르는군요.

미츠에, 말없이 노래를 듣고 있다가 '조선의 노래는 거의 다 애조를 띠
고 있네요'

에이스케 그렇지는 않습니다. 그건 아리랑이라든가 도라지라든가 내지에서 말
하자면 사도(佐渡) 오케사[4] 같은, 애조띤 것이 부르기 쉬운 관계도 있
고 해서, 일반에 애창되고 있긴 하지만, 조선의 옛 노래는 총체적으로
매우 밝습니다. 예를 들면 요산도(陽山道)는 여기 말로 양산도라 합니
다만, 이런 민요들은 이미 교향곡으로도 작곡되어 있는 멋진 멜로디에
요.

미츠에 그거 한번 들려 주세요.

에이스케 이거 큰일났네. 전 잘 못합니다만.

---

4) 사도 오케사(佐渡おけさ) : 니이가타 지방에서 시작되어 전국으로 퍼진 일본 민요의 곡명. 원
래는 오케사부시(おけさ節)라고 함. 사도 오케사와 에치고 오케사(越後おけさ)가 유명하다고 함.

하고 사공에게 노래불러 달라고 청한다.
사공, 조선말로 '젊은이가 부르는 게 좋아요'
하고 응하지 않는다
미츠에 '비겁해요, 가네코 상'하고 때린다.

에이스케 그럼 모처럼이니 흉내내서 한번 불러 보겠습니다.

에이스케, 양산도를 부른다.
사공, 배 안에서 장구를 꺼내 등에 걸고 좋다, 좋다를 연발하며 장단을 맞춘다.
그 모습이 얼마나 재미있는지, 미츠에와 백희도 손뼉으로 장단을 맞춘다.
에이스케의 노래를 싣고 배는 백마 장강(長江)을 흘러내려 간다.

61. 구보댁 욕실 밖(저녁)
F.I
욕실 안에는 미츠에와 백희가 들어가 있는 듯, 목욕을 하면서 아까 에이스케에게 배워 외운 '양산도'를 국어로 노래하고 있다.

미츠에의소리 좋다는 건 무슨 의미야?
백희의소리 좋구나, 라는 감탄사야.
미츠에의소리 아 그래? 그러니까 느낌이 나오네.

욕실 밖에 후사코가 와서 듣다가 '미츠에, 온도는 어때?'

미츠에의소리 딱 맞아.
후사코 이(李) 상도 몸을 따뜻이 데우세요.
백희의소리 네 고맙습니다. 이젠 됐어요. 아사노 상 그럼 먼저.

하고 백희 나온다.

후사코 어머, 까마귀 미역 감듯 하네.
백 희 몸이 금방 더워지는 체질이야.

방 쪽으로 간다.
욕실 안에서는 태평한 미츠에의 콧노래, 후사코가 주변의 흐트러진 바

구니 등등을 치우면서 말을 건다. '미츠에, 가네코 상 어때?'

미츠에의소리 굉장히 느낌이 좋은 사람.

후사코 웃으며 '그럼 마음에 들었네?'
미츠에 웃는 소리 '언니, 쓸데없는 소리 마.'
후사코도 웃으며 '왜냐면 니 형부가 너무나 가네코 상을 너무나 좋아해.
니 신랑으로 삼겠대.'

미츠에의소리 호호호 난 시집 같은 거 안 가.
후사코 안 가?
미츠에의소리 응.
후사코 왜…… 안 가?
미츠에의소리 아직 일러. 게다가 그 사람도 인제 전선에 나갈 군인이구.

후사코, 용기를 불어넣듯이 '물론. 지금 급히 어떻게 하자는 게 아니야.
어차피 앞으로의 일이지만, 솔직히 기분이 어떤가, 나한테만이라도 속심
을 말해 봐.'

미츠에의소리 나…… 몰라.
후사코 못 살겠네. 스물 둘이나 돼 갖구.
미츠에의소리 왜냐면 나두 모르겠는걸. 언니 좋은 대로 해 줘.

후사코의 얼굴, 기쁨으로 넘친다. '내 좋은 대로?'

미츠에의소리 응.

후사코 들뜬 목소리로 '아 그래? 알았어'
가슴을 쓸어내린다.
저쪽에서 료헤이의 소리 '여보, 떨어졌어'

후사코 네에 지금 가요.

자리를 뜬다.

62. 별채
료헤이와 에이스케 한 잔 하고 있다.
후사코가 술병을 들고 들어온다 '자, 어서 드세요'
하고 에이스케에게 권한다.

에이스케 아니요, 이젠 더 못 마십니다

료헤이 아니, 젊은 사람이 못 마신다니 말이 되나. 아무것도 없지만, 오늘밤은 내 환송을 받아주세요. 자아.

에이스케 가볍게 인사를 하며'하지만, 마시면 취하니까요'

료헤이 취하면 좋잖아요. 취하세요. 댁도 안 멀고 하니, 바래다 드리면 되잖아요.

에이스케, 할 수 없이 잔을 받는다. 후사코 따른다.
료헤이, 후사코에게 '어땠어. 전말은?'
후사코, 기쁜 듯이 '그건 이미'
료헤이 만족스럽게 '음, 그래?'

후사코 저 말괄량이가 영 미적지근해서 말이죠.

료헤이 하하. 그래? 그런데 가네코 상, 아니 에이스케 상한테 꼭 물어보고 싶은 게 있는데.

에이스케 네? 뭡니까?

료헤이 아마 에이스케 상도 기뻐하지 않을까 생각되는 이야기인데…… 그건 마아 나중 일로 하고, 오늘 아침 에이스케 상 그 개척지에 감자를 심으라고 했는데……, 그 감자에 대해 의견을 말하고 싶은데 말이에요.

에이스케 말씀하세요

료헤이 후사코, 자네도 들어 두게.

후사코 네.

료헤이 감자(芋)란 것은 대체로 부인이라는 의미라서 말이지, 즉 부인이 자손을 번식시키는 것과 같이, 감자도 아들 감자, 손자 감자를 낳아 번식한다는 데에서 나온 말이거든.

후사코 정말 어렵네.

료헤이, 기분 좋은 듯이 '그럼 그런 어려운 것은 생략하고, 어쨌든 감자

는 말이지, 모든 의미에서 국책(國策) 식물의 대표격이에요. 틀립니까?'

에이스케 아니요. 맞습니다.

료헤이 그렇죠. 그렇게 보면 인간과 감자의 관계도 끊을래야 끊을 수가 없는 인연이 있을 수밖에 없지 않겠어요. 거기서 말이죠, 감자도 아들 감자도 손자 감자를 만들어내는 놈이 역시 좋은 감자이니, 인간도 마찬가지죠. 언제더라, 어느 부부가 자식을 16명이나 두었다는 기사가 신문에 나온 적도 있지만, 16명은 특수한 예라 하더라도, 적어도 5명은 필요하겠지요.

에이스케 그렇군요. 그러니까 구보상도 빨리 자녀분을……

료헤이 아니 그 얘기를 하시면 나는 괴로워, 평생 소출이 없는 셈이니 말이지, 후사코, 우리는 감자보다 몇 배는 못 낳지. 하하하.

후사코 그래서 우리가 미츠에한테 소망을 걸고 있는 게 아니에요?

료헤이 맞아 미츠에가 있으니까. 헌데 미츠에는 어떻게 된 거야? 아직도 욕실에 있어?

후사코 아니요, 이젠 끝났을 텐데요.

63. 미츠에가 있는 방
미츠에가 자기 옷을 백희에게 입혀보고 있다. 끝난 후 미츠에 '정말 잘 맞아. 백희상. 우리 오빠한테 시집 안 올래'

백 희 뭐어?

미츠에 허리띠를 약간 고쳐 매면서 '여기 부인들도 일본옷을 입으시면 좋을 텐데'

백 희 음, 그래도 옷입는 법이 어려워서 창피해.

미츠에 나도 조선옷 잘 입어. 너무 좋은 걸. 창피하다고 생각하면 아무것도 못해.

라면서 옷걸이에 있는 백희의 기모노를 집어든다.
백희 서둘러 이번엔 미츠에가 옷 입는 걸 거든다.

64. 별채

료헤이 그런데 가네코 상.
에이스케 네.

　　　료헤이, 용건을 꺼내려 하나 말이 막혀 '야 오늘은 정말 수고하셨어요'

에이스케 아니요.

　　　후사코, 애가 타서 료헤이를 흘겨본다.

료헤이 당신은 저기 좀 가 있어 하고 눈짓을 보낸다.

　　　에이스케, 분위기가 좀 이상해지는 걸 느끼고 료헤이의 얼굴을 본다.
　　　료헤이, 당황해서 '야 이거 정말 실례했습니다'
　　　후사코, 나간다.

에이스케 무슨 일이 있으십니까?
료헤이 아니요, 자기 자랑을 좀 할려고 했는데 그만.
에이스케 좋습니다. 말씀하세요.
료헤이 그렇다면 말을 꺼내겠습니다만, 미츠에 말인데.

　　　에이스케, 가슴이 두근두근하며 '네'

료헤이 그 아이 예쁘죠?
에이스케 네.
료헤이 벌써 스물 셋이나 되는데도 꼭 어린애 같은 데가 있어서 말이죠.
에이스케 네.
료헤이 그래도 성격이 좋은 놈이어서 여러 군데서 청이 들어오는데 어떠세요?
에이스케 구보 상의 지론이시라면, 빨리 보내지 않으면 안 되겠는데요.
료헤이 그런데 말이에요. 역시 상대가 문제거든요. 인간이란 게 돈이 있어서 훌륭한 것도 아니고, 학벌이 좋아서 훌륭한 것도 아니고, 요는 역시 진심(眞心)이에요. 진심을 갖고 있는 사람이라면 흔쾌히 보내고 싶은데.
에이스케 괜찮군요.
료헤이 에이스케 상은 남의 일이라고 무관심하게 이야기하시는데, 에이스케 상은 어떠신가?

에이스케, 깜짝 놀라 '어떻다니요?'

료헤이 부족합니까?

에이스케 뭐가요?

료헤이 뭐 시치미 떼셔도 상관없어요. 미츠에 신랑 자리, 에이스케 상 어떠신가, 나는 이렇게 묻고 있는 거에요.

에이스케, 앉은 자세를 고치며 '감사합니다. 그러신 뜻이라고는 조금도 생각하지 못했습니다. 실례했습니다'

료헤이 아니 그렇게 딱딱하게 하실 필요는 없어요.

에이스케, 진지하게 '말씀을 뒤집는 것 같아서 죄송하기 짝이 없습니다만, 우선 저에게는 미츠에 상을 맞을 자격이 없습니다. 아시는 대로 전선에 가는 몸이니 다시 살아서 돌아올 수 있으리라고는 생각하고 있지 않습니다'

료헤이 아니 그건 잘 알고 있어요. 지금 결정하라는 이야기가 아니에요. 무사히 개선하신 뒤에 어떠신가 하는 거에요.

에이스케, 잠시 침묵. 그리고 '저에 대한 두 분의 호의가 오히려 저에게 너무 큰 부담을 주시는 것 같아 두렵습니다'

료헤이 에이스케 상, 너무 딱딱하게 생각하시네. 그렇다면 군인이란 군인은 모두 처자식이 없어야지요. 죽는 것만이 충의(忠義)는 아니에요. 죽는 것은 전선에서만 그런 건 아니니, 그런 걱정일랑 거두세요. 나는 가네코 상이 미츠에의 남편이 되어주셨으면 하는 거니, 한번 친하게 지내보세요. 그뿐이에요. 행복하게 되세요, 하는 것뿐이에요. 이제 막 이야기가 시작된 거니, 앞으로의 일이긴 하지만, 그래도 지금 부탁해 두지 않으면 언제 만날 수 있을지도 모르는 거고.

에이스케의 눈동자에 감동의 빛이 어린다.

료헤이 그런데 우리 미츠에는 도대체 어떻게 된 거야, 어이 후사코.

후사코목소리 네에, 지금 가요.

료헤이 이제야? 후사코 신이 났네.

거기 후사코와 한복 입은 미츠에와 기모노를 입은 백희가 들어 온다.
료헤이 눈을 크게 뜬다.
미츠에, 소매를 펼쳐 보이면서 '어때요? 형부, 잘 어울리죠.'
료헤이, 빙긋 웃으며'잘 어울리고 말고. 여기 좀 와서 앉아 봐'
미츠에, 솔직하게 에이스케 곁에 가 앉는다.

료헤이 가네코 상 신부 같네.

미츠에 형부 미워. 놀리지 말아요. 오늘 답례로 가네코 상한테 술 한 잔 올릴
래.

미츠에, 정색하고 에이스케에게
'정말 죄송했어요'
하고 예를 올리고 술을 따른다.
에이스케 받는다.
그 모양을 넌지시 보고 있던 료헤이, 후사코에게 '난 오래 살고 싶어. 정
말로 오래 오래 살고 싶어. 여기 모든 사람들의 장래 모습을 보고 가고
싶어.'
후사코, 조용히 끄덕인다.

료헤이 우리는 그런 대로 편하게 지내지만, 우리 힘으로 젊은 사람들을 행복하
게 해준다고 생각하니 정말 기분 좋네.

후사코 정말 그래요.

65. 밤길
달이 떠 있다.
고요한 밤길을 어깨를 나란히 하고 걷는 에이스케와 미츠에. 두 사람은
그저 묵묵히 걷고 있다.
밤바람이 미츠에의 치마를 펄럭이고 있다.
에이스케, 휘파람을 분다.
거기 맞춰서 미츠에도 나직하게 읊조린다. '자네와 나' 노래
그리고 에이스케, 노래를 부른다.
아름다운 듀엣.

66. 에이스케의 집 뜰(다음 날)
(앞의 음악은 여기서는 급한 템포로 변해서 화려하고 시끌벅적한 조선
제례(祭禮) 멜로디가 된다.)

216

뜰 가득 모여 흥겹게 춤추는 동네 사람들.

그걸 보고 있는 에이스케 일가.

에이스케의 부친 만족한 듯이, 음악에 맞춰 좋다, 좋다를 연발한다.'

마을 처녀들의 아름다운 승무(僧舞).

구보 료헤이 부부와 미츠에, 백희도 와 있다.

기노시타 부부도 와 있다.

에이스케가 미츠에에게 '이렇게 동네분들이 출정을 축하해 주시니, 우리 반도인의 임무는 점점 더 무겁습니다.'

미츠에 그래요. 열심히 하셔야 해요.

기노시타, 이에 응하여 '열심히 하고 오겠습니다. 아사노 상.'

마을의 아이들도 귀여운 축하 춤.

구경꾼들 정신없이 박수를 친다.

그것이 끝나자, 에이스케와 기노시타 앞에 나온 것은 성준(成俊) 노인.

옛무사 같은 풍모로 '무운장구(武運長久)를 비네.'

정중하게 예를 하고서는, 현악에 맞춰 용장한 진군무(進軍舞)를 춘다.

67. 부여 거리
버스 정류장

휴가를 끝내고 소속부대로 돌아가는 에이스케와 기노시타 2인.

중견청년수련소(修練所), 재향군인, 국방애국부인회원, 소학교 학생들, 공무원, 동네 사람들이 전송하러 나와 있다.

에이스케의 부모를 위로하면서 오는 미츠에, 백희, 구보 부부.

기노시타의 처 복순도 온다.

에이스케, 부모님께 료헤이 '그럼, 다녀오겠습니다.'

경례한다.

부모, 조선말로 '잘 하고 오너라.'

하고 격려한다.

미츠에, 에이스케에게 '그럼 건강하게 지내세요.'

에이스케 '고마워.'

하고 예를 받는다.

복순이 기노시타에게 '집안 일은 걱정하지 마세요.'

기노시타 '그럼 부탁해.'

버스가 온다.

에이스케, 환송나온 이들에게, '이렇게 일부러 나와주셔서 감사합니다. 저희는 지금부터 원대복귀해서 다시 출정길에 오릅니다.'

기노시타 그럼 잘 다녀오겠습니다.

두 사람 버스에 오른다.
구보 료헤이가 큰 목소리로 '가네코 에이스케 군, 기노시타 타로 군, 만
세에—.'
환송나온 사람들의 만세소리에 버스 움직이기 시작한다.
구보 료헤이 '총후(銃後)는 걱정하지 마라. 내선일체로 다져지고 있으니
까 '
에이스케와 기노시타, 경례한다.
환호소리와 함께 점점 멀어져가는 버스.
F.O

젊은 모습

▷ 서지사항 : 핫타 나오유키[八田尙之] 작, 도요다 시로[豊田四郞] 연
　　　　　　출, 조선영화제작주식회사 작품, 심원섭 번역
▷ 특기사항 : 등장인물들의 대화가 모두 일본 지방 방언으로 되어 있
　　　　　　는데, 번역 과정에서 경상도 방언으로 옮겼음.

주요 인물

기타무라(北村) 소좌 (중학교 배속장교)   45
        시즈코(靜子) (아내)   40
        요시코(よし子) (딸)   16

마쓰다 정남(松田 正男) (중학교 교사)   27
        홍석(興錫)(부)   56
        예문(禮文)(모)   50
        월자(月子)(소사)   19
        화자(花子)(소사)   17

오오키 류스케(大木 隆介)(중학교 교사)   36
        후미코(ふみ子)(아내)   28

요시무라 영자(吉村 英子) (半島의 딸)   20
        운태(雲泰) (영자의 부)   55
        복순(福順) (영자의 모)   50

후쿠시마(副島) 대좌(연대장)
가라자와(唐澤) 중위(군의관)
사카이(堺) 소위(주번장교)
우시지마(牛塚) 조장(曹長)
구마자와(雄澤) 오장(伍長)(반장)
다지마(田島) 오장(伍長)(위생병)

이가라시(五十風) 상등병
다케다(竹田) 일등병
기노시타(木下) 일등병
혼다(本田) 이등병
노야마(野山) 이등병
기도(木戶) 이등병
가네무라(金村) 이등병
나베다(鍋田) 이등병

다카야마 고타로(高山鄕太郞) 중학교장   60
우메자와 테츠조(梅澤 鐵三) 동 교감   50
도쿠야마 쇼오지(德山 松治) 동 교사   52
고바야시 테루히데(小林 照秀) 동 교사   33
미즈키(水木) 준위(准尉) (동 촉탁)   45

1. 조선의 어느 중학교 교정

학교 건물 모습은 일본과 비슷하지만, 교정에 들어서면 조선식 풍경이 펼쳐진다.

5학년 반 합동으로 백 수십 명의 학생들이 바짝 긴장한 채로 군사훈련을 받는 중이다.

지휘는 배속장교인 기타무라(北村) 소좌, 옛 무사의 풍격을 연상시키는 강직한 풍모다.

학생들의 일사분란하고 선명한 중대 밀집(密集) 교련, 그 정연한 대열과 멋진 발걸음.

형형한 눈빛으로 학생들을 쏘아보던 기타무라 소좌, 갑자기 뭔가를 날카롭게 주시한다.

행진 중인 학생 중의 야나기 길남, 그는 오른쪽 다리는 높이 올려 땅을 힘껏 디디나, 왼쪽 다리는 높이 올리지 않을 뿐만 아니라, 힘없이 내려딛기 때문에 이상한 느낌이 든다.

야나기의 얼굴은 진지함 그 자체지만, 왼쪽 다리는 괴로운 듯, 억지걸음이다.

기타무라 소좌의 날카로운 시선, 야나기의 걸음걸이에 쏟아진다.

복촌 소좌, 야단은 치지 않고 전 대열을 향해 "보조를 높이!" 외친다.

학생들의 행진 보조가 한층 더 높아진다.

야나기의 보조도, 그 꾸밈새도 더 한층 노골적으로 드러난다.

2. 교실 안 (4학년 1반)

도쿠야마 선생, 수려한 군자 풍모로 낭랑하게 낭송한다. 국어 시간이다.

"구름 한 점 없는 하늘 우러러 님의 8천대(八千代) 빌어 볼까나……. 정말 아름다운 일본 정신이구만. ……이 노래 부른 사람 누굴까?"

학생 서너 명 손을 든다.

도쿠야마 하루노(春野).

지목한다.

하루노 애국(愛國) 백인일수(白人一首)[1] 중의 하나로, 후지와라 테이카(藤原
定家)가 읊은 노래입니다.

도쿠야마 잘 했다. 잘 알고 있구나.

하루노 애국 백인일수를 굉장히 좋아합니다.

도쿠야마 다른 것도 알고 있는가.

하루노 알고 있습니다. 백인일수 중에서, 가장 젊은 나이에 전사한 츠다(津田)
아이노스케(愛之助)의 열 여덟 살 때 노래인데요. 선생님, 큰 소리로 외
워도 됩니까?

도쿠야마 좋다.

하루노 님 위해 방패되어 이 몸 던지리, 이리 생각하니 가벼운 내 목숨이여.

늠름하게 낭송한다.

박수치는 학생들.
하루노 부끄러워 머리를 긁는다.

3. 교실 「4학년 2반」
마쓰다(松田) 선생, 젊고 정열적인 풍모. 대수(代數) 시간.
마쓰다, 아키야마(秋山)를 지목하며

마쓰다 다음 식(式)은 어떻게 되지?

아키야마 모르겠습니다.

마쓰다 조사해 왔는가.

아키야마 못했습니다.

마쓰다 이 게으름뱅이. 낙제점이다!

---

1) 백인일수(百人一首) : 나라(奈良)시대부터 가마쿠라(鎌倉)시대에 이르기까지의 유명시인 백
명의 노래를 한 수씩 골라 총 백 편으로 꾸며 편찬한 것. 그 최초의 것은 후지와라 테이카(藤原
定家)가 편찬한 것으로 알려져 있는 오구라(小倉)백인일수(白人一首)라 함. 중세 시대 이후로 유
사 시집들이 다수 편찬되었다 함. 「애국 백인일수」 라는 제목의 가집이 여러 권 있었는지 여부
는 분명하지 않으나, 1942년 "대동아전쟁 일주년 기념"으로 "성전 하의 국민정신을 앙양"하는
목적으로 일본문학보국회에서 안을 내어 만든 「애국백인일수」 는 잘 알려져 있다.

아키야마 선생님, 어젯밤 배가 아파서 찾아보지 못했습니다.

마쓰다 변명은 듣고 싶지 않다. 하나이(花井), 대답해 봐.

하나이 네, 잊어 먹었습니다.

마쓰다 너는 뭐든지 잊어 먹었습니다냐? 이래서 어떻게 하나? 누구 아는 사람?

　　　하고 둘러본다. 겨우 3명 정도가 손을 든다.

마쓰다 겨우 이뿐이냐? 너희는 선생님을 모욕하고 있는 거냐. 숙제를 왜 안
　　　해오는 거냐? 선생님은 이렇게 열심히 가르치고 있는데, 이게 열심히
　　　하는 거냐? 게으른 놈들, 수업을 적당하게 하려면 학교 오지 마라. 그런
　　　나태한 학생들은 가르치고 싶지 않다!

　　　# 4. 校庭
　　　기타무라 소좌, 엄숙한 표정으로 지켜보고 있다.
　　　분열 행진 중인 학생들
　　　야나기의 걸음걸이는 여전히 이상하다.

기타무라소좌 중대, 제자리에 섯!

학생중대장나카야마(中山)복수(福壽) 중대, 제자리에 섯!

　　　학생들 정지한다.

기타무라소좌 야나기, 5보 앞으로.

기타무라소좌 목표, 전방 포플라 나무, 앞으로 갓.

　　　야나기, 씩씩하게 행진하나, 걸음이 절름거리는 것을 숨길 수 없다.
　　　보고 있는 학생들도 웅성거린다.
　　　열심히 보조 높여 걸어가는 야나기, 얼굴에 인내의 땀이 번지고 있다.

기타무라소좌 제 자리에 섯.

　　　야나기, 정지한다.

기타무라소좌 좋다, 원위치.

　　　야나기, 뛰어서 돌아온다.

기타무라 소좌, 학생 일동을 향해

기타무라소좌 오늘 교련에서는 야나기가 제일 훌륭했다.

학생들, 의외의 표정.

기타무라소좌 야나기 군, 왼쪽 구두를 벗어라.

야나기, 왼쪽 구두를 벗는다. 굉장히 낡은 구두다.
야나기의 옆으로 다가서는 기타무라 소좌.
야나기의 왼쪽 발은 피로 젖어 있다.
기타무라 소좌는 발의 피를 보고, 구두를 들어 속을 살핀다. 소좌의 손에도 피가 묻는다.

기타무라소좌 왜 가만히 있었나.
야나기 넷. 마쓰다 선생님께, 어떤 곤경에 처하더라도, 쓰러질 때까지 끝까지 가는 것이 일본정신이라고 배웠습니다.
기타무라소좌 좋다. 그 정신이다. 쉬어도 좋다. 직원실에 가서 치료를 받도록.
야나기 넷.

5. 직원실
오오키 선생과 우메자와(梅澤) 교감, 수업이 없어 한담 중이다. 그 외에 선생 두셋이 뭔가 조사작업을 하고 있다.
오오키 선생, 담배 한 대를 다 피우고는 다시 두 대째에 불을 붙인다.

교 감 담배 바쁘네.
오오키 한가하니 피워야지예.
교 감 하루 몇 갑이나 피워.
오오키 다섯 갑, 아님 여섯 갑임더.
교 감 경비 꽤 들겠네.
오오키 음, 전매국(前賣局)에 좋은 일 좀 하고 있심더.

이 자리에 야나기가 피투성이 발을 질질 끌며 들어온다.

야나기 선생님, 약하고 붕대 좀 주십시오.
교 감 웬일이냐?

야나기 구두 못이 삐져나왔습니다.

교 감 교련 중인가.

야나기 그렇습니다.

오오키 애 썼다. 이리 피가 나올 정도로 애를 쓰다니, 멋진 사내데이.

라며 붕대와 약을 가지러 가서,

오오키 이리 온나.

라고 부르고는 의료함을 연다.
야나기, 오오키 곁으로 간다.

오오키 (소독액으로 피를 훔쳐내면서) 구두, 고쳐야재.

야나기 괜찮습니다.

오오키 집에 갈 때 힘이 억수로 고생할 기구마.

야나기 괜찮습니다.

오오키 근처 구두방에 가서 집에 갈 때까지 고쳐달라꼬 캐라.

야나기 괜찮습니다.

오오키 절뚝발이로 집에 갈 기가?

야나기 …….

오오키 선생님 말, 안 들을 기가?

야나기 돈이 없습니다!

오오키 내가 낸데이.

야나기 괜찮습니다.

오오키, (가볍게 야나기의 머리를 쓰다듬으며) 사내는 마음을 대범하게 먹어야
          칸데이.

붕대를 감아준다.

6. 쉬는 시간 종이 울리고 있다

7. 학교 농장
각 학년별 밭 및 토끼 사육장(한 반에 토끼 14마리씩)

8. 직원실

식사시간. 교감 이하 선생들이 도시락을 먹고 있다. 차(茶)주전자가 차례차례 건네진다.
오오키, 갈비를 들고 뜯고 있다.
그 주위에 마쓰다도 갈비를 먹고 있다.

오오키 　(마쓰다에게) 우리 마누라 갈비 영 맛없네. 자네 갈비는 어때?
마쓰다 　본고장 맛이니까요. 좀 드세요.

라고 권한다.

오오키 　그럼 실례한데이.

하고 하나 집어먹는다.

오오키 　음, 역시 좋네. 억수로 맛있데이.
도쿠야마 　오오키 상, 참 곤란하네.
오오키 　뭔데예?
도쿠야마 　교육상 문제인데 말이지……
오오키 　호오?
도쿠야마 　교육회의에 넘길 문제라고 생각하는데……
오오키 　뜸들이지 말고 빨리 말씀해 주이소.
도쿠야마 　그거, 그거. 바로 그거에요. 그 사츠마 사투리가 안 돼. 요새 애들 사이에 사츠마 사투리 흉내가 유행하고 있는데, 그거 곤란해.
가네이(金井) 　악영향을 엄청나게 미치고 있구나 하하하.
고바야시 　표준국어를 철저하게 사용하는 금일, 오오키 군의 사츠마 사투리는 자숙해 주는게 어떤가.
도쿠야마 　자숙 갖고는 미적지근합니다.
고바야시 　뭔가 좋은 벌칙이 없을까요.
가네이 　그거라야 됩니다.

일동 웃으며 "찬성이요, 찬성이요." 운운한다.

오오키 　이기야 습관이라 평생 못 고친다 아입니꺼.(라 불평한다)
고바야시 　교직에 있는 한은 '내 맘대로'는 용납 못하네. 금후 사츠마 사투리를 썼을 때는, 오오키 군은 교내에서 금연하기로 하지.

226

일 동   찬성이요, 찬성이요.

오오키   세상에, 이런 엉터리가 어디 있심꺼? 교감 선생님예, 우짜 생각하십니꺼?

교 감   그렇지. 금연 벌칙이야 위생적이니 좋지, 경제적이니 좋지. 그리고 표준어 철저화를 위해서도 좋지. 그러므로 이 벌칙에는 대찬성이네.

오오키   우얄꼬. 어쩔 수 없네예. 하믄 여러분 말씀 따라 금후 교내에서는 사츠마 말은 안 쓰기로 하겠심더.

고바야시   벌칙을 받아들이는 거죠.

오오키   알겠습니닷.

　　이 말이 떨어지자, 선생들 화기애애하게 웃는다.

　　# 9. 교장실
　　다카야마 교장, 표표하면서도 선미(禪味)가 있는 풍모. 혼자 써 온 낡고 울퉁불퉁한 알미늄 도시락을 먹고 있다. 반찬은 단무지. 단무지 씹는 소리가 바삭바삭 실내에 울리고 있다. 액자에는 "충(忠)"자 한 자. 그 외에는 장식 하나도 없다.

　　# 10. 거리의 중고 도구점(道具店) 밖
　　가게 앞, 수선 구두와 조선 신발들 속에 군화가 섞여 있다.
　　기타무라 소좌, 그 군화를 사려하고 있다. 반도인 주인이 나온다.

기타무라   이걸 사겠네.

주 인   7원, 어떠세요?

기타무라   음, 싸군.

주 인   정말 싸지요.

　　이렇게 하고 종이에 싼다.
　　그 가게 앞을 행진해 가는 일개 중대.
　　지휘는 사쿠라이(櫻井) 중위. "보조 높여 행진!"
　　중대, 보조를 높여 행진.

사쿠라이중위   우(右)로 봣!

　　'우(右)로 봐' 자세를 취하고 행진해 가는 중대.
　　기타무라 소좌, 군화 꾸러미를 한 손에 들고 거수경례의 예를 취한다.

원기 왕성한 중대 행진.

11. 교내운동장 유도장
학생들, 유도를 하고 있다.
야나기와 금강이 맹렬 연습 중이다.
학생들 속에는 검은 띠의 오오키 선생과 같은 검은 띠의 마쓰다 선생이
한 조(組)가 되어 섞여 있다.
명찰에는 4단 오오키 류스케(大木隆介), 3단 마쓰다 정남(松田正男)이라
되어 있다.
오오키와 마쓰다의 열전.

12. 조선가옥 거리
기타무라 소좌가 걸어간다.

13. 조선 가옥 요시무라(吉村)의 집
기타무라 소좌, 아는 집인 듯 들어간다.
집 입구에는 출정 가족이라는 표찰이 붙어 있다.

14. 같은 집 내부
조선옷을 입은 부 운태(雲泰), 모 복순(福順), 딸 영자(英子)가 기쁜 듯
이 기타무라를 맞는다.

기타무라소좌 아드님으로부터 소식 없었는가요.
영　자 요즘은 전혀 없어요.
기타무라 나한테는 왔는데…….
운　태 아들은 소좌를 아버지라고 생각하고 있어요. 허허허.
복　순 나까지도 잊어먹었다니까요.
영　자 그래요. 몽땅 잊어먹고 전투를 하고 있어요.
기타무라 훌륭한 일본군이니까요.

하고는 주머니에서 엽서를 꺼내서 읽게 한다.
영자, 읽는다.

요시무라 일등병은 건강합니다. 전지(戰地)에 온 지 2년 됐어요. 오늘은 대포
소리가 안 들리는 날입니다. 기관총을 안 쏘는 날은 기분이 나빠요. 이
제 막 출동입니다. 힘차게 출동하겠습니다.

복　순　그것뿐이냐.

영　자　네.

운　태　시원시원한 놈이구나. 하하하.

　　　복순, 차를 타면서 영자에게 "김치 내 와라."
　　　복순　차를 내놓으면서 "과자가 없어서……."

기타무라　아니요. 괜찮습니다.

　　　하고는 차를 마신다.
　　　영자 사발에 김치를 담아 온다.

복　순　(정성스럽게) 이 김치, 모두 맛있다고 해요. 제일 맛있는 김치에요. 과
　　　자 대신 드셔보세요.

기타무라　감사합니다.

　　　하고 김치를 먹는다. 태연히 먹기는 하나, 흐르는 땀을 연신 훔친다.

　　　# 15. 조선 가옥 거리, 저녁 무렵
　　　고추 배급소가 있는 가게

　　　# 16. 기타무라 소좌의 집, 현관
　　　박차(拍車)가 붙어 있는 소좌의 장화.

　　　# 17. 같은 집, 차실(茶室)
　　　소좌, 일본옷 차림으로 느긋하게 쉬고 있다.
　　　딸 요시코(여학교 3년생), 부인 시즈코(静子)와 함께 식사 준비를 하고
　　　있다.

요시코　(종이꾸러미를 들고) 아빠, 이거 선물이야?

소　좌　음, 받은 거다.

요시코　(꾸러미를 끄르면서) 배추 절임이네.

소　좌　맛있는 배추 절임이니 들어보란다. 먹어 봐라.

요시코　야아, 먹자. 분홍빛이야. 색깔이 이뻐.

　　　젓가락을 들어 먹고, 괴로운 얼굴로 "악, 매워. 매워 죽겠어. 아빠!"

눈물이 그렁그렁한 채 부엌으로 달려간다.

시즈코부인　호호호, 먹기엔 너무 맵죠. 김치죠?
요시코　엄마, 입에서 불이 날 것 같아요.
소　좌　요시코, 아빠는 한 사발 먹었어.
시즈코　아빠 매운 것 제일 싫어하면서도. 어떻게 되신 거에요.
소　좌　경우에 따라서는.
요시코　야아 놀랐다. 지독한 아빠!
소　좌　어이.

　　　　하고 시즈코를 부른다.

시즈코　네?
소　좌　손님 오실 거야.
시즈코　에, 갑작스럽게……. 누구세요?
소　좌　곧 와.
시즈코　아아, 그, 오늘밤 손님은 그 분이시죠?
소　좌　소고기 있어?
시즈코　네에, 스키야키 준비하고 있어요.

　　　　현관에서 마쓰다 선생의 소리. "안녕하세요."
　　　　손님 맞으러 나가는 요시코. 맨 먼저 오오키 선생이 나타나고 마쓰다
　　　　선생이 뒤이어 나타난다.

소　좌　어어, 오오키 군도 같이야?
오오키　오오키 군도 같이, 라꼬예? 훼방꾼 취급하십니꺼?
소　좌　훼방꾼이지만, 에에, 됐네.
오오키　나한테 형편없이 졌으니까, 아직 초짜인 마쓰다 군을 불러서 분풀이를
　　　　할 셈이데이.

　　　　라면서 바둑판을 가지러 가서, 바둑판을 안고 와서는 "마쓰다 군만 부
　　　　르고, 난 안 부르는 것이 암만해도 수상쩍어 쫓아왔다 아입니꺼." 라며
　　　　바둑판을 소좌 앞에 내려놓는다.

소　좌　아직 식전(食前)일세.

오오키　음.

소　좌　식사 끝나고 두세.

시즈코　스키야키 준비를 해갖고 나타난다.

오오키　야, 오는 날이 장날이데이.

하고 담배를 빼들자,

마쓰다　담배는 안 되요.

오오키　괜찮데이. 교내가 아니니까.

마쓰다　그게 안 된다는 말씀이에요.

오오키　한 번만 좀 봐 달래이.

마쓰다　할 수 없죠. 봐 드리는 수밖에.

오오키　기타무라 상, 사츠마 말 이젠 안 쓰기로 했심더.

소　좌　그러는 게 좋지.

오오키　불쌍하지도 않습니꺼?

소　좌　마쓰다 군, 자네 장가 안 들라나?

갑자기 묻는다.
마쓰다, 의아한 표정

오오키　가, 가, 장가 가래이.

마쓰다　그렇게 간단히 말씀하시면 곤란합니다.

오오키　복잡하게 생각하지 말래이. 언제까지 총각으로 있을기고? 국책(國策)에
　　　　도 반(反)하는 기고-.

소　좌　좋은 사람이 있네.

오오키　기타무라 상이 말씀하시는 처녀라면, 얼굴은 보증수표고, 마음씨도 고울
　　　　기고……

소　좌　얼굴도 이쁘네.

오오키　내 마누라보다 이쁠까.

소　좌　훨씬 이쁘네.

오오키　호오, 억수로 이쁜 가스내인가 보데이.

소 좌 어떤가, 생각해 보겠나.

마쓰다 에에, 생각해 보겠습니다.

소 좌 용건이 하나 더 있네.

종이 꾸러미를 들고는, 그 속에서 군화를 꺼낸다.

오오키 결혼 이야기에서 신발 이야기입니꺼.

소 좌 이걸 자네가 담임하고 있는 야나기 군한테 갖다 주지 않겠나.

오오키 고 놈, 좋은 학생이데이. 이기 상품인가 보네.

마쓰다 소좌님께서 직접 주십시오. 야나기 군도 그 쪽을 훨씬 좋아할 겁니다.

소 좌 안 되네.

마쓰다 하지만, 소좌님 쪽이…….

오오키 담임인 자네가 하는 쪽이 낫데이. 자네 반 학생의 마음을 단단히 움켜 잡는 게 안 좋나. 그게 낫데이.

마쓰다 알겠습니다. 제가 주겠습니다.

시즈코 자, 다 됐습니다. 드시도록 하세요.

소 좌 드세.

오오키 잘 먹어볼까.

시즈코 어서 드세요.

오오키 마쓰다 군, 사양말고 먹재이.

하며 식탁에 앉는다. "햐아, 군침 도네." 라며 김치를 태연하게 먹는다. 맵지도 않은 듯. "자네, 안 먹나." 라며 마쓰다에게도 권한다.

마쓰다 전 매운 것은 질색입니다.

시즈코 미소짓고 있다.
세 명, 소고기를 집어 먹는다.

F.I   F.O

18. 순 조선식 집
우물가에서 소사(召使)인 화자(花子)와 월자(月子)(한복을 입은 두 명)가 조선 민요를 부르며 세탁을 하고 있다.

19. 정남(正男)의 방
마쓰다, 한복을 입고 독서하고 있다.
소사들의 노래가 들려온다. 그 노래소리를 듣고는 미소지으며 일어난다.

20. 우물가
노래하고 있는 소사들.
마쓰다 다가와서 "화자야, 월자야."
소사들, 마쓰다를 본다.

마쓰다 둘 다 일전(一錢)씩 국방헌금이다.
화 자 왜요?
마쓰다 조선말을 썼으니까.
화 자 저 안 썼어요.
마쓰다 지금 노래불렀잖아.
화 자 그건 노래예요. 노래만은 봐주세요.
마쓰다 하하하…….
화 자 노래를 안 부르면 세탁을 못 해요.
마쓰다 그럼, 내가 그 노래를 국어로 바꿔 주지. 불러봐.
화 자 부끄러워요.
마쓰다 선생님한테 뭐가 부끄러워. 자, 불러 봐.
화 자 그럼 월자도 같이요.
마쓰다 하나아, 둘, 셋.

두 사람 소리 높여 노래한다.

마쓰다 거기까지……. (라 하고 국어로 고쳐서 가르친다)

소사 두 명, 국어로 노래를 부른다.

21. 같은, 부모의 방
정남(正男)이의 부친 홍석(興錫)과 모친 예문(禮文)이 소사들의 노래를 듣고 있다.

예 문 정남(正男)이가 참 열심히 하네……. 우리한테 국어를 쓰게 하더니, 이번엔 소사들 참이네요.
흥 석 음, 벌금을 내니까. 나도 엄청나게 헌금했다네. 하하하.

예 문 그래도, 화가 날 때나 야단칠 때는 아직도 조선말이 나와요.

화기애애 웃는 노부부.

22. 우물가
세탁하면서 노래하는 소사들

23. 학생 야나기(柳)의 집, 울타리 안
다리에 붕대를 감고 있는 야나기, 군화를 열심히 닦고 있다.
낚시 친구인 곤고와 고야마가 부르러 온다.

곤 고 빨리 가자.
야나기 금방 갈께.
곤 고 신발 샀어?
야나기 아니, 명예로운 신발이야.
곤 고 (군화를 들고) 뭐야, 이거.

장난 반으로 군화를 내던진다.
야나기, 갑자기 곤고를 때리려 든다.
곤고, 깜짝 놀라 내빼려고 한다.
정오의 사이렌이 울린다.
야나기, 곤고, 고야마 세 명, 묵도(默禱)를 드린다.

24. 거리
군인 묵도하고 있다. 그 옆 운전수도 묵도하고 있다.
허리에 애기를 업은 조선 부인도 묵도.

25. 오오키 선생의 집, 차실 및 부엌
오오키, 식사 중이던 손을 멈추고 묵도.
부엌, 부인 후미코, 딸을 업은 채로 서서 묵도를 계속하고 있다.
사이렌 멈춤.

오오키 (식사를 계속하는데) 보레이, 이 정어리 맛이 와 이랗노.
후미코 사치는 적이에요. 지금 영령께 막 묵도를 드린 참이 아니에요. 전선(戰線)을 생각하고 잠자코 드세요.
오오키 맛있네⋯⋯. 맛있네⋯⋯.

후미코 아빠, 오늘 저녁은 잘 드시네요.

오오키 영양 부족 안 걸리게 해도레이.

후미코 부탁 안 하서도 영양불량 안 걸리게 해드려요.

오오키 (아내가 아이 업은 모습을 보고) 어깨 괜찮나?

후미코 괜찮아요. 싱싱해요.

오오키 당신은 괜찮을지 몰라도, 아아가 답답할 기래이…… 아아를 업을 때는 여기 여자들 하듯이, 허리에 붙들어 매는 게 좋데이.

후미코 왜요?

오오키 당신도, 아아도, 가슴이 안 눌리니까, 건강에 안 좋겠나.

후미코 그래요?

오오키 하모. 허리에 매 보레이.

후미코 이상해요.

오오키 한 번 해 보레이.

후미코 이상해.

라면서, 조선식으로 애기를 허리에 둘쳐 매 본다.

오오키 그 쪽이 위생적이데이.

후미코 (걸어보고 나서) 걷기가 힘들어요…… 게다가 애가 다리를 벌려야 하니까, 게(蟹)다리가 되잖아요…… 늙으면 이렇게 게다리로 걷는 거에요.

하며 팔자로 어정어정 거는 모습을 보여준다.

오오키 그 쪽이 대범해 보이고 좋구만…… 가랑이 벌리고 걸으면 자연스럽고 가슴을 펴니까 좋데이. 가슴을 펴고 걷는 시대 아이가.

후미코 그래도 애는 계집애인 걸요. 잘 연구해보고 해 볼께요.

오오키 음, 뭐든지 경솔해서는 안 된데이.

마쓰다의목소리 안녕하세요.

오오키 마쓰다 군 아이가. 어서 올라 오레이.

마쓰다, 퉁소를 종이봉지에 들고 나타남. 한 손에 선물 꾸러미를 들고 있다.

마쓰다 사모님, 오오키 상 좋아하시는 갈비에요.

후미코 매일 받기만 해서……

오오키 뭐라꼬? 그 정도는 당연하데이. 유도 선생도 해주지, 일요일에는 퉁소 선생도 해 주지, 갈비 정도믄 싼 편 아이가?

후미코 참 뻔뻔도 하셔라.

오오키 (퉁소를 꺼내서) 에, 오늘은 치도리(千鳥) 곡으로[2] 할까.

라고는 여율(呂律)을[3] 분다.

마쓰다 이번에 교사 퉁소동호회를 만들까요……. 퉁소를 불면 여러 말 필요 없이, 일본 정신의 정수를 느낄 수 있으니까요.

오오키 음, 그걸 망국의 애조(哀調)라 카는 놈은 일본 예술을 모르는 놈이데이. 이 적료야말로 고고한 정신 아이가.

라며 부는데…… 최고의 고수(高手)다.
전혀 다른, 멋진 오오키의 모습.

26. 호반
수면에 떠 있는 세 개의 낚시찌.
가운데 하나가 물 속으로 쏙쏙 들어간다.
낚시질을 하고 있는 것은, 야나기를 가운데로 해서 곤고와 고야마.
야나기의 낚시에 고기가 걸렸으나, 당사자는 다른 곳을 쭉 보고 있다.
눈에 눈물이 그렁그렁하다.

곤 고 걸렸어!

야나기, 들어올릴 생각도 없다.

곤 고 뭘 그렇게 멍청하게 있어?

야나기 멍청히 있는 게 아니야.

곤 고 거짓말 마.

야나기 정말이야. 난 지금 군대 가서 적의 토치카를 점령하고, 만세 부르는 걸 상상하고 있었어.

곤 고 넌 어떻게 맨날 똑같은 공상만 하냐?

---

2) 치도리곡 : 퉁소곡의 일종.
3) 여율(呂律) : "레-파-솔-라-도-레"로 구성된 퉁소의 선법(旋法)의 하나.

야나기　네 건 수시로 바뀌냐?

곤　고　응, 점점 발전하는 중이야. 요즘엔 적의 탱크를 뺏아서, 그걸로 적진에
　　　 돌입하는 장면이야.

야나기　그것도 멋지구나……. 고야마, 너는 어떤 장면이냐?

고야마　좀 말하기 힘들어.

야나기　숨기지 마. 같이 전우가 되잖아.

곤　고　이제 2년째야.

고야마　내 건, 미안하지만, 수훈 갑(甲) 표창을 부대장님한테 받고 감격하는
　　　 거야.

야나기　꽤 크네. 어떤 공을 세울 작정이냐?

고야마　그건 비밀.

　　　세 사람의 낚시찌가 쏙쏙 물 속으로 들어가지만, 세 명 모두 관심이 없
　　　다.

야나기　감출 거야?

곤　고　전우 사이에 이렇게 할 거야?

고야마　절대 비밀.

곤　고　니 뼈다구 안 주워 줄 거야.

고야마　괜찮아. 구단(九段)에4) 모셔질 테니까.

야나기　빨리, 병영생활 연습 안 하나.

곤　고　다음 달이지.

　　　고야마, <바다로 가면>을5) 휘파람으로 분다.
　　　야나기, 곤고, 같이 콧노래로 따라 한다.

27. 오오키의 집
오오키와 마쓰다, 퉁소 합주를 하고 있다.
F.I　F.O

28. 교정
교사 가까운 곳.

---

4) 구단(九段) : 야스쿠니 신사(靖國神社)를 의미함. 구단은 이 신사가 있는 도쿄의 지명. 정식
명칭은 구단시타(九段下).
5) 바다로 가면 : 원문은 <海ゆかば>『만엽집(萬葉集)』에 나오는 노래의 제목.

허둥대며 달려가는 곤고, 고야마, 니시(西), 아사모토 등의 동급생.
교사 옆에서 나카야마와 야나기가 필사적인 싸움을 계속하고 있다.
나카야마도 야나기도 얼굴이 긁혀 있다.
곤고, 고야마 등이 힘껏 둘을 떼어놓으나, 야나기는 말리는 친구들을 밀쳐버리고 나카야마에게 달려든다.
친구들은 필사적으로 말린다.
야나기의 눈에서는 분한 눈물이 번진다.
그것을 노려보는 나카야마의 눈에도 분한 눈물.

야나기 절교다. 창피한 줄도 모르는 놈.
곤 고 (야나기를 누르며) 웬일이야.
야나기 시끄러워.

호통을 친다.

29. 교실
마쓰다 선생 앞에 야나기와 나카야마가 서 있다. 그 밖에는 아무도 없다.

마쓰다 친구끼리 도대체 어떻게 된 일이냐.

두 사람 묵묵.

마쓰다 선생님이 친구를 배신하지 말라고 그렇게 말했는데도 못 알아듣겠나.

둘 묵묵.

마쓰다 무슨 일이냐. 말 안 하나.

둘 묵묵.

마쓰다 나는, 적어도 두 사람을 믿고 있다. 너희가 친구를 배신하는 비열한(卑劣漢)이 아니라고 생각하고 있다.

눈이 젖는다.

마쓰다 나는 이젠 교육 같은 건 자신이 없다.

238

눈물겹다.

야나기　나카야마, 말해 봐라.

나카야마, 끄덕인다.

야나기　선생님, 나카야마가 군인 같은 건 되고 싶지 않다고 했습니다.
마쓰다　그랬나.
나카야마　네.

마쓰다, 달려들어 매를 치려고 했으나, 일단 참고 지긋이 노려본다…….

마쓰다　자넨, 일본인이 아닌가.

나카야마, 울먹인다.

야나기　이런 놈이 있으니까.

라며 달려들려고 한다.

마쓰다　그만 둬. (라 말리고)
마쓰다　나카야마! 일본 청년의 긍지를 갖고 싶지 않나?
나카야마　(눈물을 흘리며) 일본인이요, 군인이 되고 싶습니다.
야나기　거짓말입니다. (라며 달려든다.)
마쓰다　야나기, 너는 입 다물어. 나카야마, 선생님한테 거짓말을 하나? 얼굴
　　　　들어.

나카야마, 눈물이 가득한 진지한 얼굴로 마쓰다를 본다.

나카야마　선생님, 저는 육군사관학교 시험을 치고 싶습니다. 아버님께 여쭸는
　　　　데 허락해주시지 않습니다. 안타깝습니다. 야나기가 자기 혼자 간부후
　　　　보생이 된다고 뽐내서, 그만 부아가 치밀어서 그렇게 반대로 말해버렸
　　　　습니다.
마쓰다　정말인가?
나카야마　정말입니다. 육군사관학교 시험문제라면, 소화 10년 이후 문제는 뭐

든지 물어보세요. 그럴 심으로 공부해 왔습니다.

이렇게 말하면서 운다.
야나기도 눈물을 떨군다.

마쓰다 좋다, 알았다.

30.

31. 방과 후의 교실(2층)
2층 유리창을 닦고 있는 야나기, 고야마, 곤고, 아사모토, 니시(西) 등의 청소 당번.
야나기가 갑자기 큰 소리로 구령을 시작한다. "중대 섯!"

곤 고 중대 섯!
고야마 중대 섯!
아사모토 중대 섯!

차례로 목청껏 외친다.

32. 직원실 (방과 후)
마쓰다 선생과 나카야마 두 사람. 멀리서 학생들의 구령 소리가 들려온다.
나카야마는 유창하게 영문을 암송하고 있다.

마쓰다 좋아, 다음은 소화 12년의 영문 일역(日譯) 문제다.

나카야마는 술술 외운다.
마쓰다는 사관학교 입시문제집을 보면서 듣고 있다.

마쓰다 좋다. (나카야마의 어깨를 두드린다) 철저히 하도록. 너희야말로 대동아의 전사다. 유색인종을 노예화하려는, 거들먹거리는 미영(美英)을 철저하게 분쇄하는 것이다. 그 명예를 어깨에 걸고 있는 것이다. 선생님은 너희 나이로 돌아가고 싶은 심정이 사무친다. 우리를 대신해서 진심으로 분투해 주길 바란다.

이 말의 사이사이마다, 야나기 등이 외치는 힘찬, 부대 진격 등의 구령이 들려온다.

33. 교실 2층
교실 닦는 무리

고야마   우로 봤!
아사모토   우로 봤!
야나기   구령 그만. 배고파.
곤   고   배가 꼬르륵 거려.
야나기   (구령 투로) 고야마!
고야마   응.
야나기   본 지점으로부터 남방 약 500미터, 천안(天安)상회로 즉각 이동하여 찐빵 50전 어치 사 갖고 올 것.
고야마   넷. 즉시 출동하겠습니다. 돈 주십시오.
야나기   대신 낼 것.
고야마   없습니다.
야나기   정신 자세가 글렀다. 그 정도 돈은 언제나 준비해두라고 하지 않았나.
고야마   잊었습니다.
야나기   그럼, 곤고는 있는가.
곤   고   없습니다.
야나기   있는 사람 없어?
아사모토   장교가 부하를 위해 한 턱 내야 한다고 생각합니다.
야나기   일전도 없다.
곤   고   언제나 없지.
야나기   배고파.

여기 달려오는 나카야마.

나카야마   야나기, 어이 야나기!
야나기   뭐야?
나카야마   나, 사관학교 시험 볼 거야.
야나기   정말?
나카야마   선생님이 아버지를 설득해 주신단다.

야나기   잘 됐네…… 야 빵 사라.
나카야마   아, 얼마든지 사지.
야나기   그럼 빨리 사. 갖고 와.
나카야마   오늘은 없어. 내일 살게.
야나기   내일?

34. 학교에서 돌아오는 길
오오키, 마쓰다, 도쿠야마 세 선생이 잡담을 하면서 걷고 있다.

도쿠야마   오오키상, 하이쿠(俳句) 할 줄 아시는가?
오오키   형편없심더.
도쿠야마   하이쿠야말로 일본문학의 진수지. 공부해 둬야 해. 마쓰다상은 통소보다 먼저 하이쿠 맛을 깨달으시는 게 좋아. 그럼 먼저 실례…….

길을 벗어나 순 조선식 집으로 들어간다.

오오키   도쿠야마 선생의 하이쿠는 내지에서도 일류 이상이라카데.
마쓰다   그러신가 봐요.
오오키   우리 집에 좀 들렀다 가래이.
마쓰다   기타무라 소좌님 댁에 들렀다가 갈까 합니다만.
오오키   기타무라 상 댁에만 가지 말고 우리집에도 좀 오레이.
마쓰다   그래도 소좌님이 꼭 오라고 하셨어요.
오오키   이상하데이. 소좌는 마쓰다만 부르네. 수상하데이. 그럼 나도 가서 또 져 줄까.
마쓰다   자 가시죠.

35. 소좌의 집
오오키와 마쓰다가 있다.

소 좌   뭐야. 오오키 군도 같이야?
오오키   예에, 같이 왔심더.
소 좌   곤란하네-.
오오키   곤란하실 것까지는 없지 않심꺼.
소 좌   마아, 됐어.

오오키, 주섬주섬 바둑판을 가지러 간다.

소 좌 (마쓰다에게) 자네, 몇이지?
마쓰다 네?
소 좌 나이.
마쓰다 스물 여덟입니다.
소 좌 스물 여덟인가.

오오키, 바둑판을 소좌 앞에 놓는다.

소 좌 미치겠구만.
오오키 저도 좋심더. 진짜 전쟁이 아니니까.
소 좌 이기고 지는 게 문제가 아냐. 이걸 하고 있을 때가 아냐.

오오키, 벌써 흑돌을 둔다.
소좌, 뒤 이어 백돌을 둔다.

오오키 사모님은예?
소 좌 잠깐 어디 갔는데 곧 올 때가 됐네.
오오키 (마쓰다에게) 정말 미안한데, 목이 말라서 못 견디겠데이. 차 한 잔 부
탁한데이.
마쓰다 알겠습니다.

경쾌하게 일어나 부엌으로 들어간다.
소좌와 오오키, 마주하고 있다.
"저 왔어요." 하며, 부인 시즈코가 한복 차림의 미인, 영자(英子)와 함께
들어온다.
영자, 소좌에게 인사를 드리나, 소좌는 바둑판에 정신이 팔려 건성으로
대답을 한다.

시즈코 여보.
소 좌 응.
시즈코 아이 참.
소 좌 응.

바둑에 전력 중.

36. 부엌
마쓰다, 풍로불을 후후 불면서 찻종을 올려놓고 끓기를 기다리고 있다.

37. 차실

영 자 (소좌에게) 영자인데요. 무슨 일이세요.
소 좌 응.
시즈코 아빠……. 그만 해요.
소 좌 됐어.
시즈코 어쩔 수 없다니까.

부엌에서 마쓰다가 찻주전자를 들고 나타난다.

시즈코 어머, 마쓰다 상!
마쓰다 폐를 끼치고 있는 중입니다.
시즈코 잘 오셨어요. 아빠두 참. 아무 말씀도 안 하셨어요?
마쓰다 네?
시즈코 아니에요. 차는 제가 타겠어요. 죄송합니다. 마쓰다 상. (영자를 가리키며) 이 분은 그이와 각별하신 분의 따님, 요시다 영자 상.
마쓰다 아, 그러십니까?
시즈코 (영자에게) 댁하고 같은 중학교에 근무하고 있는 마쓰다 선생님.
영 자 처음 뵙겠습니다.
마쓰다 잘 부탁드립니다.

두 사람 모두 편안하게

마쓰다 어디 사십니까.
영 자 □□정(町)이요6)
마쓰다 아아, 그 언덕 위쪽 동네시군요.
영 자 네.
마쓰다 거기 조금 어수선하죠.

---

6) □□은 원문 그대로임. 이하 같음.

영　자　네, 별로 큰 집이 없어요.

마쓰다　거기 돼지 치는 집이 많죠.

영　자　네, 저의 집에서도 14마리 정도 치고 있어요.

마쓰다　시끄럽겠군요.

영　자　네, 시끄러워요.

시즈코, 차를 탄다.

시즈코　아빠, 차 드세요.

소　좌　응. (하며 찻잔을 든다.)

시즈코　영자상이 오셨어요.

소　좌　(영자를 보고) 와 있었어……. 마쓰다 군, 이 처녀야.

마쓰다　네?

소　좌　자네 장가 안 가겠느냐고 말한 그 처녀야.

영　자　어쩜, 너무 하세요.

허둥거린다.

오오키　어? 맞선인가 보데이.

소　좌　응.

오오키　기습전법이네.

소　좌　마아, 둘이서 잘 사귀어 보게.

오오키　이 무신 난폭한 중매고.

마쓰다　(난처해서) 너무 하십니다…….

영자, 난처해서 어쩔 줄 모른다.

시즈코　여러분 천천히 식사라도 하세요.

오오키　그리 하겠심더. 수를 놓치는 일이 없도록 천천히. 기타무라 상.

소　좌　음.

오오키　좀 뭐하지만, 제 마누라보다 나은 여잡니더.

소　좌　비교할 수 없을 정도지. (라며 따-악)

오오키　비교할 수 없을 정도는 아니잖습니꺼. (라며 따-악)

마쓰다　심하시네.

영　자　정말…….

소　좌　(갑자기) 영자, 몇 살이지?

영　자　스물이요.

소　좌　스물……. 마쓰다 군은?

마쓰다　아까 말씀드렸어요.

소　좌　한 번 더 얘기해 주게.

마쓰다　(골이 난 듯이) 스물 여덟이요.

소　좌　음, 스물에 스물여덟. (큰 소리로) 어울리지 않는가.

마쓰다　심하시네요.

소　좌　나는 좋다고 생각하네.

　　# 38.

　　# 39. 인상적인 길 (A)
　　영자가 수심 찬 얼굴로 걷고 있다.

　　# 40. 인상적인 길 (B)
　　마쓰다가 혼자서 걷고 있다.

　　# 41. 오오키의 집
　　오오키, 퉁소를 불고 있다가, 갑자기 멈추고는 후미코에게 "어이, 당신 스물이었지."

후미코　바보 같이. 스물 여덟이요.

오오키　누가 지금 당신을 보고 스물이라고 하겠어. 삼십이라면 몰라도.

후미코　너무해요.

오오키　결혼할 때 얘기데이.

후미코　스무 살. 그땐 포동포동했죠.

오오키　내가 스물 일곱 때 가을이었지……. 그땐 봐줄 만했지.

　　퉁소를 분다.

　　후미코　이상한 사람.

　　# 42. 몽환적인 분위기의 길

혼자 걷는 영자

43. 소좌의 집

소 좌 여보.

시즈코 네.

소 좌 당신, 훈련 좀 시켜 줘.

시즈코 무슨 훈련 말씀이에요?

소 좌 영자 상 말이야. 아무래도 여기 부인은 아무것도 안 시키는 것 같아.

시즈코 에에, 장신구 같은 거 말이죠.

소 좌 그건 안 돼. 뭐든지 시켜야겠어.

시즈코 그래도……. 그래, 그래. 저보다 오오키상 부인, 그 분이라면 영자도 편할 테고……. 친구처럼 이것저것 가르쳐주실 거에요.

소 좌 적임자 같군. 빨리 얘기를 해보게.

시즈코 그래도 이야기가 통할지 어떨지…….

소 좌 돼.

시즈코 그래도 서로간의 기분 문제인 걸요.

소 좌 아냐, 돼.

시즈코 이 일도 당신 구령대로 되실까요?

소 좌 기합을 넣고 할 거야.

시즈코 호호호

F.I F.O

44. 학교 농장
5학년 1반이 공동으로 사육하고 있는 토끼가 14마리나 죽어 있다.
다른 반은 모두 싱싱하다.

45. 교실 (5학년 1반)

마쓰다 금주 토끼 당번 누구야. 손 들어.

학생들, 손 드는 사람이 없다.

마쓰다 누구냐. 책임자는 없나……. 전부 책임을 회피하고 싶은가. 그렇게 책임감을 가지라고 얘기했거늘. 아직도 책임 회피를 하는 거냐.

나카야마 토끼 당번은 마에가와(前川)입니다. 마에가와는 병으로 사흘째 결석입니다.

마쓰다 마에가와는 아무한테도 부탁을 안 했나.

  학생, 침묵.

마쓰다 마에가와 다음 당번은 누구냐.

곤 고 네.

마쓰다 마에가와가 결석 중이면, 토끼는 어찌 되리라고 생각했나.

  곤고, 머리를 긁적거리고 있다.

마쓰다 아무것도 안 먹고 살 수 있다고 생각하나.

  곤고, 침묵.

마쓰다 곤고, 자기 책임이 아니라고 태평하게 있었지.

  곤고, 침묵.

마쓰다 그 정신이 문제야! 당번이 아니니까 자기 책임은 아닐지도 모른다. 하지만 토끼를 키우는 것은 우리 반 공동의 책임이 아닌가. 그렇게 생각하지 않나!

곤 고 그렇다고 생각합니다.

마쓰다 어째서 마에가와 대신에 하지 않았는가. 우정도 공동책임감도 없나! 토끼는 전부 죽어버렸다. 무슨 목적으로 토끼를 키웠는가, 대답해 보라.

곤 고 군대 방한복 모피로 헌납하기 위해섭니다.

마쓰다 전부 그런 줄 알고 있는 데, 45명이나 있는데도 아무도 환자 대신에 책임을 져주는 사람이 없었는가. 그런 정신으로 세계 제일의 일본군대에 들어갈 수 있다고 생각하는가. 선생님이 자꾸만 반복하지만. (라고 칠판에 '책임감'이라고 크게 쓰고) 책임감, 이것을 철저하게 실천하기 바란다. 여러분이 매일 아침 부르는, <바다로 가면 물 속 깊이 잠든 영령들>,7) 이 정신은 일본인으로서, 가장 숭고한 책임감에서 용솟음쳐

─────────────
7) 『만엽집』에 나오는 노래의 일절. 이 부분을 포함한 뒤의 내용은 <바다로 가면 물 속 깊이

나오는 정신이다! 명심하도록. 알겠는가?

학생들, 고개를 끄덕인다.

마쓰다 우리가 가장 부끄럽게 생각하는 것은 이 책임감이 모자라는 것이다.
알겠는가.
학생들 넷.
마쓰다 그럼, 45페이지. 제 38이다.

대수(代數) 수업 개시.
교장 선생이 장학관과 함께 참관하러 온다.

46. 교실 (5학년 2반)
오오키의 기하(幾何) 수업.
칠판에 도해(圖解)한 문제를 몰라 선 채로 우물쭈물하는 학생.

오오키 이런 것도 모르나.
학 생 모르겠습니다.
오오키 그럼 낙제할 거야.

학생, 머리를 쓰다듬는다.

오오키 내려가 서 있어.

학생, 교단을 내려가 학생들 쪽을 향해 서있다.

오오키 멍청이 같은 놈들밖에 없데이.

교단에 서서 도해 내용에 대해 설명한다.
교장 선생과 장학관 온다.
서 있는 학생 어쩔 줄 몰라 한다.
오오키는 태평한 얼굴로 설명을 계속한다.
교장 선생도 태평한 얼굴로 바라보고 있다.

잠든 영령들, 산으로 가면 풀이 돋은 영령들, 님 곁에 죽사오리. 후회 없사오리>. 원문은 <海ゆ
かば水淸く屍 / 山ゆかば草むす屍 / 大君の邊にこそ死なめ / かへりみはせじ>.

47.

48. 직원실
휴식시간, 어수선하다.
기타무라 소좌, 마쓰다에게 간다.

소　좌 마음 정했는가.
마쓰다 교관님께 몇 가지 여쭤볼 것이 있습니다.
소　좌 뭐든지 물어보게.
마쓰다 그럼 오늘 돌아갈 때 들르겠습니다.
소　좌 빠른 게 좋아. 지금은 어때.
마쓰다 그럼 교관님 방에서 뵙겠습니다.

　　　　두 사람, 별실로 간다.
　　　　오오키, 담배를 피우려 한다.
　　　　고무라(小村) 선생이 야단치며 "담배는 안 돼요."

오오키 앗, 이제(포기하면서) 담배는 학교에선 끝이데이.

　　　　풀이 죽는다.

49. 교관실

소　좌 어떤가. 장가 들려나.
마쓰다 그 처녀 부모님 가계와 혈통은 어떻습니까?
소　좌 몰라.
마쓰다 부모님의 의향은 어떠세요?
소　좌 몰라.
마쓰다 그 처녀 성격은 어떻습니까?
소　좌 몰라.
마쓰다 그렇다면 저도 곤란합니다.
소　좌 자네는 자기 눈을 못 믿는가.
마쓰다 ······.
소　좌 나는 아무 말 않겠네.
마쓰다 아내감으로 좋은 사람이라고 생각했습니다.

소 좌 그걸로 충분해. 그걸로 됐네. 하나 참고로 말해두는데, 그 댁에서는 자식을 지원병으로 보내네. 목하 출정의 영광에 기뻐하고 있는 댁일세.

마쓰다, 끄덕인다.

50. 직원실
교장 선생이 들어와, 오오키 쪽으로 온다.

오오키 아까는 근사한 오오키를 보여드렸습니다.
교 장 하하, 괜찮네. 뭐든지 격식을 차리지 않는 게 좋네. 하지만, 학생을 세워둔다면, 흑판 쪽을 향해 세우는 게 좋지. 그 쪽이 더 쓸모가 있으니까.
오오키 다음부터는 그렇게 하겠습니다.
교 장 고바야시 선생, 자네 역사과목은 좀더 열성이 있으면 좋겠다는 장학관의 비평이 있었는데……. 에에 젊은 관리의 비평은 신경 쓰지 않아도 좋지만, 참고로 말해 두네. 그 외에 총체적으로 매우 긴장하고 있다고 칭찬을 했지. 이 시국에 긴장하지 않을 수 없지 않나, 하하하…….

51.

52. 유도 도장
학생들 맹렬하게 연습 중.
오오키와 마쓰다, 연습 중.

오오키 그 처녀와 결혼하나.
마쓰다 그럴 참이요.
오오키 좋-아.

하고 기합을 넣어 한 판승을 거둔다.

53. 영자네 집
영자, 기타무라 소좌 두 명.

소 좌 지금, 부모님 의견을 들었는데, 찬성이시네. 이번엔 영자 차례야. 어때. 마쓰다라는 청년.

영　자　좋은 분이라고 생각해요.

소　좌　남편감으로 괜찮은가.

영　자　네, 훌륭한 분이라고 생각해요.

소　좌　시집 갈 거지.

영　자　시집가면 행복할 테지만……. 저는 글렀어요. 안 되겠어요.

소　좌　안 간다고?

영　자　네, 여러 가지 생각해 봤어요.

소　좌　왜야?

영　자　그 분한테 안 좋은 걸요.

소　좌　뭐가 안 좋아.

영　자　저야 행복해지지만, 그 분은 불행해져요.

소　좌　그걸 어떻게 알지?

영　자　……저는 불쌍한 애에요.

소　좌　이거 참. 마쓰다는 꼭 아내로 맞고 싶다고 했어. 나한테 말할 수 없는 사정이 있다면 구태여 묻지는 않겠지만.

영　자　말씀드릴 수 있어요. 그것밖엔 아무것도 없어요. 저는 몸이 약해요.

소　좌　병인가?

영　자　지금은 나쁘진 않은데, 자신이 없어요…….

소　좌　음, 건강에 자신이 없는 사람을 권하는 건 안 되지. 마쓰다가 이걸 어떻게 생각할지 물어보지.

　　　# 54.

　　　# 55. 마쓰다 집, 마쓰다의 방
　　　마쓰다와 소좌 두 명

소　좌　건강에 자신이 없다고 하네.

마쓰다　…….

소　좌　이 점 때문에 나는 이 문제를 백지로 돌리고 싶네.

마쓰다　그건 안 됩니다.

소　좌　그러나 건강에 자신이 없는 사람을 권할 수는 없네.

마쓰다　하지만 제 마음 속으로 정한 사람입니다.

소　좌　무리하지 않는 게 좋아.

252

마쓰다 아니요……. 결혼해서 건강하게 만들겠습니다.

소　좌 그렇다면 괜찮지만……. 건강이 나빠질 때는 어떻게 하나?

마쓰다 마음을 늘 위로해 주겠습니다.

소　좌 그 점에 대해서 두 사람이 이야기를 해 보게.

　　# 56. 오오키의 집. 밤
　　오오키와 소좌, 바둑을 두고 있다.
　　후미코와 소좌의 딸 요시코 두 사람,

후미코 너네 아빠, 웃는 적 있니.

요시코 있어요. 가끔씩.

후미코 어느 정도나?

요시코 일주일에…….

　　생각한다.
　　떫은 표정의 소좌, 생각하고 있다.

　　# 57. 소좌의 집
　　차실(茶室)에 시즈코 혼자.

　　# 58. 같은 곳 객실
　　가운데 탁자를 중심으로 마쓰다와 한복 입은 영자 두 사람.

마쓰다 건강에 자신이 없으시다면서요.

영　자 네……. 약해요.

마쓰다 지금, 어디가 아프세요?

영　자 아니요, 지금은 괜찮지만……. 이런 경우는 드물어요. 기쁘긴 하지만……. 그래도 자신이 없는 걸요.

마쓰다 어째서요?

영　자 여학교 시절 늑막염을 앓은 적이 있어요.

마쓰다 결혼하면, 건강을 잃을 거라고 생각하세요? 그것이 두려우세요?

영　자 아니요……. 저어, 제 몸이야 어차피 약한 걸요. 제 몸 같은 건 아깝지 않지만……. 아내가 병에 걸리면…… 남편 되시는 분이 불행해져요. 그것뿐이에요.

마쓰다 그것뿐이세요.

영 자 네…….

마쓰다 결혼해서 건강하게 될 거라는 자신감을 가지셨으면 합니다만.

영 자 …….

마쓰다 버드나무는 풍설에도 꺾이지 않는다는 속담이 있습니다. 지금은 좋지
          않지만, 꼭 튼튼해진다는 자신감을 가지세요. 만일, 병에 걸린다 해도
          제가 영자 씨 마음만은 언제나 밝게 해드릴 생각입니다.

영자의 눈동자에 눈물이 넘친다.

59. 포플라 가지 끝에 만월(滿月) 가까운 달빛

60. 오오키의 집
바둑을 두고 있는 오오키와 소좌

오오키 이거 결국 함락이데이.

소 좌 시끄럽네.

오오키 이런 데도 돌 안 던지나.

소 좌 시끄러워.

오오키 적장(敵將) 머리에 두통(頭痛)이니, 머리띠 두르도다.

소 좌 졌다. (하고 돌을 던진다.)

요시코 (창문으로 달을 바라보다가) 이쁜 달이에요.

오오키 음, 이쁘데이. 곧 만월 아이가.

소 좌 오늘은 9월 5일.

요시코 9월 5일이에요.

소 좌 깜빡 잊었다. 여보 바지 준비 좀 해줘.

61. 달빛 아래 묘비(墓碑)
비석에 소화 16년 9월 5일 전사, 뒷면에 육군 보병 상등병 김영진(金永
鎭)이라 씌어 있다.
묵도하는 기타무라 소좌.

F.I F.O

62. 교정
군사교련 5학년생 일동, 차려 자세로 정렬해 있다.

기타무라 소좌 너희가 기다리고 있었던, 병영생활 실습 일정을 발표한다.

나카야마의 들뜬 표정.
야나기의 들뜬 표정. 신발은 아직도 전의 다 헤진 그 구두(군화가 아님)

소 좌 (수첩을 꺼내) 10월 12일부터 18일까지, 1주간, 연대 영내에서 실습한다. 자세한 것은 각 담임인 기타무라 선생으로부터 보고가 있겠다.[8]

63.

64. 교관실
기타무라 소좌, 미즈키(水木) 준위(학교 소속 교련 교사). 오오키, 마쓰다, 고바야시 세 선생이 병영 실습에 관한 사전 회의를 하고 있다.

준 위 18일 16시, 연대를 출발, 17시 10분발 열차에 승차. 18시 □□ 도착. 즉시 귀교. 이후 해산.

선생들, 각각 수첩에 기입한다.

오오키 이상이구나.
준 위 이상입니다.
마쓰다 아이들이 굉장히 들떠 있습니다.
오오키 자네가 아이들보다 더 들떠있네.
소 좌 아직 어린애니까.

일동 웃음. 선생들 교관실을 나서려는데.

소 좌 마쓰다 군.
마쓰다 네……
소 좌 결혼식은 언젠가.
마쓰다 병영 실습이 끝나고나서 하겠습니다.
소 좌 음, 그때 영자도 훈련시켜 주지.
마쓰다 네? 뭐라구요?

---

8) 이 문장의 '기타무라 선생'은 오식인 듯.

소　좌　아니, 이젠 가도 좋네.

마쓰다에게는 신경도 안 쓰고 제 일을 보러 간다.

#65.

#66. 밤 교정
달빛을 뒤집어 쓴 채, 8명의 나팔수(5학년)가 걸으면서 교대로 행진나팔
연습을 하고 있다.

#67. 학교 근처 공터
한복 차림의 애들 4~5명과 소학교 아동복의 아이들 5~6명이 교정에서
들려오는 나팔 소리에 맞춰, 공터에서 씩씩하게 행진하고 있다. 선두의
한복입은 애가 일장기를 기수처럼 들고 있다.
이것을 긴 담뱃대를 든 조선 노인이 흐뭇한 얼굴로 보고 있다.

F.I　F.O

#68. 연대(聯隊) 정문 가까운 길
나팔수를 선두로 들떠 있는 원기왕성한 학생 부대. 지휘는 미즈키 준위.
나카야마는 중대장. 야나기는 분대장, 그 힘찬 보조, 이 날의 신발은 군
화다.

#69. 영문(營門)
학생 부대 당당히 영문을 통과.

#70.

#71. 영내 강당(신체검사장)
학생은 모두 상반신만 벗고 차례차례 검사를 받는다.
가라자와(唐澤) 군의(軍醫) 중위가 타진(打診)과 청진(聽診) 검사를 하
고, 건강체인 학생들마다 철썩 하고 등을 두들겨 힘을 준다. 다지마(田
島) 위생오장(伍長), 수도(須藤) 상등병은 학생의 혈액을 조금씩 뽑고
있다.
곧 검사를 받는 야나기, 들뜬 채로 자기 알통과 다른 학생의 알통을 비
교한다. 자기 것이 크다는 것을 은연중 드러내면서, 차례 차례 알통을
비교하고 있다.

다지마 오장, 야나기의 피를 뽑는다.

야나기 무슨 피검사입니까?
전 도 폐병이 있는지 금방 알 수 있다.
야나기 전 검사할 필요가 없어요.
다지마 겉보기하고는 다른 거다.

가라자와 군의, 곤고의 흉부 검사를 끝내고는, "좋다."
곤고의 몸을 두들긴다.
다음으로 야나기의 타진 순서.
가라자와, 야나기의 폐첨(肺尖)을 타진해보고는 약간 신경을 쓴다. 청진을 하고 다시 폐첨에 신경을 쓰나 "음." 하고는, 등을 두들기지는 않고 "다음." 하고 다음 학생을 진찰한다.
야나기, 떨떠름한 얼굴.

72. 막사 안 10호실
나카야마, 야나기, 곤고, 고야마, 아사모토 기타 5명의 학생이 침대 앞에 서 있다.

10호실 반장 구마자와(熊澤) 오장 다케다(竹田) 일등병.

다케다 넷.
구마자와 침상에 들어가 보라.
다케다 넷.

모포 속에 들어가 실연을 해 보인다.

구마자와 자는 자세가 나쁘면 떨어지니까 주의할 것. 다케다, 어떻게 하면 떨어지는가 시험을 보일 것.

다케다 일등병, 뒤척거리다가 떨어져 보인다. 그 자세 그대로 자는 모습이다.

구마자와 요대로 아침까지 자는 놈이 있다.

학생들 빙글빙글 웃고 있다.

구마자와 다케다, 이제 됐다.

다케다, 일어선다.

 # 73. 혈액검사실
위생병이 혈침반응을 측정하고 있다.

 # 74. 부대 연병장
후쿠시마(副島) 연대장의 훈사.
정렬해 있는 학생부대

후쿠시마연대장 (열렬히) 제군들은 오늘부터, 황송하옵게도 대원사 폐하로부
터 하사받은 연대기(聯隊旗) 아래, 세계 으뜸가는 우리의 육군, 군인과
함께 기거를 하게 된다. 이 영광의 1주 간, 제군은 군률에 잘 복종하고,
충용한 군인정신을 함양하는 것이다. 미증유의 대동아전쟁은, 인류사상
가장 숭고한 이상(理想) 건설의 성전(聖戰)이다. 제군은 행복하게도 이
성전에 참가하는 명예를 나눠 가진 젊은이들이다. 단기간이긴 하나, 귀
중한 군대생활의 체험을 통해, 우리 군대의 진수를 이해하도록 노력할
것. 이상. 훈시를 마친다.

수목준위 경례엣!

후쿠시마 대좌, 답례하고 부관을 데리고 사라진다.

미즈키준위 쉬어!

거기에 위생병 다지마(田島) 오장이 온다.

다지마 마에가와(前川) 경수(敬壽).
마에가와 넷.
다지마 도오이(桃井) 선량(善良).
도오이 넷.
다지마 야나기(柳) 길남(吉男).
야나기 넷.
다지마 이상 3명, 집합.

3명, 구보로 모인다.

다지마 날 따라 와.

하고 간다. 3명 일렬로 보통속도로 따라 간다.

75.

76. 연병장
미즈키 준위를 따라 행진하는 생도 부대. 오오키, 마쓰다, 고바야시 세 선생도 견학을 위해 따라가고 있다.

미즈키준위 중대 섯! 우향(右向) 우(右).

우향우를 한 이룬 학생들의 얼굴, 일제히 눈동자가 빛난다.
학생을 향해 가는 기타무라 소좌, 멋진 말을 타고 있다. 협걸(俠傑) 같은 웅자(雄姿).

미즈키준위 경례!
기타무라소좌 (답례하고) 즉각 연습 개시.

기관총 연습 소리가 들린다.
들뜬 학생 부대

77. 병사(病舍)
병상에서 울고 있는 야나기.
위생병인 이즈미(泉) 상등병이 야나기의 어깨를 두들겨 준다.
"어이, 울지 마. 이거라도 봐. 재미있다." 라며 만화책을 야나기의 병상에 놓는다.
야나기는 울고 있는 채 고개를 들지 않는다.
위생병들, 일제히 경례한다.
가라자와 군의 중위가 야나기 근처로 온다.

이즈미상등병 (야나기의 어깨를 두들기며) 중위님이 오셨다.

야나기, 눈물투성이로 가라자와 준위를 본다.

가라자와 하하하……. 우는 놈이 있었나. 넌 운이 좋은 사내다.

야나기 아니에요.

가라자와 정말로 운이 좋은 사내다. 오늘 병을 알았으니 됐어. 아직 초기다. 지금 치료하면 꼭 낫는다.

야나기 저, 정말 낫습니까?

가라자와 낫는다! 낫게 해준다!

야나기 부탁합니다!

가라자와 부탁 안 해도 낫게 해주마. 연대의 햇병아리니까 하하하……. 마아, 편안히 하고 있어라.

야나기, 감격한다.

#78. 영내 10호실
구마자와 오장, 이가라시(五十嵐) 상등병, 竹田 일등병, 기노시타 일등병, 미무라(三村) 이등병, 기도(木戶) 이등병, 혼다(本田) 이등병, 노야마(野山) 이등병 및 중천, 곤고, 고야마 등의 학생들, 제각각 생각에 잠겨 있다.

곤 고 야나기, 뭐 하고 있을까…….

나카야마 그 자식, 울고 있어.

곤 고 안 됐네.

고야마, 혼자 바삐 막사를 빠져나가려고 한다. 구마자와 오장, 고야마를 보고 큰 소리로 "어디 가나."

고야마 (깜짝 놀라) 넷.

구마자와 아무 말 없이 나가선 안 돼. 허락을 받고 나가라.

고야마 네. (낮은 소리로) 소변 보러 갑니다.

구마자와 뭐라고?

고야마 (보통 목소리로) 소변 보러 갑니다.

구마자와 원기가 없다.

고야마 (큰 소리로) 소변 보러 갑니다!

구마자와 좋다.

고야마, 달려 간다.
식사 나팔이 울린다. 그러자, 혼다 이등병과 노야마 이등병 두 명이 구마자와 오장 앞으로 온다.

혼　다　반장님, 식통을 갖고 오겠습니다.
구마자와　생도 2명 데리고 가라.
혼　다　넷, 생도 2명, 식통 가지러 간다.

곤고, 천, 네 하고 따라간다.

79. 영내 복도
부대와 생도들 식통을 운반하고 있다.
곤고, 아사모토 무거운 듯 식통을 옮기고 있다.

80. 12호실
곤고, 아사모토, 운반해 온다. 갑자기 12호실의 한(伴) 오장의 일갈 "누구냣."

곤　고　앗, 잘못 들어왔습니다.
한　　몇호실이냐.
곤　고　10호실입니다.
한　　다음 다음이다.
곤　고　넷.

81. 하사관실
우시즈카(牛塚) 조장, 수목 준위, 오오키 선생, 마쓰다 선생, 고바야시 선생이 식사하고 있다.
마쓰다는 뭔가 깊이 생각하고 있는 얼굴

오오키　(마쓰다에게) 뭐해? 식사 안 해?
마쓰다　아니, 야나기가 어떤가 해서…….
미즈키　군의관은 초기에 발견해서 다행이라고 하데.
마쓰다　그렇겠지요.
미즈키　고쳐준다고 했다네.
우시즈카　군의관님이 말씀하셨다면 절대적이다. 걱정 필요없데이.

마쓰다, 밝은 표정이 된다.

82. 10호실
구마자와 오장 이하 병들 학생도 식사 중
학생들은 반도 못 먹어 헉헉대고 있고.
신병은 기세 좋게 먹고 있다.

고야마　반장님, 밥 남겨도 됩니까.
구마자와　더 먹어.
고야마　이젠 됐습니다.

　　　학생들 동감이다.

구마자와　신병, 남긴 걸 먹어줘라.
혼다이등병　감사히 먹겠습니다.

　　　학생들 신병에게 밥을 넘긴다.

혼　다　매일 이렇게 남겨 다오.

　　　라며 얌 얌 먹는다.

구마자와　혼다, 그렇게도 좋은가.
혼　다　정말 좋습니다.
구마자와　하하하, (학생들에게) 처음에는 먹기 힘들겠지만, 곧 익숙해진다. 오늘은 주보에 가서 우동이라도 먹어라. 우동 한 그릇에 □전이다. 싸다고 너무 먹지 말고, 배가 안 아플 정도로만 먹어라. 모두 가도 좋다.

　　　학생들 "넷"하고 기립한다.

83. 주보
100명 남짓한 학생들, 일제히 우동을 먹고 있다. 우동 먹는 폭풍 같은 소리.

84. 영문
의연한 위병

85. 오오키의 집
후미코, 남편의 바지를 전기 다리미로 다리려는 중이다. 곁에서 한복의 영자가 지켜보며 배우고 있다.

후미코 남편의 바지에 줄이 안 서 있으면 아내의 수치에요.

영자, 끄덕인다.
후미코, 수건을 세면대에 가서 짠다. 젖은 수건을 바지 위에 놓고 다리미질을 한다.

후미코 이렇게 하면, 바지에 묻은 먼지가 흡수될 뿐만 아니라, 천이 늘어나면서 바지 줄이 예쁘게 잡히게 돼.
영 자 상당히 합리적이네요.
후미코 어머, 영자 인텔리네.

두 사람, 명랑하게 웃는다.

F.I   F.O

86. 병영
새벽, 서리가 희다.

87. 10호실
창문을 열고, 구마자와 반장 이하 병들, 학생들 모두가 반라의 몸으로 기합을 넣으며 냉기(冷氣) 마찰을 하고 있다.

88. 연병장
서리를 밟으며, 김을 모락모락 피워 올리면서 총검술에 열중하고 있는 병사들

89. 10호실
복장을 정돈한 일동, 직립부동 자세로 정렬하여, 한 소리로
"하나, 군인은 충절을 다함을 본분으로 한다. 하나, 군인은 예의에 밝아야 한다. 하나, 군인은 신의를 중시한다. 하나, 군인은 검소(儉素)함을 지향한다."

구마자와 이상.

대열 해산한다. 거기에 나베다(鍋田) 이등병이 들어와 구마자와 오장에게 "우시즈카(牛塚) 조장님의 명령입니다. 노야마(野山) 이등병을 조장님실에 출두시키라는 명령입니다."

구마자와 알았다.

나베다, 나간다.

구마자와 (노야마 이등병에게) 노야마, 우시즈카 조장님 방에 가봐라. 무슨 일이 있어도 기운차게 사죄하도록.
노야마 넷, 다녀오겠습니다.

　# 90. 조장실
　　우시즈카 조장, 서류를 조사하고 있다.

노야마이등병 (와서 기운차게) 조장님 노야마 이등병입니다. 매우 죄송합니다. 용서해 주십시오.
우시즈카 (문제삼지 않고) 너, 휴가 가고 싶지.
노야마 휴가 필요 없습니다.
우시즈카 오늘과 내일, 이틀 간 휴가를 가도 좋은데, 어떤가.
노야마 저 혼자만 휴가를 받고 싶지 않습니다.
우시즈카 내일은 10월 14일이다. 잘 생각해 보지.
노야마 ……. (생각해 보고) 앗, 휴가 가겠습니다.
우시즈카 반장에게 말하고 수속 밟도록.
노야마 넷.

눈에 눈물이 빛난다.

　# 91. 10호실
　　눈물을 훔치고 들어가는 노야마

구마자와 야단 맞았지.
노야마 아닙니다.

264

구마자와 운 얼굴인데.

노야마 기뻐서입니다.

구마자와 어째선가.

노야마 조장님이 휴가를 주셨습니다. 내일은 돌아가신 어머님 3주기입니다. 제가 깜빡 잊고 있었는데, 조장님이 성묘 가라고 휴가를 주셨습니다.

구마자와 음, 조장님, 자세히도 조사해 두셨네. (하고는 지갑을 꺼내 1원짜리를 주려 하면서) 선물이라도 사 갖고 가라.

노야마 됐습니다.

구마자와 사양할 필요 없어. (라며 건넨다)

이가라시 상등병도 지갑을 꺼내 "상등병은 오십 전, 일등병은 30전씩 내자. 신병은 안 내도 된다."

나카야마 학생도 10전씩 내게 해 주십시오.

구마자와 10전이라면 괜찮겠지.

노야마 반장님, 돌아가신 어머님도 필히 기뻐하실 겁니다.

구마자와 음······.

92.

93. 산기슭
병대와 학생부대의 혼성 연습.
전차, 대포, 중·경기관총, 연막, 화염방사기 등 공포(空砲)를 쏘아 장렬하다.
말 위에서 관전하는 기타무라 소좌.

94. 언덕 위의 묘지
노야마 이등병이 한복을 입은 가족과 함께 성묘를 하고 있다.

F.I   F.O

95. 병영 10호실.
새벽 무렵. 병사도 학생도 코를 골며 자고 있다. 주번장교 사카이(堺) 소위가 조용히 돌고 있다.
사카이 소위는 회중전등으로 한 사람씩 보고 간다. 어깨를 내놓고 자는 병사에겐 모포를 잘 덮어준다. 그 중 기도(木戶) 이등병의 얼굴을 보고,

갑자기 주의깊은 표정으로 주시한다. 기도의 자는 얼굴에 땀이 번지고 있다. 사카이 소위 그 모습을 마음 속에 담고 조용히 막사를 빠져나간다.

96. 어느 방 앞
착검한 병사가 보초를 서고 있다.

97. 어느 방
실내 책장에 연대기(聯隊旗)가 있다.

98. 연대기를 지키고 있는 믿음직한 보초병

99. 시계 2시.
O.L

100. 시계 6시 50분.

101. 영내 복도 10호실 앞
아침 점호 중. 병도 학생도 정열해 있다.
사카이 소위, 한 사람씩 얼굴을 주시하며 가다가, 기도 이등병 앞에 멈춰 선다.

사카이 얼굴빛이 나빠.
기 도 저는 건강합니다.
사카이 어딘가 나쁜 것 같아.
기 도 괜찮습니다.
사카이 자네, 잘 때 땀 흘리지.
기 도 네, 흘립니다.
사카이 군의한테 진찰 받도록.
기 도 넷. 진찰 받겠습니다.
사카이 무리 안 하는 게 좋아.
기 도 넷.

102.

103. 10호실

아침 식사 중이다.
학생들과 병사들이 나란히 식사하고 있다.
구마자와 오장, 학생들의 건강함을 보며 "병사들 이상이구나. 혼다, 아직 배 안 부르나."

혼다이등병 현기증 납니다.

다케다 일등병이 자기 밥을 혼다에게 나눠준다.

다케다 비실거리지 마.
혼 다 언제나 고마워.

이가라시 상등병도 자기 옆의 노야마 이등병도 잠자코 자기 밥을 나눠준다.

노야마 미안합니다.

구마자와 오장, 갑자기 큰 소리로 "깨스!" 외친다.
병사들 일제히 "깨스!" 하고 복창한다. 학생들 갑자기 놀란다.
병사들은 털 벗은 토끼처럼, 각자의 가스마스크를 잡고, 엄청한 속도로 마스크를 쓴다. 쓴 병사부터 큰 소리로 이름을 외친다.
"이가라시 상등병"
"미무라 이등병"
"다케다 일등병"
"기노시타 일등병"
"노야마 이등병"
"기도 이등병"

구마자와 깨스 없음!
병사일동 깨스 없음!

라고 복창하고 마스크를 벗는다.

구마자와 아직도 느려. 전부 전사(戰死)다. 자, 식사 계속.

일동, 마스크를 바르게 정돈한다.
이가라시 상등병, 마스크를 정리하고는, 갑자기 혼다 이등병의 총을 주시한다.

이가라시 혼다.
혼 다 넷.
이가라시 총이 더럽잖나.

갑자기 혼다의 따귀를 친다.

혼 다 죄송합니다.
이가라시 문장(紋章)을 새겨주신 총을 더럽히다니 도대체 무슨 짓이냐? 전지
　　　　(戰地)에 가 봐. 이 총이 얼마나 고마운가 상상 이상이다. 총에 대고 빌
　　　　어.
혼 다 넷.

총에 대고 최고 경례를 붙인다.

혼 다 38식 보병총님, 육군이등병 혼다 고로는 부주의해서 이가라시 상등병
　　　　님의 주의를 받았습니다. 현역은 물론 예비후보 시대 때에도, 다시는
　　　　이런 일을 하지 않겠습니다. 용서해 주십시오.
이가라시 좋다. 식사하도록.
혼 다 넷.

대답하고 총을 닦기 시작한다.

이가라시 식사한 후에 해도 좋다.
혼 다 넷.

　　# 104. 조장실
　　우시즈카 조장과 이마무라 이등병.

우시즈카 이 편지 보낼 작정인가.

라며 한 통의 엽서를 이마무라 이등병에게 보여준다.

이마무라 넷, 집에 보내는 겁니다.
우시즈카 읽어 봐.

268

이마무라 넷. (읽는다) 모두 안녕하십니까. 저는 매우 건강합니다. 어제 상관님
        으로부터 반도출신 지원병 성적이 좋다고 칭찬 받았습니다. 기뻐해 주
        십시오. 그리고 다음 일요일의 면회일에 양갱과 만두와 김과 팥빵을 갖
        다 주십시오.
우시즈카 이마무라, 그거 다 먹을 수 있나.
이마무라 단 것을 아주 좋아합니다.
우시즈카 (말없이 서랍에서 양갱을 두 개 꺼내) 먹고 가라.
이마무라 넷. (하고 받는다)

        # 105. 오오키의 집
        후미코와 한복 차림의 영자, 사이좋게 식사 중.

후미코 오늘은 남편 조종법 비결을 알려줄까.
영 자 꼭 가르쳐 주세요.
후미코 아아, 그보다 영자 비자금이라는 거 알아?
영 자 비자금이요? 모르겠어요.
후미코 그게 꽤 중요해요. 남편한테는 비밀로 하고 저금하는 거야.
영 자 어머, 그거 나쁜 일이잖아요.
후미코 그렇지 않아요. 집안에 갑자기 병자가 생기거나, 남편이 갑자기 급전이
       필요하게 됐거나 할 때 드리는 거야. 남자는 돈 있는 줄 알면 써버리잖
       아. 그러니까 비밀로 저축하는 거야. 이게 아내가 할 일이에요.
영 자 내지 부인들은 다르네요.
후미코 여기 사람들도 그렇게 하지 않으면 안돼요.
영 자 네, 공부해 보겠어요.

        F.I   F.O

        # 106. 영내 10호실
        밤, 자유시간.
        노야마 이등병은 곤고와 고야마에게 자기 사물함 뚜껑 밑에 붙여둔 가
        족 사진을 보여주고 있다. 이가라시 상등병은 나카야마를 붙잡고 "누나
        있나."

나카야마 있습니다.
이가라시 미인인가.

나카야마 보통입니다.
이가라시 군인 좋아하시나.
나카야마 매우 좋아합니다. 군인과 결혼하겠다고 합니다.
이가라시 그래?

싱글벙글하고 있다.
구마자와 오장 들어온다.

구마자와 내일은 행진 연습이다. 군화 손질해 둘 것.

라 명령하고 나간다.

이가라시 신병들, 군화들 갖고 와.

신병들, 각자 구두를 갖고 온다.
이가라시는 한 켤레씩 군화 속에 손을 넣어 조사해 본다.
3년차 사병들은 신병들의 군화에 손으로 기름을 발라준다.
학생들 감동해서 바라본다.

107.

108. 10호실
소등 시간 가까운 때.

구마자와 이젠 모두 자도 좋다.

사병들도 학생들도 일제히 "반장님, 자겠습니다."
2년차 사병과 신병들 "상등병님, 자겠습니다."

신병들 일등병님, 자겠습니다.

병사들도 학생들도 각자 고향을 향해 "아버님, 어머님, 자겠습니다." 하고 잠자리에 들려고 한다.
소등 나팔소리가 울려 퍼진다.
혼다 이등병, 침대의 모포를 들추니, 팥빵 한 봉지가 놓여 있어 앗! 한다.
소등. 달빛이 비쳐든다.

혼 다 이가라시 상등병님입니까.
이가라시 아아, 잠자코 있어.
혼 다 넷.

하고, 팥빵을 한 입 물자마자 눈물이 볼을 타고 흐른다.
F.I F.O

109. 달빛 비치는 길
군가를 합창하며 행진하는 학생 부대
O.L

110. 야영하는 학생 부대
군가를 합창하고 있다. 선생들도 원기있게 합창하고 있다
O.L

111. 부대 정문
이른 아침. 학생 부대가 원기있게 귀대한다.
기타무라 소좌에게 '받들어 총'을 하는 위병.

112. 일요일을 가리키는 달력

113. 10호실
탁자 위에 과자, 단것, 음식 등이 가득 쌓여 있다.
병사들, 학생들, 즐겁게 먹고 있다.
O.L

114. 중대 위로회
사카이 소위의 나니와부시(浪花節)[9] 일절
O.L
우시즈카 조장의 연예
O.L
구마자와 오장의 여흥
O.L
반도 출신병의 조선 민요

---

9) 의리와 인정을 소재로 한 창곡(唱曲)의 일종으로 에도(江戶)시대 말기에 생겨 명치시대에 유행했음.

O.L

115. 병사(病舍)
군의병인 이즈미 상등병이 야나기에게 군가를 가르쳐 주고 있다. 거기 가라자와 군의가 온다.

군 의 (야나기에게) 건강하구나.
야나기 네, 오늘 나갑니다.
가라자와 음, 아직 다 안 나았어.
야나기 ……
가라자와 (종이꾸러미를 내밀며) 이걸 계속 복용해라. 2주일 분이다. 전부 복용한 뒤에는 이거다. (라며, 처방전을 꺼내) 근처 약국에서 조제해 달라고 해라. 이틀 분에 50전일 거다. 열흘 동안 마시면 된다. 그리고 나서 매일, 내가 말한 대로 확실히 실행하도록. 꼭 낫는다. 한 달 후에 여기 와라. 진찰해 줄 테니.
야나기 네.

감동하고 있다.

116. 중대 위로회
F.O

117. 교정
눈이 쌓여 있다.
게시판에, 겨울방학, 12월 25일부터 1월 7일까지, 라 씌어 있다.

#118. 마쓰다 선생 집, 마쓰다의 방
일본옷(혹은 국민복)의 기타무라 소좌, 오오키 선생, 마쓰다 선생 3인. 소좌와 마쓰다, 바둑을 두고 있다. 오오키는 관전하고 있다. 마쓰다, 한 수를 놓는데,

오오키 그 수는 재고를 요(要)하는데.
소 좌 시끄러워.
마쓰다 재고를 요(要)하는군요.

하고 돌을 들고 생각한다.

영자, 한복에 에이프론을 두르고 음식을 나른다.

영 자 일부러 오시라 해놓고 대접이 초라해서 정말 부끄러워요.

오오키 야아, 이건. (마쓰다에게) 이 승부는 기타무라 상 승리다. 자, 음식 식기
전에 듭시다.

마쓰다 제가 진 건가요.

오오키 어른한테 경의를 표하게.

기타무라 자넨 시끄러워.

영 자 (마쓰다에게) 여보, 드시고 나서 하세요.

마쓰다 그럼, 요대로 놔두고…….

소 좌 (영자의 에이프론 차림을 보고) 건강하시네.

영 자 네.

소 좌 자신이 붙었나.

영 자 호호…….

웃으면서 체온계를 빼서 마쓰다에게 건네려고 한다.

마쓰다 좋아요.

영 자 그래도…….

오오키 뭐야. 매일 체온계로 재나.

마쓰다 아니요. 저 사람을 위해서 샀는데, 어제부터 제가 좀 열이 나서요.

오오키 아니, 부인 몸을 걱정하는데 왜 자기가 열이 나나.

소 좌 원래 그런 법이다.

3인, 웃는다.

영 자 많이 드세요……. 제가 만든 맛없는 요리지만.

3인 먹는다.

영 자 어떠세요?

소 좌 음, 노력은 산다.

오오키 하하…….

소사 월자가 들어오며 "학교의 야나기 상이라는 학생이 왔어요."

마쓰다   옳지.

하고 일어선다.
영자, 오오키에게 담배를 대접한다.

오오키   필요없데이.
영 자   어머?
오오키   끊었다.
소 좌   끊었나?
오오키   벌칙 덕분에, 사츠마 사투리도 담배도 다 끊었데이.
소 좌   괜찮은 데가 있는 사내구만.(라며 먹는다)

119. 별실

야나기   선생님, 몸이 완전히 나았습니다.
마쓰다   그래?
야나기   오늘, 연대 군의관님께 진찰을 받았습니다. 군의관님은 훌륭한 군인이
        될 거라고 하시면서, 등을 두들겨 주셨습니다.
마쓰다   그거 잘 됐다. 잘 됐구나.
야나기   이번 겨울방학에, 몸을 더 단련하겠습니다. 스키로 □□를 종주(縱走)
        할 계획이에요.
마쓰다   □□종주라! 장쾌하구나. 선생님도 가고 싶구나.
야나기   선생님, 안 가시겠어요?
마쓰다   음……. 가볼까.
야나기   같이 갈 사람들을 모아보겠습니다.
마쓰다   가자.

120. 마쓰다의 방
기타무라 소좌, 오오키 먹고 있다.

마쓰다   (들어와) 오오키 상, 스키 안 가시겠어요?
오오키   스키라, 사츠마에는 눈이 안 와서 말이재.
마쓰다   저는 학생들하고 □□종주해요.

274

소　좌　역시 어린애다. 그렇지? 제수씨. 하하하.

　　　　F.I　F.O

　　　# 121. 정거장 앞(눈 쌓인 풍경)
　　　야나기, 나카야마, 곤고, 고야마 등의 동급생 20명, 각자 스키를 안고 기
　　　다리고 있다.
　　　야나기, 시계를 보며 사람을 기다리는 표정
　　　거기 급한 걸음으로 영자가 온다.
　　　야나기, 영자에게 인사를 한다.

영　자　너무 죄송해요. 주인이 감기가 낫지 않아서요. 열이 38도여서 의사 선
　　　생님도 가면 안 된다고 말씀하세요. 약속을 못 지켜서 미안하다고 말씀
　　　하셨어요.
야나기　아니요…… 선생님, 몸조심하시라고 전해 주십시오.
영　자　네. 여러분도 조심해서 다녀오세요.

　　　# 122. 달리는 열차(눈 속을)

　　　# 123. 마쓰다의 방
　　　창 밖, 들이치는 눈가루가 창가에 들러붙는다.
　　　창 밖을 지켜보는 병상의 마쓰다

　　　# 124. 지붕 밑
　　　환풍기가 급회전하고 있다.

　　　# 125. 마쓰다의 방
　　　마쓰다는 영자에게 "영자, 기상대에 전화 걸어서, 일기예보 좀 물어봐
　　　줘."

영　자　네.

　　　마쓰다, 불안한 얼굴로 밖을 보고 있다.

　　　# 126. 눈 속을 달리는 열차

　　　# 127. 마쓰다의 방

영자, 눈에 속눈썹과 볼이 젖은 채 돌아온다.

마쓰다 어떻대?

영 자 한 때 맑음, 후에 눈…….

마쓰다 바람은?

영 자 바람은 강해지고 눈보라가 된대요.

마쓰다 눈보라로?

두 사람, 침묵 창밖을 본다.
마쓰다, 혼잣말 하듯 "위험하구나……."
두 사람, 침묵
정오 사이렌이 울린다.
마쓰다, 와병 중의 몸이나, 상반신을 일으켜 묵도한다.

#128. 거리
눈 속에 선 채로 묵도하는 사람들

#129. 마쓰다의 방
묵도하고 있는 마쓰다와 영자, 묵도 끝난다.

마쓰다 (결연히) 영자.

영 자 ……?

마쓰다 스키복을 꺼내 줘.

영 자 네에? 안 돼요.

마쓰다 아니야. 애들을 말리러 간다.

영 자 그래도 그 몸으로는 안 돼요.

마쓰다 학생들이 위험해. 말리지 않으면 안 돼.

영 자 그래도 벌써 늦지 않았어요.

마쓰다 뒤를 쫓아갈 거야.

영 자 안 돼요. 안 돼요. 당신이 쓰러지고 말아요.

마쓰다 ……. 영자……. 쓰러질지도 몰라. 쓰러져도 상관없어.

영 자 안 돼요! 안 돼요!

하고 격하게 말린다.

276

마쓰다 영자……. 나는 애들을 언제나 책임감을 가지라고 가르쳐 왔어. 선생이 간다니까 그걸 믿고 모인 애들이야. 부모들도 그랬을 거야. 내가 안 갔는데, 만약 무슨 일이라도 생기면 어떻게 해.

영 자 그대로 당신은 병중이에요.

마쓰다 아니, 눈 속에 쓰러져도 좋아. 애들한테 책임감이라는 것을 분명하게 심어주면 되는 거야. 영자, 반도인은 책임감이 모자란다고 꾸짖어 온 나야. 알겠지.

영 자 네, 나도 같이 가요.

마쓰다 당신은 방해만 돼.

영 자 그래도 나도…….

#130. 어느 역전
연이어 있는 설봉(雪峰)들이 보인다.
야나기(柳) 등, 들떠서 스키를 신고 있다.
O.L

#131. 설경 속을 달리는 열차

#132. 달리는 열차

#133. 눈 쌓인 고원
학생들의 스키 대열, 하늘은 맑다.

#134. 어느 역전(앞과 같은)
마쓰다와 영자 두 사람.
마쓰다는 학생들의 스키 자국을 보고 "이거다! 눈이 오기 전에 따라붙자. 당신은 거기 여관에서 기다려요." 라 하고는 학생들의 스키 자국을 달리듯이 활주해 간다.
영자, 그 스키 자국을 철벅철벅 따라 가면서 뒷모습을 지켜보고 있다. 마쓰다는 시야에서 사라진다. 영자는 홀린 듯이 스키 자국을 따라 철벅철벅 걸어간다.

#135. 하늘
태양이 회색 구름에 둘러싸이기 시작한다.

#136. 지상의 눈

바람이 눈을 날려 흰 안개 가득한 벌판이 된다.

#137. 눈 쌓인 고개
영자는 스키 자국을 언제까지나 바라보고 있다. 스키 자국, 바람에 조금씩 엷어져 간다.

#138. 하늘
태양은 회색 구름에 완전히 가리고 가루눈이 바람에 춤추며 내려온다.

#139. 고원
눈 속을 씩씩하게 달리는 학생 스키 대열

#140. 추적하는 마쓰다

#141. 고개
영자, 스키 자국을 쭉 지켜보고 있다.
스키 자국, 시시각각 엷어져 간다.
응시하는 영자, 시시각각 눈(雪)화장을 한다.
시시각각 엷어져 가는 스키 자국.
응시하는 영자의 얼굴
엷어져 가는 스키 자국.
응시하는 영자의 얼굴
영자의 구두 자국도 엷어져 간다. (그 이동(移動), 길게 길게)
흰색 일색인 눈 고개에서 영자가 스키 자국을 응시하고 있다.

#142. 고원
눈 속을 헤치며 전진하는 스키 대열

#143. 추적하는 마쓰다

#144. 고개
스키 자국을 응시하는 영자.
가장 깊게 파였던 스키 자국도 한 줄기 바람이 일자 이내 덮여버린다.
눈(雪)화장한 영자의 속눈썹에 엉긴 눈이 넘쳐흐르는 눈물로 녹는다. 볼을 타고 내려오는 눈물.
영자의 구두 자국도 묻혀져 간다.

#145. 눈 속을 가는 스키 대열

#146. 추적하는 마쓰다

#147. 고개
영자가 발을 동동거리며 기다리고 있다.
손목시계를 본다.
손목시계가 내리는 눈 때문에 금방 가린다.
O.L

#148. 저녁 풍경
눈보라를 헤치며 나아가는 학생 스키대

#149. 추적하는 마쓰다

#150. 고개
10간(間) 정도, 밟아서 굳어진 길을 영자가 왔다 갔다 한다.

#151. 밤 고원
학생들은 전부 스키를 옆에 세우고, 한 무리가 되어 발을 구르며 몸을
서로 비비면서, 군가를 부르고 있다. 눈보라는 여전히 강하다.

#152. 마쓰다가 손전등으로 스키 자국을 찾으면서 활주해 간다.

#153. 고개
왔다 갔다 하는 영자
O.L

#154. 마쓰다의 집
모여든 학생들의 부모. 모두 불안한 표정.

#155. 미친 듯 퍼붓는 눈보라.
O.L

#156. 신문기사(요령)
××중학생 20여 명 ××종주 스키대 눈보라로 행방불명.

#157. 마쓰다 교사 부부도 행방불명

#158. 연대(聯隊) 영내
전화기 앞, 우시즈카 조장 긴박한 표정. "상관(上官)님께 보고합니다."

#159. 전화를 끊는 기타무라 소좌

#160. 눈보라 계속 들이치고 있다. 새벽 무렵.

#161. 고원
학생들, 서로 몸을 붙인 채 엉겨 있다.
야나기 혼자서 원기왕성하게 군가를 부른다.
두세 명이 계속해보나 곧 그만둔다.

야나기　잠들면 죽는 거야!

　　　야나기 노래 부른다.

#162. 힘이 빠져서 헤매고 있는 마쓰다
멀리서 야나기의 군가 소리가 들려온다.
마쓰다, 그 소리를 듣는다.

#163. 어느 역(앞과 동일)
혼절한 영자.
영자, 의식을 잃어가고 있다.

#164. 고원
눈보라 사이로 보이는 학생들의 모습
눈보라 사이로 보이는 마쓰다의 모습
마쓰다, 학생들과 점점 가까워진다..

학생일동　선생님.
마쓰다　모두 무사하냐?
야나기　괜찮습니다.

　　　마쓰다, 털썩 쓰러진다.
　　　학생 일동, 마쓰다를 둘러싼다.

야나기, 울고 있다.

#165. 정찰기 출동
한 대, 두 대, 세 대가 상승한다.

#166. 스키 중대 출동
(정찰기의 무전과 스키 중대의 무선 연락, 기타 활약상은 별도 콘티 계획을 세울 것.)

#167. 마쓰다, 의식을 잃은 채
야나기가 스키용 왁스를 태운다. 학생들도 전부 왁스를 태운다.
야나기는 자기의 스키를 꺾어서 태우며 마쓰다를 따뜻하게 해주려 한다.
학생들 차례로 스키를 태운다.

#168. 정찰기
눈보라로 시계(視界) 상태가 나빠 초 저공비행을 하던 중, 곧 학생들이 피우는 스키 불과 연기를 발견한다.
즉각 스키 중대에 위치가 보고된다.

#169. 스키 중대의 활약상
F.O

#170. 연대장실
연대장 후쿠시마(副島) 대좌
여기 온 기타무라 소좌

소 좌 감사합니다.!
대 좌 아니야, 모두 폐하의 적자(赤子) 아닌가.

#171. 연대 병사(病舍) 앞
학생들 각자 친구들(한복)과 만나 얼싸 안고 무사함을 확인하며 기뻐한다. 감격하여 우는 이도 있다.

#172. 병실 안
의식을 회복한 마쓰다.
영자, 오오키의 어깨를 의지하여 침대로 다가간다. 동상 걸린 다리 때문에 동작이 부자연스럽다.
마쓰다, 영자를 줄곧 쳐다본다.
영자, 마쓰다를 줄곧 쳐다본다

마쓰다 바보 같이…… 눈보라 속에 서서 기다리는 사람이 어디 있어?
영 자 당신이 쓰러지면……. 저도 같이 쓰러지려고 했어요.

오오키, 두 사람의 얼굴을 본다.

#173. 연대장실 앞 복도
학생 일동, 정렬해 있다.
후쿠시마 대좌, 일동에게 고한다.
"제군이 건강하니 기쁘다. 그러나 혈기만 믿어서는 안 된다. 제군들의
몸은 귀중한 몸이다. 폐하의 방패가 될 몸이야. 깊이 자중하고, 또 끊임
없이 연단하여 후에 훌륭한 병사가 되어 입대하기를 기다리겠다."

#174. 부대 정문
학생 일동, 2열로 행진.
친구들도 열을 이뤄 학생들의 뒤를 따라 즐겁게 행진.
학생들의 행진.
군가 합창 소리.
F.O

조선해협

▷ 서지사항 : 쓰쿄다 쓰나오[佃順] 작, 朴基采 연출, 세토 아키라[瀨戶明] 촬영, 조선영화제작 주식회사, 작품조선군 보도부 후원, 송태욱 번역

배역

李家成基 (지원병)
　　大鎬 (아버지)
　　孝順 (어머니)
　　淸子 (누이)
李家大明 (成基의 숙부)
三原錦淑 (成基의 처)
安田景明 (成基의 전우)
金川正民 (하숙의 주인장)
　　福禧 (하숙 주인장의 처)
井上英子 (錦淑의 친구)
　　友子 (錦淑의 친구이며 간호부)
金田노인 (마름)
　할머니 (錦淑이 집의 식모)
어린 남자 점원
집주인
고물상 주인
村山 대좌 (요양소장)
吉田 중위 (중대장)
戶部 간호부 (요양소 소속)
병원장 (반도병원장)

기타 군인, 부상병, 여공, 통행인, 애국반 여자, 간호부 A, B, 錦淑의 아이 (막 출산한 아이와 열 달 정도 된 아이)

1. F.I 황량한 격전의 흔적
때마침 석양을 받아 저쪽 산봉우리 한쪽에 일장기가 나부끼는 것이 보인다.
병마(兵馬)의 그림자는 없고 단지 가을 바람의 움직임만 있다. (조용하게 pan)

(다음의 조사가 애절하게 들린다)

고(故) 육군 상등병 李家成㫒 군의 영령에 아뢴다.
그대는 우리 조선 경성부 성북정 李家大鎬 씨의 적자로 태어나 성격이 온순, 활달하고 어려서부터 효심이 깊고 인정이 두터워 인근 사람들이 우러러보았더라. 이번에 지나 사변이 발발하자 결연히 떨쳐 일어나 지원병이 되어 혹독한 훈련을 거쳐 용산 연대에 편입하였고, 곧 대명을 받들어 용약(勇躍) 정도(征途)에 나섰더라 —.

1-2. 전흔
지뢰, 참호의 흔적 등. O.L
그대는 ××병단에 소속되어 멀리 북지(北支)[1] 서쪽 방면의 산야를 이리저리 옮겨 다니며 싸우고, 특히 ○○○ 공략에서 혁혁한 무훈을 세워 드디어 그 국경 방면의 격전에서 호국의 꽃으로 졌느니 —.

1-3. 전흔
들판에 점점이 세워진 용사의 가묘표(假墓標). 석양에 긴 그림자를 드리운다. (이동). O.L

전사(戰死)란 원래 일본 남아의 숙원이지만 성전의 전도(前途) 더욱 요원하니 그대 같은 용사를 잃고 그 누가 애석치 않으랴……
그래도 그대는 반도의 황도정신과 통치 30년의 위대한 성과를 자신의 피로 땅에 적셨더라.

1-4. 전흔
점령한 산봉우리의 물결. (pan)

위대하다. 그대의 혁혁한 무훈! 장할시고, 그대의 열렬한 충혼! 이제 그대 최후의 땅 북지는 그 밖의 공영권과 마찬가지로 천황의 위광 아래서 적들을 궤멸시키고 빛나는 거보(巨步)를 안팎으로 선포하여 성전의 목적 달성에 매진하는 중이라.

1-5. 전흔
산봉우리, pan하여 일장기에 다가간다. O.L

동아! 천지에 아침 햇빛이 고루 퍼져 아세아 10억 민중이 천황의 위광을 따르는 날이 그리 멀지 않았음을 믿노라. 하여 지금 결별의 의식을 집행함에 즈음하여 그대의 빛나는 무훈을 기리고 삼가 성의를 다하여 애도의 뜻을 표하고자 하노니, 바라건대 재천(在天)의 영령이여 친히 오

---

[1] 北支事變이 일어난 중국의 화북지역을 일컬음. 北支事變은 1939년 7월 7일 중국 화북지역에서 중국군과 일본군 사이에 시작된 전쟁.

셔서 잔칫상을 받으시라.

 # 1-6. 산봉우리
나부끼는 일장기.

 # 2. 李家의 한 방
成炅의 사진, 꽃과 향, 헌화물에 파묻힌 채 모셔져 있다.
그 앞에 차남인 成基가 고개를 숙이고 있다. 양복, 손질하지 않은 머리,
이 집에 어울리지 않은 풍모.

 # 3. 大鎬의 방
묵묵히 고서(古書)를 고치고 있는 大鎬, 그 옆에 처인 孝順, 무릎에 손
을 모으고 말을 건다.

孝　順　…… 저, 여보, 모처럼 그렇게 돌아왔고…….
大　鎬　돌아가……. (격렬하게) 누구 허락받고 돌아온 거야? 나갈 때처럼 지 마
　　　음대로 돌아올 수 있다고 생각하는 거야, 그런데 누가 저 녀석을 집에
　　　들여놓은 거야?

　　　孝順, 주뼛주뼛하면서

孝　順　그래도…… 그 여자하고는 벌써 손을 끊은 것 같고, 게다가 자기도 뭔가
　　　결심하고 있는 것 같으니까……. 제가 부탁 드릴게요.

 # 4. 영령이 있는 방
부모[2]의 소리가 들려온다.

아버지　더 이상 말하지마, 형의 전사도 장례식도 모르고 있는 놈에게 무슨 놈
　　　의 결심이야!
어머니　그건, 바로 얼마 전까지 어디 먼 데 가있었다고 하잖아요…….

　　　成基, 뭔가 생각하면서 조용히 얼굴을 들고 형의 영정을 보고 있다가,
　　　결심한 듯이 불쑥 일어나 아버지 방으로 간다.
　　　장지문 앞에서 들어가지 못하고 머뭇거리고 있다.
　　　방안에서 부모의 목소리.

---

2) 앞 장면에서 나온 孝順과 大鎬를 일컬음.

아버지 내버려 둬. 이제 집에 올 일도 없을 거야.

그 나이든 아내가 애처롭고 딱해 목소리가 좀 부드러워지는데, 그 속에서 자신에 대한 쓸쓸함도 느껴진다.

아버지 당신은 왜 이런 일로 날 성가시게 하는 건지……. 좀 내버려두시오…….

그것에 용기를 얻은 어머니

어머니 여보! 그렇게 말씀하지 말고 이번만…….

아버지 시끄러! 몇 번을 말해야 알아듣겠어, 내 앞에서 두 번 다시 그 녀석 얘기는 하지마…….

成基, 겨우 낸 용기마저 잃어버리고 고개를 숙인 채 돌아온다.

5. 뜰 앞
마름인 김 노인이 걱정스런 얼굴로 허둥거리면서 아무 일 없는데도 왔다갔다하고 있다.
하인들의 얼굴도 불안하다.

6. 영령을 모신 방
成基, 가만히 생각에 잠겨 있다가 일어선다.

7. 淸子의 방
누이인 淸子가 장지문 끝에 불안한 듯 서있다. 오빠의 모습을 보고 깜짝 놀라지만 슬픈 듯 고개를 숙이고 오빠 옆으로 다가간다.
成基는 淸子를 흘끗 보고는 아무 말 없이 나간다.

8. 현관
成基, 외투를 겨드랑이에 끼고 나오자마자 신발을 신기 시작한다.
淸子, 좇아와서

淸 子 오라버니!

成基, 쓸쓸하게

成　基　너한테도 걱정하게 해서 미안하다.
淸　子　오라버니, …… (사이) 제가 아버지께 부탁드려 볼게요.
成　基　고맙다……. 그런데 다 부질없어.

　　　　붙잡는 淸子를 물리치고 나가려고 한다.

淸　子　기다려요! 오라버니!

　　　　그러나 成基는 결국 그대로 나간다.

淸　子　오라버니!

　　　　# 9. 李家의 밖
　　　　成基 발빠르게 사라진다.
　　　　그 뒤를 淸子가 좇아온다.

淸　子　오라버니!

　　　　그곳에 김 노인이 등장한다.
　　　　淸子와 지나치며

淸　子　할아버지, 오라버니 좀 불러 잡아주세요, 네!

　　　　김 노인은 "예, 예!" 하면서 급하게 淸子와 함께 成基의 뒤를 좇아가기
　　　　시작한다.
　　　　大鎬의 목소리가 들린다.

大　鎬　할아버지!
할아버지　예!

　　　　할아버지, 어찌해야 좋을지 모른 채 허둥대기만 할 뿐.
　　　　淸子도 덜컥하지만 그대로 좇아간다.
　　　　성급하게 모든 감정을 억제하려는 듯한 큰 목소리.

大鎬의목소리　여기 좀 청소해 주게!
할아버지　예, 예!

좇아온 淸子, 멈춰 선다. 거기에는 이미 成基의 그림자도 보이지 않는다.

10. 쓸쓸한 거리
成基, 쓸쓸하게 걸어간다.

11. 종로 거리
成基, 인파에 섞여 걷는다.

12. 錦淑의 집, 실내
확 하고 일시에 밝아진 느낌.
상당한 살림살이가 있다.
책상 앞, 내연의 처인 錦淑이 잡지 부록과 플란넬 옷감을 내놓고 아기옷과 아기에게 필요한 것을 찾고 있다.

13. 문 입구
成基가 와서 문을 열고 들어온다.

14. 툇마루
식모, 맞이한다.

식 모 사모님, 바깥어른께서 돌아오셨습니다.

15. 실내
錦淑, 서둘러 내놓은 물건을 정리하고는 남편을 맞이한다.

錦 淑 오셨어요!

라고 말하며 외투를 벗고 조선옷으로 갈아입는 것을 거든다. 그리고 양복을 정리하면서

錦 淑 여보, 저녁은요?
成 基 됐어.

마음에 없는 대답을 하면서 담배를 피운다.

錦 淑　英子말이에요, 오랜만에 당신이 오셨다고 하니까 일부러 찾아 왔었어요.

　　　　라고 말하며 과자상자를 열고는,

錦 淑　이걸 사왔어요.

　　　　錦淑은 평상시와 다른 남편의 모습에 의아해하면서

錦 淑　과자 안 드세요?
成 基　응.
錦 淑　여보, 어떻게 된 거에요, 오늘 무슨 일 있었어요?
成 基　아무 것도 아냐.
錦 淑　그래도 — 아주 기운이 없으신 것 같은 걸요. 커피라도 드시겠어요?
成 基　응.

　　　　커피를 끓여 온다.
　　　　成基, 후루룩 마신다.

成 基　앗 뜨거! 엄청 뜨거운 걸.

　　　　錦淑, 비로소 여느 때의 남편 모습을 발견하기라도 한 듯 빙긋 웃으며,

錦 淑　죄송해요……. 그치만 오늘밤은 제법 쌀쌀하니까 괜찮지요.

　　　　하며 과자를 집어 남편에게 내민다.

錦 淑　들어요, 아주 맛있어 보여요.

　　　　부부는 아무 말 없이 과자를 먹고 커피를 홀짝인다.

錦 淑　英子 말이에요, 이제 병원은 그만두고 공장에서 일한대요. 피복 공장이
　　　　라네요. 굉장히 힘이 넘쳤어요.
成 基　음—.

　　　　成基, 어느새 책상 위에 있던 사진을 집어든다.
　　　　사진 클로즈업.

간호부복을 입은 英子와 錦淑.

錦　淑　저도 일하고 싶어요. 하지만 이제 안 돼요…….

成基, 물끄러미 아내의 얼굴을 본다.

錦　淑　뭐에요? 아까부터 내 얼굴만 보고…….
成　基　당신과 부부가 된 지 얼마나 됐지?
錦　淑　왜요?
成　基　별건 아니고, 그냥.
錦　淑　재작년 가을 무렵이니까 (하고 추억하면서), 1년하고도 반 년 정도 되었어요. 벌써 그렇게 되었네요. 그때는 정말 힘들었지요. 저보다도 당신이……. 집까지 나와 그걸로 끝이니까…….
成　基　그런 건 아니야. 그렇다기보다 어쩔 수가 없었으니까, 그렇잖아…….

錦淑, 옛날을 추억하는 차분한 목소리로.

錦　淑　그때는요, 당신 집에서 너무 심하게 반대하셔서 당신까지 나를 떠나지 않을까 굉장히 불안하고 힘들었어요 (웃으면서 농담인 척하며). 하지만 이제 걱정하지 않아도 돼요. 지금도 시댁 생각만 하면 마음이 좀 무거워지지지만요…….
成　基　당신, 지금도 나와 같이 살게 된 것 후회 안 해?
錦　淑　뭐에요? 싫어요, 후회라니요, 당신은 후회해요?
成　基　그렇진 않아.

錦淑, 갑자기 자기 자신도 뭔가 쑥스럽다는 듯이,

錦　淑　저…… 여보.

成基, 다시 묵묵히 다른 일을 생각하면서 건성으로 대답한다.

成　基　음.

부끄러운 듯이.

錦　淑　저요……. (成基 쪽을 잠깐 보지만, 成基가 뭔가에 골몰하면서 자기에

게는 마음을 주고 있지 않은 모습을 보고 단념한다) 중요한 얘기가 있
는데 (사이) 내일 할게요.

成基, 그다지 신경도 쓰지 않고 그대로 드러눕는다.
錦淑, 남편의 얼굴을 외면하고 혼자서 희미한 미소를 띄운다. (클로즈
업)

16. 밖
조용한 밤, 아주 작고 얕은 여울에 가로등.

17. 실내
錦淑, 침상에서 자고 있다.
成基, 잠들지 못하고 명상에 잠겨 있다.
成基의 얼굴에 다음 화면이 오버랩된다.

18. 명상
북지 전선
격전에서 호국의 꽃으로 산화하는 형, 成炅의 최후가 오버랩된다.
대동아전쟁의 발발을 알리는 신문 기사.
징병제 시행을 알리는 신문 기사.

19. 실내
成基의 옆얼굴.
錦淑은 편안하게 자고 있다. O.L

20. (아침) 같은 실내
햇빛이 錦淑의 잠자는 얼굴을 비춘다.
錦淑, 눈부신 듯 눈을 뜬다. 옆에 있는 남편 쪽을 본다.
옆 남편의 침상, 머리맡에 전기 스탠드가 있다.
거기에 남편의 모습은 없다.
錦淑, 수상쩍은 듯 다시 일어났으나, 다시 생각을 바꿔 잠자리에 파고들
려고 하다 문득 책상 위에 시선이 머문다.
책상 위에 남편이 써놓고 나간 한 통의 편지가 놓여있다.

'錦淑에게'

錦淑의 손이 뻗친다.
錦淑, 꺼내 읽는다.

20-2. 편지

錦淑! 당신이 나를 꼭 믿어주리라 믿고 이 편지를 쓰오. 이유는 묻지 마시오. 2년 간 따뜻한 당신의 애정은 내가 앞으로 걸어갈 생활을 끊임없이 격려하고 강력하게 해줄 것이오. 내가 이 생활을 이겨냈을 때, 그때야말로 나는 이전의 몇 배나 되는 늠름함으로 당신 앞에 돌아갈 것이오. 그때까지 어떠한 고통과 고난도 이겨내고 기다려줄 것을 믿으면서, 나는 지금 새로운 생활을 목표로 나아가오. 成基.

錦淑, 잠시 영문을 모른 채 멍하니 앉아 있었으나 허둥대며 마루방 쪽으로 나가 밖을 내다본다. 복받쳐 오르는 오열을 억누르려고 한다.
식모, 얼굴을 내밀고 의심스럽다는 듯,

식 모 사모님! 무슨 일 있으세요? 선생님은 벌써 나가셨어요? 문이 열려 있던데요.

錦淑, 참을 수 없어 방안으로 뛰어들어가 엎드려 운다. O.L

21. 英子의 하숙
錦淑, 들어온다.

錦 淑 실례합니다.

하숙 아줌마, 나타난다.

錦 淑 英子, 있어요?

22. 실내

英 子 어머, 錦淑이? 어서 와. (錦淑의 모습을 보고) 무슨 일이야? 자, 들어와, 자.

라고 재촉한다.
錦淑, 들어와 고개를 숙인다. …… 울고 있다.
마주 앉은 英子, 成基의 편지를 다 읽고 나서,

英　子　무슨 일 있었니?

　　　錦淑, 아무 말 하지 않고 고개를 옆으로 흔든다.

英　子　이상하네!

　　　라고 또 편지를 다시 읽으면서 錦淑에게 말한다.

英　子　장난치고는 좀 너무 심각하고, 그렇다고 — 설마 —.

　　　錦淑, 얼굴을 든다.

錦　淑　정말이야. 어젯밤 아주 이상했는 걸.
英　子　그래……. 여행간 데서 무슨 일이 있었을까…….
錦　淑　그 사람, 형님이 전사하고 나서 여기, 나만 보살피고 있을 수는 없게 된 것 같은 걸. 난 본가로 돌아갔다고 생각해.
英　子　그래도 그 사람 본가는 아버지가 아주 완고한 분인 것 같지 않았니?
錦　淑　왜냐면……. 부자지간인 걸.

　　　英子, 분개하며,

英　子　어쨌든 너무하다 애, 너무 제멋대로야. 어떤 이유에선지 모르겠지만, 그저 믿어달라니…….
錦　淑　아니야, 英子야! 그 사람 그렇게 할 수밖에 없는 이유가 있었을 거야, 분명히. 난 그 사람이 말하는 대로 언제까지나 그 사람을 믿고 기다릴 거야. (울먹이는 소리로) 그렇게라도 하지 않으면, 나 정말 살아갈 수가 없는 걸.

　　　錦淑, 훌쩍거리며 운다.

英　子　너 아이 얘기는 한 거야?
錦　淑　아니, 어젯밤 말하려고 했는데, 그런데.
英　子　근데, 왜 지금껏 하지 않은 거야? 자기는 아무리 새로운 길을 걸을 수 있을지 모르지만, 널 이렇게까지 힘들게 하다니……. 그건 해도 너무한 거야.

23. 李家大明(成基의 숙부)의 집

成基가 탁자 옆에 말쑥하게 고개를 숙이고 앉아 있다.
하녀 아이가 다과를 날라 온다. 成基는 돌처럼 움직이지 않는다.
드디어 大明 노인이 들어와 마주 앉는다. 딱 자르듯 말한다.

大 明 뭐 하러 온 게냐?

成 基 예……. (사이) 그 동안 찾아뵙지 못했습니다……. 실은 부탁이 있어
서…….

大 明 음, 그건 이제 들을 필요 없다. 돌아가거라. 너 일은 이제 듣지 않기로
했다.

成 基 예, 그러나 이번은…….

大 明 이제 됐다. 아무 말도 하지 마라.

라고 成基를 노려본다. 그리고 다시 말을 잇는다.

大 明 어떠냐? 너도 이제 적당히 그런 무시근한 짓은 그만 두는 게, 응? 나도
그저 언제까지고 네 아버지한테는 비밀로 하면서 네 뒤만 봐줄 수는
없는 일이다. 그건 남자들이 하는 일이야. 누구나 젊을 때는 있는 법이
거든. 네 처는 질이 나쁘다. 정식으로 결혼한 일이나 집에 끌어들인 일
이나, 결국엔 대학까지 중도에 그만두고 — 아버지가 그렇게 노한 것도
무리가 아니야.

成基, 뭔가 말하려고 하지만 단념하고 고개를 숙인다.

大 明 너희들, 젊은애들은 금방 자유, 자유 하지만, 결혼이라는 건 그렇게 경
솔하게 하는 게 아니다. 오랜 전통과 유서 깊은 이 집안에, 어떤 집안인
지도 모르는 사람을 그렇게 무턱대고 들일 수 있다고 생각하는 거야
원!

成基, 참을 수 없어서,

成 基 작은아버지, 그건…….

大 明 (큰 소리로) 적당히 해라. 네 그런 유치한 결혼론 같은 걸 내가 인정한
다고 생각하는 거냐? 바보 같은 놈. 내가 지금껏 네가 말한 대로 생활

을 봐준 것은 네 어머니가 너무나 걱정하는 걸 볼 수 없었기 때문이야. 당분간 네 좋을 대로 해주면 언젠가 제정신이 들 거라고 생각했기 때문이다. 그런데도 그 꼴이 뭐냐? 제정신은커녕 언제까지나 빈둥거리기만 하고 일하려고도 하지 않고. 지금은 계집애들까지 총동원되는 때가 아니냐? 조금은 창피한 줄 알아라, 창피한 줄. 자기 손으로 일하고 자기 힘으로 먹고, 그것이 싫은 사람은 죽어버리든지. 이제 집으로 들어와서는 안 된다……

大明, 화가 나 일어선다.

成 基 기다려 주세요……. 작은아버지.

成基, 진지하게

成 基 지금까지의 일은 엄중히 사죄드립니다. 아니 분명히 그 속죄는 하겠습니다.

大 明 속죄?

成 基 예! 형의 뒤를 이어받아 일본 남아로서의 임무를 다하기로 결심했습니다.

大明, 고쳐 앉으며,

大 明 너 제정신으로 말하는 거야?

成 基 예 — 형이 전사하고 나서 전 확실히 깨달았습니다. 이렇게 염치없이 살 수 없게 되었습니다.

大 明 너도 군인이 된다는 거냐?

成 基 예!

大 明 음, 말 잘했다! 그랬었구나, 좋아. 나도 기쁘다. 아버지께는 말씀드렸니?

成 基 (사이) 오늘 작은아버지께 부탁하러 온 것은 아버지께 중재 좀 해주십사해서입니다. 집으로 돌아갈 수 있도록 해주세요. (고개를 숙이고) (사이) 제가 해서는 용서해주지 않을 겁니다.

大 明 음, 아버지의 그 성격으로는 꽤 어려울 거다. 그러나 뭐 아버지도 이런 이야기라면 들어줄 거야. 내가 빨리 가서 잘 얘기해 보지.

成 基 감사합니다……. 작은아버지. (사이) 그런데 또 하나 부탁이 있는데요.

大　明　뭐냐?

成　基　실은…… 실은 아내 문제인데요…….

大　明　네 처? 成基야! 너, 마음을 바꿨다느니 군인이 될 거라느니…… 말하면서……. 아직 날 속일 셈이냐?

成　基　아닙니다. 아내는 가난한 집에서 태어났지만 선량하고 마음씨 좋은 여자입니다…….

大　明　바보! 또 여자 문제냐. 너한테는 지금 중요한 때야! 이 기회에 깨끗이 손을 떼라.

成　基　……. 그러나…….

大　明　더 이상 아무 말도 하지 마라!

이렇게 단호하게 말한다. F.O

24. F.I 남대문의 저녁 무렵(봄)
역광선으로 하늘이 아름답다.

25. 錦淑의 방안
많이 있던 가구가 줄어든 것이 눈에 띈다.
錦淑과 식모인 할멈이 앉아 있다.

錦　淑　할멈의 기분은 잘 알겠지만 그렇게 하면 오히려 제가 곤란해요.

할　멈　사모님! 그렇게 말씀하시지 마시고 제발 곁에 있게 해주어요. 부탁이오. 이 할멈은 바깥어른께서 돌아오실 때까지 급료 같은 건 받을 생각도 하지 않고, 어떤 고생이라도 할 각오가 되어 있다우.

할멈은 울음을 터뜨렸다. 錦淑도 울먹인다.

錦　淑　고마워요. 그러나 바깥양반은 언제 돌아오시게 될지…….

할　멈　아니오. 머지않아 분명히 돌아오실 겝니다.

錦　淑　할멈, 아무 말도 하지 마세요. 이번만은 제 말대로 해주세요…….

錦淑, 눈물을 닦는다.

할　멈　예, 예!

할멈, 얼굴을 묻고 운다.
錦淑, 장롱에서 옷 한 벌을 꺼내 할멈 앞에 놓으면서,

錦 淑 할멈은 정말 여러 가지로 육친처럼 정성껏 일해주었고, 저도 할멈을 온전히 남처럼 생각하지 않아요……. 여러 가지로 생각해봤지만……. 언제까지나 저를 생각해주도록 제가 소중하게 간직하고 있는 옷을 드릴려구요. 하얀색이고 할멈에게도 맞을 거예요. 받아줄 거죠.

할 멈 황송할 뿐이구먼요.

36. 현관
도매상의 어린 점원이 들어온다.

어린점원 안녕하세요?

라고 인사하면서 마루에 앉는다.
錦淑, 웃으며 맞는다.

錦 淑 수고하네요.
어린점원 다 됐나?
錦 淑 응, 여기 있지, 열 장.

어린 점원, 쌓아올려진 손질된 옷감 한 장을 들어보면서 건방지게,

어린점원 음, 상당히 좋아졌네.
錦 淑 어머! 건방지네요, 어린애인 주제에.
어린점원 아이라고 해도 이런 일이라면 아줌마보다는 선배지. 잘 된 것과 잘 안 된 걸 보는 눈 정도는 가지고 있으니까.
錦 淑 그건 그러네. 이래 뵈도 난 아주 열심이라구.
어린점원 열심히 하지 않으면 우선 목구멍에 거미줄을 칠 테니까, 그런 마음가짐으로 좀더 예쁘게 빨리 손질해 주었으면 하는데.
錦 淑 그치만 아직 익숙치 않은 걸. 그렇게는 안 되지.

어린 점원, 가지고 온 보자기 꾸러미에서 새로운 일거리인 옷감과 실을 꺼내,

어린점원 이것 오늘 안까지 부탁해.

그리고 손질된 옷감을 싼다.

錦 淑 실은 이걸로 충분할까? 항상 부족해서 곤란한데.
어린점원 그것도 아직 익숙치 않아서 그래. 숙련공이 되면 반대로 남아돌 정도
야. 그러나 오늘은 특별히 좀더 놓고 가지.

그리고는 호주머니에서 실을 끄집어낸다.

어린점원 물자가 부족한 시국이니까 만사에 절약해, 알았지.
錦 淑 어머! 너 대체 몇 살이니?

하며 어이없어 한다.
대문으로 英子가 들어온다.

英 子 애야! 빨리 해라. 이상한 놈이 자전거를 노리고 있더라.

라고 말하며 올라온다.
錦淑, 빙긋이 맞이한다.

錦 淑 어서 와.
어린점원 겁주면 안 돼요, 누님.
英 子 진짜야. 가봐. 이제 없어졌을 걸.
어린점원 우와! 그것 큰일이네.

라고 서둘러 사라진다.

英子, 웃으면서 錦淑 옆에 앉는다.

英 子 저……. 錦淑아, 이 집에 너 혼자만 있으니까 왠지 휑한 느낌이네, 어때?
우리 집으로 이사오면?
錦 淑 고마워. 하지만 나……. 그 사람 언제 돌아올지 알 수 없는 걸. 만약
이사한 뒤에라도…….

그리고 말끝을 흐리면서 고개를 숙인다.

英 子　어머!

　　안됐다는 듯이 錦淑을 보지만 금세 錦淑의 기운을 북돋아주려고 화제를
　　돌린다.

英 子　그래 그래, 네 배도 이제 사람들 눈에 띄겠다.
錦 淑　어머나, 英子 너!

　　하며 미소짓는다. 그리고,

錦 淑　오늘 무슨 일 있어, 공장에는?
英 子　정말, 건망증은, 오늘 공휴일이야.
錦 淑　어머, 그렇구나……．
英 子　널 데리고 어디 가려고 모양 좀 내고 왔어 애.
錦 淑　정말, 그 옷 아주 예쁘다. 너한테 아주 잘 어울려!
英 子　칭찬해준 대가로 오늘은 내가 한 턱 낼게. 어제 급료에다 특상을 받았
　　거든.
錦 淑　그래. 참 잘됐다. 그럼 뭘 사달라지?

　　# 27. 거리
　　본정통(本町通)3)을 걷고 있는 錦淑과 英子.

　　# 28. 식당
　　어느 식당 한 구석에서 맛있게 먹고 있는 두 사람.
　　문득 고개를 숙이고 먹고 있는 錦淑에게 눈길을 멈춘 英子.

英 子　錦淑아! 너 아주 여위었구나. 너무 무리하면 안 된다.
錦 淑　응. (잠깐 있다가) 英子야! 그저 정처 없이 기다리고 있자니 힘들어.
英 子　錦淑아! 난 널 어떻게 위로해야 할지 모르겠어. 너만 생각하면 가슴이
　　벅차 올라서 아무 말도 할 수가 없어. 하지만 넌 대단해. 그 일이 있은
　　지 벌써 두 달이나 되었어. 나, 정말…… 이제 잊어버리라고 말하고 싶
　　어.
錦 淑　英子야! 용서해! 나, 아무리 해도 그것만은.

---
3) 현재의 충무로쪽, 일제 시대의 일본인 거리.

300

英 子　어머, 미안해. 난 단지 네가 너무나 안돼서…… 점점 돈이 들 때도 다가
　　　오고 또 그렇게 무리만 해서는 안 되기도 하고…… 그래. 錦淑아! 언제
　　　그 사람 집에다 그 일을 얘기해보면 어떨까? 뭐하면 내가 가줄 수도 있
　　　는데.

錦 淑　어머! 英子야! 부탁이니까, 제발 그런 일은 하지 말아 줘. 죽어도 그렇게
　　　하고 싶지는 않아. 게다가 난 무슨 일이 있어도 그 사람을 믿고 있는
　　　걸. 이 정도 고생 같은 건 아무 것도 아니야.

　　　錦淑, 웃음을 지으려고 하지만 잘 안 된다.

英 子　錦淑아! 넌 정말 마음이 고운 사람이야…….

　　　두 사람은 얼굴을 맞대고 쓸쓸하게 웃는다. F.O

　　　# 29. F.I 李家 댁 바깥
　　　錦淑, 남몰래 온다. 약간 떨어진 전신주 그늘에서 문 안을 엿본다.
　　　李家大鎬라는 문패.
　　　통행인이 온다. 錦淑은 당황하며 지나친다. O.L

　　　# 30. 다시 문 앞
　　　錦淑이 다가온다.
　　　김 노인이 외출해서 돌아온다.
　　　錦淑의 태도를 보고 이상한 듯이,

김노인　무슨 볼일이라도?

　　　錦淑은 움찔하며 물러선다.

錦 淑　아니에요.

　　　노인, 들어간다.
　　　문은 단단히 잠긴다. 안은 다시 쥐 죽은 듯 조용해진다.
　　　슬픈 듯한 錦淑의 얼굴.

　　　# 31. 으스름달　O.L

　　　# 32. 부풀어오르기 시작한 벚꽃나무의 가지 (pan)

33. 거리

높다란 돌담 아래, 차디찬 돌에 그림자를 드리우며 錦淑이 돌아온다.
갑자기 앞쪽에서 뭔가를 발견하고 멈춰 선다.
길가,
한 나이든 부인이 웅크리고 앉아 머리를 누르고 있다. 錦淑은 등을 돌
리고 그곳으로 다가가 친절하게,

錦 淑 무슨 일 있으세요?

얼굴을 든 부인, 孝順이다. 조그만 보자기와 검은색 가죽 핸드백을 무릎
에 올려놓고 있다.

孝 順 고맙습니다. 갑자기 현기증이 나서…….
錦 淑 그거 안됐네요. 집은 먼가요?
孝 順 아니오. 바로 저기에요.

錦淑은 그 근방을 둘러본다. 핸드백에서 카오루를 꺼내들면서,

錦 淑 실례지만 이걸 드시면 좀 나아질 거예요.

錦淑, 보자기를 들어 부인을 부축하고 걷기 시작한다.

孝 順 고맙습니다……. 친절하시게도…….

34. 李家의 문앞

孝順, 멈춰 서면서,

孝 順 여기에요. 바쁘지 않으시면 잠깐 들어가지 않겠어요?

錦淑은 깜짝 놀라 孝順의 얼굴을 본다.

錦 淑 어머! 좀 급한 일이 있어서 어떡하죠? 이 다음에 들리도록 할게요.
孝 順 그러세요? 여러 가지로 정말 고마웠어요.

錦淑, 인사에 답하고 물러난다. F.O

35. F.I 조선 벚꽃이 피다
난만한 벚나무의 가지. O.L

36. 육군특별지원병 훈련소의 문패 O.L

37. 육군특별지원병 훈련소 병영
맹렬한 훈련이 시작되고 있다.
초여름의 땀과 먼지를 뒤집어써서 흙투성이가 되는 격렬한 훈련이다.
그 안에 갱생한 成基의 모습도 섞여 있다. O.L

38. 군(軍) 매점의 내부
지원병들이 제각각 토요일의 즐거운 한때를 보내고 있다.
그 한편에 成基가 커피를 마시면서 누이의 편지를 읽고 있다.

38-2. 편지
오빠, 편지는 고맙게 잘 받았어요. 건강히 정진하고 있다니, 집에서도
모두들 잘 있어요. 아버지는 예전의 완고함은 어디로 갔는지 요즘에는
손님이 오실 때마다 기쁜 얼굴로 오빠 자랑만 해요. 얼마 전에는 작은
아버지가 오셨을 때, 오빠의 색시감 얘기를 한 것 같았어요.

成基, 퍼뜩 편지에서 눈을 돌린다. 錦淑을 생각한 것이다. 그 어깨를 톡
치는 사람이 있다. 같은 반의 安田景明이다. 히쭉히쭉 편지를 훔쳐보면
서,

景 明   어이……. 그 장문의 편지는 누구한테서 온 거야?
成 基   누이한테서야.
景 明   누이? 거짓말! 어디 봐.
成 基   좀……. 사정이 좋지 않아.
景 明   이놈, 점점 더 수상해. 좋아. 찹쌀떡 살 테니까 보여줘 봐.

하며 한 접시를 볼이 미어지게 먹고는 남은 한 접시를 내밀었다. 成基
는 하는 수 없이 편지와 접시를 바꾼다.

景 明   뭐야, 이건 진짜 누이 아냐.
成 基   그러니까 처음부터 그렇다고 했잖아.

라고 웃으며 텅 빈 접시를 내밀어 편지와 교환한 다음 그 자리를 뜬다.
景明, 빈 접시를 보고 아무 생각 없이 동그란 눈을 깜박인다.

39. 병영의 뜰
成基가 와서 풀밭 언덕에 앉는다. 다시 편지를 본다.

편지.
…… 오빠의 아내가 될 분은 어떤 사람일까……. 아주 곱고 마음씨 좋은 사람이 아니면 곤란해요. 왜냐하면 淸子의 올케가 되기도 하는 사람이니까…….

成基는 견딜 수가 없어 풀밭 언덕에 아무렇게나 드러눕는다.
하늘이 갑자기 흐려진다. 금방이라도 비가 쏟아질 것 같다.

40. 錦淑의 집 − 방
비가 내리고 있다.
錦淑이 열심히 부업에 힘쓰고 있다.
錦淑의 쇠약해진 얼굴이 보인다. 錦淑, 손을 멈추고 괴로운 듯 얼굴을 찡그리면서 일어나 기지개를 켠다. 문득 시선이 벽에 걸린 成基의 스프링코트에 머문다. 錦淑, 다가가 스프링코트를 어루만지며 명상에 잠긴다.

41. 명상 (즐거웠던 추억이 단속적으로 나타난다)
즐거운 듯한 錦淑, 成基에게 스프링코트를 입혀본다.

錦　淑　자, 입어봐요.

成基, 錦淑에게 봄 목도리를 둘러 준다.

錦　淑　고마워요.
成　基　이런 날은 아이를 데리고 산보하면 좋겠지?

錦淑, 조그마한 목소리로,

錦　淑　당신, 그렇게 아이가 좋아요?

41-2. 우이동 (벚꽃이 만개했다)

成　基　그렇게 생각하지 않아? ……. 아이는 이런 데서 즐겁게 논다구.

　　# 41-3. 한강

　　보트 위의 成基와 錦淑.

成　基　당신도 아이는 좋아하지?
錦　淑　다음에는 셋이서 타요.

　　成基의 얼굴.

　　# 42. 錦淑의 방
　　錦淑의 얼굴.
　　錦淑의 얼굴에는 눈물이 흐른다. 그러나 錦淑은 금세 눈물을 닦고 기운
　　을 내면서 계속해서 부업 일을 한다.

　　# 43. 금숙의 집, 문 앞
　　비는 그쳤다.
　　英子, 문을 열고 들어선다.

　　# 44. 실내
　　英子, 들어와서 의아스럽다는 듯 들어온다.
　　책상에 푹 엎드려 있는 錦淑.
　　英子, 가까이에 조용히 앉는다.

英　子　왜 그래, 錦淑아?

　　錦淑, 얼굴을 든다. 그 얼굴은 초췌해 있다. 게다가 아주 곤혹스런 얼굴.

錦　淑　아, 어서 와. 갑자기 배가 아프기 시작해서. (몸을 일으키지만 다시 아
　　　　픈 듯하다) 이제 괜찮아!
英　子　그것 봐, 너무 무리해서야. 이제 일은 그만둬.
錦　淑　일을 그만 두면 살아갈 수가 없어. 게다가 돈이 필요할 때가 다가오기
　　　　도 하고.
英　子　그건 그렇지만…….

錦 淑 나 말이야, 英子야, 앞으로 어떻게 해야 좋을까…… 애국반 쪽에도 더이상은 성가시게 하고 싶지 않고.

사이

英 子 저…….

英子, 엄숙한 표정으로 말을 꺼낸다.

英 子 나, 그 사람 집에 가볼까?

錦淑, 갑자기 정색을 한다.

錦 淑 안 돼……. 그만 둬…….
英 子 곤란한 건 너 혼자가 아냐. 뱃속의 아이도 생각해야지. 니 기분 모르는건 아니지만……. 그렇게 하는 것 외에 다른 도리가 없잖니?
錦 淑 아기한테까지 고생시키는 건 안됐지만……. 아니, 아이한테는 오히려 그런 편이 나아. 아이도 나중에 내 기분을 알아줄 거라고 생각해. 英子야!언제까지나 너만 곁에 있어준다면, 나……. 난 조금도 …….

라고 말하며 英子의 무릎에 엎드린다. 英子, 錦淑의 어깨에 손을 얹고멍하니 있다. 그때 문이 열리는 소리가 들린다. 밖에서,

소 리 실례합니다. 실례합니다. 계십니까?
英 子 예.

英子, 나온다.

집주인 집세 때문에 왔는데요.
英 子 예, (머뭇머뭇하면서) 저 공교롭게도 이 집 남편이 아직 돌아오지 않았는데요…….
집주인 곤란하군요. 대체 남편은 언제 돌아오시는 건가요? 벌써 일곱 달이나밀렸는데, 집도 비워주지 않고, 이거 원, 제가 견딜 수가 없어요. 남편이돌아올 때까지 밖에서 기다리면 안 될까요?
英 子 죄송합니다. 하지만 출산 때까지 만이라도 어떻게 좀…….

집주인, 멍하니 서서 집 주위를 둘러본다. F.O

45. F.I 어느 백화점 내부
英子와 친구인 友子가 매장을 걷고 있다.

英 子 저, 友子, 잠깐만 같이 가주지 않을래?
友 子 이제 그만 가자. 지쳤어. 하지만 식당이라면 또 모르지.
英 子 먹보, 나중에 사줄 테니까, 가자.

하고 먼저 일어선다. O,L

46. 아이 용품 매장
英子, 友子를 데리고 온다.

友 子 너 뭘 사려고?
英 子 아기용품!
友 子 아기? 그럼 너 벌써?
英 子 무슨 말을, 내 것이 아니고, 錦淑이 거야.

라고 아기 옷을 찾아다닌다.
友子는 友子대로 하얀 아기 양말을 들어올리고,

友 子 야, 어때, 이것 귀엽지 않아?
英 子 고마워. 너한테까지 걱정 끼쳐서 미안해.

라고 손으로 집어서 여점원에게 건넨다.

英 子 이건 이 사람이 산대요.

友子, 어이없어 하며 돈지갑을 꺼낸다.

47. 백화점 출구
英子와 友子가 나온다. 英子는 결심이라도 한 듯이,

英 子 역시 갔다 오겠어.

友 子 괜찮겠어? 쫓아내지 않을까?

英 子 설마 그렇겠어…… 錦淑이한테는 비밀로 해. 내 자유의지로 가는 거니까.

그리고 거기서 헤어진다.
友子, 걱정스런 얼굴로 뒷모습을 지켜본다.

48. 李家네의 문 앞
英子가 온다. 한 순간 주저하다가 이윽고 용기를 내 들어간다.

49. 중문 (中門)
英子, 들어와서,

英 子 실례합니다!

그러자 곧 외출복을 입은 淸子가 나온다.

淸 子 어디서 오셨습니까?

英 子 전 井上英子고 하는데요 成基 씨를 뵈었으면 하는데요.

淸 子 ……. 오빠는 집에 없는데요.

英 子 그럼 어르신이라도 괜찮아요.

淸 子 공교롭게 아버지도.

英 子 아아……. 그래요?

淸 子 무슨 용건이신가요? 아버지가 돌아오시면 제가 말씀드릴게요.

英 子 成基 씨 부인 일로 찾아왔어요.

淸子, 놀라며,

淸 子 저……. 제가 들어도 괜찮으시면……. 전, 누이입니다.

英 子 그래도 된다면…….

淸 子 어서 올라오세요.

50. 淸子의 방
탁자를 사이에 두고 英子와 淸子가 마주 앉는다.
淸子, 고개를 숙이고 있다.

308

淸 子 　잘 알겠습니다. 이렇게 일부러 찾아주신 친절함도 전 잘 알겠습니다. 하지만 저로서는, 물론 책임 있는 답변을 하기 어렵고, 게다가 이런 문제 □□□ 가정 이상으로 어려운 관례가 있기 때문에 갑자기 만족할 말한 조치를 할 수 있을지 어떨지.

英 子 　관례라든가 관습이라든가, 물론 그런 것이라면 해결할 수 없어요, 따뜻한 인정이죠.

淸 子 　그것도 전 잘 압니다. 그러니까 이것만은 확실히 말할 수 있어요. 아버지나 어머니는 어떻든 간에 저만큼은 그분을 올케라고 생각하고 있고, 태어날 아기도 결코 불행하게는 하지 않을 생각입니다.

라고, 딱 잘라 말한다.

　# 51. 李家네의 한 방
　大鎬, 孝順, 淸子가 앉아 있다.

大 鎬 　淸子야! 너 또 그런 여자들과 만나면 안 된다. 여자들이 알 일이 아냐. (孝順을 보고) 당신도 이런 일이 일어나지 않도록 주의해.

孝 順 　어찌 됐든 간에 난처하게 되었어요. 정말 成基의 아이라면 그대로 내버려둘 수도 없고, 그렇다고 해서 집에 들일 수도 없고…….

大 鎬 　내버려 둬! 집안의 체면도 부모도 생각하지 않고 제멋대로 저지른 일이야. 이제 와서 그런 일에 신경 쓰고 있어서는 조상님께도 면목이 없어.

孝 順 　정말 이제 와서 이런 일이 생길 거라고는…….

라고 한숨을 쉰다.

大 鎬 　하여튼, 이 일은 절대 成基에게 알려서는 안 된다.

라고 淸子에게 엄하게,

大 鎬 　淸子도 알겠지.

淸子, 고개를 끄덕인다. 大鎬, 귀찮아져서 일어나 방을 나간다.

淸子　난처해졌어요. 어머니! 어떻게 하면 좋을까요?

孝順　아버지가 말씀하신 대로 해야지 뭐. 그런데 아이 일은 정말 난처하구나.

淸子　그분 일도……. 어머니, 내가 그 사람을 찾아가 봐도 될까?

孝順　안 된다. 淸子야, 너는 곧 시집갈 소중한 몸이야. 그런 사람들 있는 데 들락거려서는 안 되지.

淸子　어머, 어머니! 마치 그 사람이 뭔가 나쁜 사람이라도 되는 것처럼…….

孝順　좋은 사람이라곤 생각하지 않아. 그 사람 일 만은 나도 절대 반대야.

淸子　어머니들은 왜 그렇게 동정심이 없을까요? 자기 아이들은 귀여워해도 다른 사람의 일은 조금도 생각하지 않아요. 우리는 집안이라든가 남들에 대한 체면이 문제지만 그 사람은 아기와 두 사람의 일생 문제예요. 게다가 전 자신의 의견을 무시한 결혼 같은 건 생각할 수 없어요.

孝順　어머나, 너 지금 무슨 말을 하는 거야?

淸子　왜냐면…….

孝順　그 사람이 불쌍하다는 건 이 에미도 잘 안다. 그러나……. 그 사람 집에 가는 건만은 안 된다. 알았니?

淸子, 고집스럽게 잠자코 있다. F.O

52. F. I 錦淑의 집 밖
淸子, 찾아온다.
李成基의 문패 (클로즈업).
淸子, 깜짝 놀란다. 곧 결심하고는 문을 연다.

淸子　실례합니다.

53. 실내
錦淑이 아기 옷을 꿰매고 있다. 손을 멈춘다.

54. 문앞
淸子, 서서 고개를 숙여 인사한다. 그곳으로 錦淑이 다가와,

錦淑　누구신가요?

淸子　전, 李成基 씨의 누이, 淸子라고 합니다……. 처음 뵙겠습니다.

錦淑, 놀라며,

淸　子　문병하러 왔는데요.

　　　　錦淑, 아무 말 없이 좀 있다가,

錦　淑　안으로 들어오세요.

　　　　라고 말하며 집안으로 안내한다.

　　　　# 55. 실내
　　　　단정하게 정좌한 錦淑, 눈을 무릎에 떨어뜨리고 있다.
　　　　淸子, 바느질하다만 아기 옷에 눈을 주면서 앉는다.
　　　　이때, 錦淑, 비로소 입을 연다.

錦　淑　제 얘기를 어디서 들으셨어요?
淸　子　아……. 우연히, 어떤 분한테 들어서요.

　　　　라고, 손에 든 보자기를 풀어 꺼낸다.

淸　子　이건 정말 실례입니다만 저의 작은 마음만으로…….
錦　淑　어머……. 이런 것까지 해주시면 전……. 일부러 해오신 건 알겠지만 제
　　　　발 그대로 거두어주세요.
淸　子　그렇게 말씀하시지 말고…….
錦　淑　아니에요! 전에는 어쨌거나, 지금은 成基 씨도 여기 안 계시고, 제발 그
　　　　대로 거두어주세요.

　　　　淸子, 고개를 숙이는 錦淑의 무릎에 갑자기 손을 얹고는,

淸　子　올케!

　　　　錦淑, 깜짝 놀라 淸子를 바라본다.

淸　子　오늘부터 저의 올케가 되어달라고 말할 생각으로 찾아왔어요.

　　　　錦淑의 눈이 빛난다. 淸子의 손을 잡으려고 했으나 생각을 고쳐먹고 밀

어내듯이,

錦 淑 아니에요. 저 같은 사람……. 아무리 해도……. 아가씨의 올케는 될 수
   없어요.
清 子 아니에요. 올케예요. 하나뿐인 제 올케예요.
錦 淑 어머!

이때, 안마당 쪽에서 고물상 주인의 목소리가 들려온다.

고물상주인 안녕하세요. 고물상입니다. 또 뭔가 처분할 것이 있으실 것 같아
   서…….

錦淑, 깜짝 놀라 일어서면서 淸子에게,

錦 淑 잠깐 실례하겠어요.

라고 말하며 방에서 나간다.
淸子, 의미심장하게 쳐다본다. F.O

56. F.I **李家네의 한 방**
孝順이 바느질을 하고 있다.
그곳으로 大鎬가 들어온다.

大 鎬 淸子는 어떻게 된 거야?
孝 順 친구 집이라도 갔겠지요.
大 鎬 淸子가 요즘 그 여자 집에 들락거리는 것 같지?
孝 順 설마요……. 그런 일을…….
大 鎬 방에 이런 게 있었소.

라고 말하며 가지고 온, 뜨다 만 레이스가 길게 매달려 있는 턱받이를
보여준다.
孝順, 깜짝 놀라며 받아든다.

孝 順 어머나!
大 鎬 하여튼 당신도 淸子에게 주의를 줘요, 두 번 다시 이런 일이 없도록

말이오. 뭐 시기를 보아 成基와도 상의해서 그 여자한테는 위자료라도 줘서 손을 떼게 합시다.

孝　順　아이는 어떻게 하게요?

大　鎬　물론 그런 건 내 손자일 수 없어!

라고 말하며 방에서 나간다.
孝順, 턱받이를 본다.

57. 거리
산파와 이웃 여자, 이렇게 두 사람이 급하게 온다.

58. 錦淑의 집 − 뜰
英子와 友子가 두 개의 풍로에 솥과 찜통을 걸어놓고 분주하게 부채질을 하고 있다.
英子는 머리띠를 뒤로 매고 소매 있는 앞치마를 입었으며 友子는 웃옷을 동여맸는데, 안에서 淸子가 뛰어나온다.

淸　子　늦네요……. 선생님은.

英　子　정말 무슨 일이라도 있는 걸까요? 난처한데요.

59. 錦淑의 집 − 문앞
입구에 산파와 이웃집 애국반 여자가 허둥지둥 찾아와 들어온다.

60. 錦淑의 집 − 뜰
이웃집 여자와 함께 급히 들어온다.

이웃집여자　자, 오셨어요.

일동, 안심한다.

산　파　따뜻한 물! 따뜻한 물은 준비 된 거죠? 끓고 있는 거죠?

라고 말하며 재빨리 팔을 걷어 부치고 뛰어들어간다.
英子, 이웃집 여자에게,

英　子　여러 가지로 정말 고맙습니다.

이웃집여자 아니에요. 천만에요. 또 나중에 도와드리러 올게요.

　　　　淸子, 안에서 바게쓰를 내놓고 다시 안으로 들어간다.
　　　　英子, 솥의 뜨거운 물을 퍼담는다.
　　　　淸子, 뜨거운 물을 가지러 온다.
　　　　英子, 또 부채질을 한다. 마치 전장 같다.
　　　　얼마 안 있어, "으앙 ―" 하는 소리. 건강한 갓난아기의 첫울음소리가
　　　　난다.
　　　　英子와 友子, 영화의 필름이 멈춘 것처럼 손에 쥔 부채를 공중에 든 채
　　　　정지한다.
　　　　건강한 갓난아기의 울음소리.

英　子 낳았네, 낳았어.
淸　子 아 ―, 다행이다.
英　子 울고 있어.

　　　　라고 말하며 자신도 정체를 알 수 없는 눈물을 흘린다.

　　　　# 61. 李家네의 문앞
　　　　淸子가 급히 돌아온다.

　　　　# 62. 안쪽(방)
　　　　孝順이 뭔가를 다리고 있다.
　　　　그곳으로 淸子가 서둘러 들어간다.

孝　順 ……. 이 사람이 錦淑이었어?
淸　子 어머니, 알고 있었어요?

　　　　孝順, 그 말에는 대답하지 않고 무릎에 있는 사진에 눈동자를 떨어뜨리
　　　　면서,

孝　順 다음에 만나면 조만 간에 꼭 어머니가 아버지께 부탁해서 우리 집 사람
　　　　　이 되도록 할 거라고……. 응, 淸子야.

　　　　라고 말한다.

淸　子 어머……. 어머니! F.O

314

63. F.I 錦淑의 방안

조용히 누워 있는 錦淑 모자.
머리맡에서 英子가 약병 등속을 정리하고 있다.
울기 시작하는 아기를 달래면서,

英 子 넌 하나도 닮지 않았네.

錦淑, 쓴웃음을 지으며,

錦 淑 아직 모르잖아.
英 子 그렇지 않아, 아버지를 쏙 빼다 박았는데.
錦 淑 …….

□□ 주르륵 눈물을 보인다.
英子, 깜짝 놀라서,

英 子 미안해. 쓸데없는 말을 했구나.

라며 눈물을 닦아준다.

錦 淑 응? 괜찮아. (사이) 내가 바보지 뭐. 금세 눈물을 보이고……. 정말 여러
      가지로 육친처럼 해주어서, 너한테는……. 어떻게 감사해야 좋을지
      …….
英 子 싱겁기는. 감사라니, 그런 건 생각하지 말고 느긋하게 몸이나 추스려야
      지. 넌 아주 약해졌으니까…….

문이 열리고 산파가 들어온다.

산 파 ……. 어때요?

英子, 생긋 웃으며,

英 子 어머……. 매번 이렇게 고마워요.

산파, 앉는다.

산 파 아기는 나라의 보물이니까요. 소중하게 해야죠.

　　　라며 너무나도 소중하다는 듯 아기를 들여다보고, 가제로 입을 닦아준
　　　다.
　　　錦淑, 미소를 지으면서 보고 있다.
　　　英子, 갑자기,

英 子 나도 아기 갖고 싶은데.

　　　산파, 손을 움직이면서,

산 파 낳으세요. □□□

　　　산파를 클로즈업하면서 아기의 우는소리를 덧씌운다. 산파, 생긋생긋 웃
　　　으면서,

산 파 아……. 좋아, 좋아, 좋아, 이제 금방이야. 좋아, 좋아.
英 子 錦淑아, 우리 집, 이삼 일 있으면 빌 것 같애.
錦 淑 어, 그래. 당장 이사가고 싶다.
산 파 어디로 이사하시는 건가요?
英 子 예, 저와 함께 살 거예요.
산 파 어머나 — 그것 참 잘 됐네요. 그러나 한 달 정도 있다가 해야 해요.
　　　F.O

　　　# 64. F.I 거리
　　　가을의 피로가 보인다.

　　　# 65. 錦淑의 집
　　　錦淑과 英子가 애를 써가며 이삿짐을 꾸리고 있다.
　　　이웃집 여자들도 도와주고 있다.

이웃집여자1 아주머니! 이제 됐으니까 좀 쉬세요. 나머지는 우리가 할 테니까
　　　요…….
英 子 그래, 錦淑아. 좀 쉬어.
錦 淑 (이웃집 여자에게) 아니, 괜찮아요. 항상 여러 분들한테 폐만 끼치고

......

이웃집여자2 어머, 아주머니! 그렇지 않아요. 모처럼 친해졌는데…… 이사가서
도 가끔 놀러 오세요.

錦 淑 예, 그거야 그렇지만.

이웃집여자 아, 그리고 짐은 애국반에서 옮기기로 했으니까 아주머니는 그대로
계세요. 전 모두들 불러올게요.

錦 淑 어머나 ─ 그런 것까지…….

이웃집 여자, 물러간다.

英 子 모두 좋은 분들뿐이네.

錦 淑 응, 음.

감개무량하다는 듯 보내고는 다시 짐을 꾸리기 시작하면서,

錦 淑 모든 걸 다 팔아버려서 이사도 즐겁네.

英 子 그래도 왠지 좀 쓸쓸하다. 영광, 영화의 뒤니까…….

라고 두 사람은 미소를 나눈다.

錦 淑 이제 새로운 생활이 시작되는구나.

66. F.I 하숙집의 한 방
좁은 방에서 錦淑은 부지런히 부업을 하고 있다.
상당히 손에 익었다.
옆에서 아기를 어르면서 福禧가 보고 있다.

福 禧 그럼 그 아가씨도 집안에는 비밀로 하고 있네요.

錦 淑 예, 그래요.

福 禧 그 집안이 그렇게 대가인가요?

錦 淑 예, 아주 엄한 집 같아요. 나 같은 건 아무래도…….

福 禧 그러나 이렇게 아기까지 있는데, 아무리 엄한 집안이라도…….

錦 淑 그만 해요. 이런 얘긴.

라고 쓸쓸한 표정을 지으면서 바늘을 움직인다.

福 禧　그래, 그래 아가도 이제 젖 먹을 시간이네. 지금 이 아줌마가 만들어
　　　줄게.

　　　라며 아기를 안고 일어난다.

錦 淑　여러 가지로 고마워요. 그런 일까지 해주고.
福 禧　무슨 말씀을 하세요. 전 애 보는 것이 아주 좋아요. 그치 아가야.
錦 淑　(걱정스런 얼굴로) 난 왜 이렇게 젖까지 안 나올까요……. 아기가 불쌍
　　　해서…….
福 禧　아주머니는 몸이 약해져 있어요.

　　　라며 아기를 어르면서 나간다. F.O

　　　# 67. F.I 신문 기사
　　　반도 젊은이의 의기를 보라!
　　　지원병 시가행진 날짜 정해지다.
　　　(wipe)

　　　# 68. 李家네의 서재
　　　大鎬가 신문을 보고 얼굴을 일그러뜨린다.
　　　그리고 큰 소리로 부른다.

大 鎬　어이, 어이!

　　　대답이 없다. 안절부절못하고 일어선다.

　　　# 69. 한 방
　　　大鎬, 신문을 들고 들어온다.
　　　孝順은 없다.

　　　# 70. 다음 방
　　　孝順, 이불솜을 넣고 있다.
　　　大鎬, 들어온다.

大 鎬　어이, 成基의 행진이 있다는 구먼!

318

孝 順 어머, 언제래요?

大 鎬 내일이야!

71. 경성 시가의 대로
어느 집 처마에 재빠르게 일장기가 내걸린다.

72. 상점의 처마
재빠르게 일장기가 올라간다.

73. 상점의 처마
여기에도 일장기가 올라간다.

74. 어느 백화점 밖
커다란 일장기가 펄럭거리며 내려진다.

75. 대로
지원병이 행진해 온다. L.S

76. 큰길
지원병을 보려는 사람들이 뛰기 시작한다.

77. 대로
군중 저편에서 나팔 소리 용맹하고 당당하게 대열이 들어선다.

78. 인파 속
錦淑, 멍하니 걷고 있다. 작은 물건 꾸러미를 가지고 있다.
그곳으로 군중이 뒷걸음질치며 온다.

79. 대로
행군 대열, 군중, 환호하며 맞이한다. 錦淑, 어느새 인파에 밀려 약간 인파 앞으로 나온다. 錦淑의 눈이 갑자기 빛나며 앗 하고 소리를 지를 뻔한다. 대열. 그 가운데 成基의 모습이 있다. 늠름한 얼굴에 땀을 내비치며 똑바로 행진한다.
錦淑, 옆 걸음으로 대열을 좇는다.
成基의 옆모습 (이동).
그것을 좇는 錦淑, 단단히 아기를 안으면서.
成基의 얼굴 이동.

인파를 헤치며 나아가는 錦淑의 이동.
사거리에서 인파의 장벽 때문에 방해를 받는다.
대오는 당당히 행진을 계속한다.
錦淑, 드디어 인파를 빠져나왔을 때, 행군의 대열이 점점 멀어져간다.
망연하게 멈춰서 있는 錦淑. 아기의 얼굴을 바라본다. 그리고 얼마 안
있어 앞쪽에서 누군가를 발견하고 깜짝 놀란다.
李家댁 사람들과 숙부인 大明이 담소하면서 오고 있다. 淸子, 錦淑을 알
아보고는 선 채 꼼짝하지 않는다. 錦淑, 서둘러 그 부근을 돌아간다.

80. 조용한 골목길
錦淑, 또박또박 걷고 있다. 사람의 기척에 돌아본다.
거기에 淸子가 서 있다.

淸　子　올케도 보러 왔어요?

錦淑, 아직 마음의 평정을 찾지 못했다.

淸　子　오늘 행진 속에 오빠가 있다는 걸 알고 있었어요?
錦　淑　전 우연이었어요.
淸　子　오빠가 알아봤어요?

錦淑은 아무 말 없이 고개를 가로 젓는다. 그리고,

錦　淑　그 사람, ……. 군인이 되려고 집을 나간 거네요.
淸　子　그랬는데 부업을…….
錦　淑　지금까지 왜 말해주지 않았어요?
淸　子　아버지가 하도 엄하게 못하게 해서……. 미안해요.

錦淑의 눈에서 갑자기 눈물이 흐른다. 아기의 얼굴에 머리를 박고 운다.

淸　子　올케! 정말 미안해요.
錦　淑　아니에요. 그런 건…….

라고 □□□

錦　淑　전 지금까지 너무 어리석었어요. 그 사람 마음을 이렇게까지 알아주지

320

못했다니……. 전 제 자신을 너무 경멸하고 있었어요……. 전 왠지 갑
자기 다시 태어난 것 같은 기분이 들어요. 이제는 저도 강하게, 강하게
될 거예요.

라고 말하며 강하게 아기를 껴안는다. F.O

81. 大鎬의 집 문앞 F.I
문앞에 成基의 입영을 축하하는 깃발이 수십 개나 세워져 있다. O.L

82. 어느 피복 공장
줄줄이 늘어선 미싱 기계. 더욱이 산업 전사가 열심히 작업을 하고 있
다(이동). O.L
반대로 이동.
기계에 달라붙어 있는 듯이 싸우고 있는 여전사.
일하는 손, 손.
그 중에 눈부신 이 총후(銃後)의 전장에 뛰어든 錦淑의 건강한 모습도
섞여 있다.
그리고 그 옆에는 (pan)
英子가 있다. O.L

83. 황혼의 거리
□□□

84. 공장 지대
여자들 돌아온다.

85. 거리의 한 귀퉁이
錦淑과 英子가 온다. 英子, 걸으면서,

英 子　저 말이야, 錦淑아.
錦 淑　왜?
英 子　나도 지금까지 아주 열심히 했다고 생각하는데, 요즘 너의 마음가짐을
　　　보면 나 같은 건 아직 멀었어.
錦 淑　그렇지 않아. 난 그저 그 사람이 군인이 된 것을 생각하면 가만히 있
　　　을 수 없어서 그래. 아무 일이라도 좋아. 나도 그 사람처럼 직접 나라에
　　　도움이 되는 일을 하고 싶어.

英　子　나도 너한테 지지 않도록 할게.
錦　淑　그래 하자……. 야무지게.

　　　英子, 질려 하며,

英　子　이런, 완전히 선수를 빼앗겼네.

　　　하며 두 사람은 웃으며 돌아간다. F.O

　　　# 86. 李家댁의 현관 F.I
　　　벗어놓은 군화. O.L

　　　# 87. 大鎬의 서재
　　　大鎬 부자, 화기애애하게 이야기를 나눈다.

大　鎬　너만은 횡재를 한 듯한 기분이 든다. 이렇게 훌륭한 사람이 될 거라고
　　　는 생각지도 못했다.
成　基　…….
大　鎬　그러나 하루 빨리 훌륭한 공로를 쌓아서, □□□ 히노마루 깃발4)을 세
　　　우지 않으면 안 돼.
成　基　예……. 하루 빨리 형님처럼 되고 싶어요.
大　鎬　음, 기다려라, 오늘은 물건을 하나하나 보여 주지.

　　　라고 일어서 건넌방으로 간다. 곧 되돌아온다. 정중하게 받들어 들고 온
　　　것은 형의 훈기(勳記)와 훈장이다.

大　鎬　이삼 일 전 배달되었단다.

　　　아버지가 내미는 긴시훈장(金鵄勳章)5). 成基의 손이 가볍게 떨린다. "예
　　　…" 하고 받아서는 지긋이 들여다본다. 그 다음, 시선은 조용히 문면(文
　　　面)으로 향한다.
　　　成基의 시선은 어떤 결의로 빛나고 있다.

---

4) 일장기.
5) 제2차 세계대전 때까지 무공이 뛰어난 일본 군인에게 수여되던 훈장.

88. 현관
김 노인이 너무나도 기쁘다는 듯 군화를 닦고 있다.

89. 한 방
식탁에 진수성찬을 차리고 있는 淸子. 그곳에 새로운 □□을 가지고 온
孝順.

淸 子   어머니! 언제까지 오빠한테 그 일을 알리지 않아야 할까요?

孝 順   아무리 말해도 아버지는 그대로인데 뭐. 그러나 요즘엔 아버지도 상당
히 마음이 누그러진 것 같더라.

淸 子   아기가 태어난 일만은 빨리 알려주는 게 좋을 텐데.

90. 방 바깥
어느새 成基가 와서 서 있다. 모든 것을 서서 듣고 있다.

91. 식탁
오랜만에 맛보는 단란함.
成基는 조금 전의 일이 걱정되어 淸子의 얼굴만 보고 있다.
淸子, 오빠의 시선과 부딪히자 얼굴을 돌린다.

大 鎬   成基야, 시간은 괜찮으냐?

成 基   다섯 시까집니다.

孝 順   좀더 빨리 올 수는 없는 건가? 항상 이제 왔나 싶으면 또 금방 가야 되
니, 싱거워서 원.

成 基   아침에는 좀 일이 있어서요.

92. 복도
淸子, 생각에 잠기면서 온다.

93. 淸子의 방
책상에 앉아서 펜을 들어 뭔가 적고 있다.
시계, 세 시 반이 된다. O.L

94. 현관
成基가 나온다. 淸子, 부모가 오지 않은 사이에 뭔가 접은 종이를 成基
에게 건넨다. 사람이 오는 기색.

清 子 좀 밖에서.

成基, 서둘러 호주머니에 집어넣는다. 그곳에 부모가 나타난다.
뜰 쪽에서 김 노인이 나온다.

大 鎬 할아범! 자네가 배웅 좀 하게.
김노인 예, 예. 배웅해드리겠습니다요.

成基, 달갑지 않은 친절인 듯 신발을 신는다.

成 基 그럼 가겠습니다.
大 鎬 늦지 말거라.

成基, 밖으로 나간다.

95. 밖
成基, 호주머니에서 종이조각을 꺼내 읽으며 서둘러 걷는다.

편지
오빠, 錦淑 씨가 아이를 낳았어요. 물론 오빠의 아기예요. ××정(町) 22,
金川正民 씨를 찾아가세요. 錦淑 씨가 얼마나 만나고 싶어하는지 모를
거예요. 물론 아버지께는 비밀이에요, 그럼, 이만…….

두 사람이 걸어온다.
成基, 편지가 마음에 걸린다. 시계를 꺼내 본다.
벌써 정류장에 도착했다.

成 基 할아범! 이제 여기서 됐으니까 돌아가세요. 전 잠깐 들를 데가 있으니
까…….
김노인 그렇습니까요. 그럼 도련님! 조심해서 가세요.
成 基 아아, 할아범도 조심해서 돌아가세요.

할아범, 뒤를 돌아보며 사라진다.
成基, 시계를 보면서 망설인다.
차장, 成基를 힐끗 본다. 그대로 한 무리의 사람들을 싣고 전차는 떠나

324

버린다.

成基, 잠시 서 있다가 그대로 건너편 정류장으로 가서 멍하니 서 있다.

그 어깨를 톡하고 치는 사람이 있다. 安田景明이다.

景 明　야아! 너도 지금 돌아가는 거야?

成 基　응.

景 明　무슨 일이야? 굉장히 풀이 죽어있잖아?

成 基　아니야, 아무 것도 아니야.

　그때, 노량진 행 전차가 온다.

景 明　자, 타자.

　두 사람, 탄다. O.L

96. ○○연대 내부

장교, 병사의 왕래가 잦고 뭔가 아주 심하게 술렁거리고 있다.

막 도착한 成基와 景明, 지나가는 吉田 중위에게 경례를 하고 아무 말 없이 주변을 돌아보고는 얼굴을 마주본다. F.O

97. 피복 공장 안 F.I

열심히 일하는 錦淑.

옆자리의 英子, 고개를 쑥 내밀고,

英 子　너 요즘 안색이 안 좋은 것 같애.

錦 淑　너무 햇빛을 안 쐬서 그래.

　라며 미소를 짓는다.

98. 錦淑의 하숙집 밖

正民이 골목을 쓸고 있다. 아기를 업고 있는 福禧, 장바구니를 들고 온다.

正民, 아기의 얼굴을 콕 찌르며,

正 民　……. 헤헤……. 웃고 있네……. 코코코코, 어디 다시 한번, 까꿍까꿍, 하하……. 정말 착하구나, 착한 애야.

福 禧 그런데 錦淑 씨는 참 열심히 일하네요.

正 民 군인이 된 아저씨를 생각하면 가만히 있을 수가 없다고 말하던 걸.

福禧가 사라지고 얼마 안 있어, 그곳에 군복을 입은 成基가 와서 집 쪽을 쳐다본다.
金川正民이라고 된 문패.
成基는 正民에게,

成 基 댁에 三原金淑이라는 사람이 신세를 지고 있을 텐데요.

正 民 예, 아직 공장에서 돌아오지 않았습니다만.

成 基 그렇습니까?

正 民 누구신지…….

成 基 李家成基라고 합니다만 ……. 저…….

正 民 아아 — 成基 씨……, 그럼 당신이…… 그…….

成 基 아기도 같이 폐를 끼치고 있다고 들었습니다만.

正 民 예, 예. 지금 할멈이 데리고 나가설랑.

라며 □□을 거기에 내던지고 찾으러 나가서는 금방 다시 돌아와서,

正 民 시장에라도 나간 건지 이 근방에는 보이지 않는데요……. 보고 올까요?

成基, 시계를 보면서,

成 基 그럼 됐습니다.

라며 포기하고는 가슴 주머니에서 종이 꾸러미를 꺼내,

成 基 錦淑이 돌아오면 전해주세요.

라고 건네고는,

成 基 아기를 잘 부탁한다고 전해주십시오.

正 民 예, 예 잘 알겠습니다. 그런데 곧 돌아올 시간이 다 됐으니까 조금만 기다리시면…….

成 基 시간이 다 돼서요. 그럼 부탁하겠습니다.

成基, 사라진다.
아주 쓸쓸한 것 같다.

99. 거리
돌아가는 成基.

100. 큰 거리
사라져 가는 成基.

101. 길모퉁이
한 쪽으로 사라져 가는 成基, 그 반대쪽에서 錦淑이 꺾어들어 엇갈린다.

102. 正民의 집 밖
錦淑이 돌아온다. 쓰레기를 줍고 있던 正民.

正 民 아아, 錦淑 씨, 만나지 못했어요? 이 근방에서.
錦 淑 누구를?
正 民 누군 누구에요? 바깥양반이지요. 지금 李家成基 씨가 오셔서 지금 막
         돌아가셨어요. 이상하네요. 군인을 만나지 못했어요?

         錦淑, 깜짝 놀라서 말이 나오지 않는다.

正 民 이걸…….

         라며 맡아놓은 종이꾸러미를 꺼냈을 때는 이미 그곳에 錦淑의 모습은
         없다.

103. 거리
돌아가는 成基. 발걸음이 무겁다. 되돌아가려고 하지만 시계를 보고 포
기한다.
급하게 빠른 걸음으로 사라져간다. 그 뒤를 뛰어오는 錦淑 —. 결국 만
나지 못하고 망연자실하여 그 자리에 선 채 움직이지 않는다. O.L

104. 錦淑의 방안
황급히 종이꾸러미를 풀자, 군복을 입은 成基의 사진이 나온다.

正民, 잠깐 들여다보러 들어와,

正 民 아이를 부탁한다고 말했어요.

그곳에 갑자기 淸子가 뛰어들어온다.
마치 다른 사람처럼 평정심을 잃고,

淸 子 올케! 오라버니 오셨죠?

錦淑, 고개를 끄덕인다.

錦 淑 ……. 하지만 엇갈려서 만나지는 못했어요.
淸 子 아기는요?

錦淑, 거의 울 듯하며,

錦 淑 공교롭게 아기도 없을 때였나 봐요.
淸 子 올케! 오라버니가 출정한대요.
錦 淑 네에!

라며 成基의 사진을 본다.

105. 역의 대합실
大鎬, 孝順, 숙부인 大明, 그 밖의 두세 명이 조용히 배웅하는 가운데 개
찰을 기다리는 成基,
大明, 조카의 어깨를 흔들며 말한다. 힘있는 목소리로,

大 明 알았지! 형에게 지지 마라! 훌륭하게 싸우고 와!
大 鎬 반도 청년의 대표다! 책임이 무거워!
孝 順 공을 세우고 와, 엄마는 기도하고 있을 테니.

숙부인 大明은 주변을 둘러보며,

大 明 淸子는 어디 갔을까, 淸子는.

孝順, 덜컥 놀란다. 그곳으로 成基가 다가와 걱정스러운 얼굴을 마주본

다.

106. 자동차 안
흔들리고 있는 錦淑 모자와 淸子.

107. 역의 대합실
孝順은 □□ 하고 있다.
그때, 장내 아나운스.
"이제 곧 5시 30분 ××행 개찰을 시작합니다. 이제 5시 30분 ××행 개찰을 시작합니다."

108. 자동차 안
淸子, 시간을 걱정하고 있다.

109. 개찰구
승객이 모인다. 그 행렬 가운데 成基가 있다.

110. 자동차 안
錦淑, 제정신이 아니다.

111. 플랫폼
발차 전의 기관차.

112. 역전
달려오는 자동차, 문이 열리고 먼저 淸子가 내리자마자 기적 소리가 울린다.

113. 역의 시계
5시 30분을 가리키고 있다.

114. 플랫폼
미끄러져 가는 차창, 成基의 모습.

115. 시의 교외
달리기 시작하는 成基의 열차, 점차 멀어져간다.

116. 역의 출구

기운 없이 풀이 죽어 나오는 錦淑과 淸子. 아무 말도 하지 않고 가려할 때, 孝順의 목소리가 들린다.

孝順의목소리 淸子가 아니냐.

淸子, 돌아다보며 '어머!' 하고는 錦淑에게 말한다.

淸 子 올케, 어머니세요.

錦淑, 깜짝 놀라며 돌아본다. 반동적으로 재빨리 고개 숙인 얼굴을 붉힌다.

孝 順 成基 에밉니다.

錦淑, 다시 고개를 숙인다.

孝 順 어떻게든 해서 자네와 아기도 출정하는 데 배웅하게 하려고 생각했는데…….
淸 子 정말 분해요. 불과 1, 2분 늦어서는 ―.
孝 順 아가!

하고 눈물을 머금으며 안으려고 한다.
역전의 인파 속에서 大鎬가 화가 난 듯 孝順을 찾고 있다.
孝順, 떨어지기가 안타까운 듯,

孝 順 아버지는 그런 성질이니까, 꺾일 때는 또 금방이에요. 그러니까 좀 있으면…….

라고 말하며 淸子를 향해,

孝 順 아기를 집까지 바래다주거라. (낮은 목소리로) 그리고 금방 돌아와. 아버지한테 혼날 테니까. (錦淑에게) 그럼 몸 조심하고……. 아가도 잘 있어.

라며 아기의 얼굴을 어루만지며 사라진다.
錦淑, 그리운 듯 눈에 눈물을 머금고 배웅한다. F.O

117. 북지의 모 전쟁지구 F.I
적진 공격 장면 두세 번.
야전.
참호를 뛰어나가는 황군.
격렬한 야전.
적의 맹렬한 사격 속을 진격하는 황군.
진흙투성이가 되면서 기관총을 쏘아대는 황군, 그 안에 成基도 있다.
맹렬히 불을 뿜는 기관총.

118. 피복공장
미싱과 씨름하며 철야작업을 하는 여전사들.
바지런한 錦淑의 모습, 얼굴.

119. 전장
기관총을 쏘아대는 成基.
옆자리 安田景明의 가슴에 한 발이 맞는다.

景 明 젠장!

　　　　成基, 놀라며 돌아보자,

景 明 상관 말고 쏴! 쐇!

　　　　吉田 중대장, 큰소리로 질타한다.

吉 田 진격! 진격!

　　　　하고 몸을 날린다. 부대는 전진을 시작한다.
　　　　成基는 푹 엎드린 景明을 걱정하며 빠른 말로,

成 基 야! 정신차려! 죽지마!

　　　　景明, 일어나서

景 明 동, 동, 동쪽은, 동쪽이 어디얏!
成 基 바보야, 아직 일러.

景 明 동, 동쪽…… 동쪽!

成基, 할 수 없이 끌어안은 얼굴을 동쪽으로 향한다.
그 배후에 진군하는 아군의 발, 발…….
전진하는 황군.
적탄은 점점 더 작렬한다.
成基, 맹렬하게 달려와 그곳에 기관총을 걸려는 순간, 옆에 적의 포탄이
쾅…… 하고 떨어진다. 밤 눈에 확실하게 공중으로 흩어져 날아가는 전
투모, 기타. 일단 공중으로 튀어오른 기관총이 쿵 하고 땅에 떨어져 처
박힌다.
다다다다…… 다다다다 하는 총탄 소리.

120. 피복 공장
미싱과 사투를 벌이고 있는 錦淑. 그 눈은 빛나고 입술은 일자로 굳게
다물었다.
밝게 빛나는 전등에 얼굴에 맺힌 땀이 끈적끈적하게 빛난다. 힘겨운 듯
하다.
옆자리의 英子도 열심이다. 이곳의 전쟁은 어찌될 것인가 하고 본다. 잠
깐 미간을 찌푸린다.
錦淑, 작업복 소매로 땀을 훔치고는 다시금 열심히 일한다. 교차하는 미
싱 돌아가는 소리, 소리, 소리 (다다다다 하는 기관총 소리다).
錦淑을 클로즈업. 빙빙 현기증이 난다. 재료를 손에 든 채 털썩 넘어진
다. 옆자리의 英子, 놀라 안아 일으킨다.

英 子 錦淑아! 왜 그래! 錦淑아!

서너 사람이 달려온다.

英 子 錦淑아, 정신 차려!
여자A 빨리 의무실로, 자 빨리.

錦淑, 눈을 뜨고

錦 淑 괜찮아! 괜찮아!

하고 기계 쪽으로 몸을 일으킨다.

英 子 안 돼, 안 돼!

332

라며 모두 같이 떠메고 간다.
스스슥 하고 그 뒤를 하얀 미싱 실이 함께 따라간다. 툭 하고 끊어진다.
O.L

121. ×× 해안
육군 요양소 뜰 앞. 햇볕이 잘 드는 잔디밭 위에 부상병들이 느긋하게
일광욕을 즐기고 있다.

122. 근처의 해변
모래 언덕이 이어진다. 거기에 백의의 용사가 앉았거나 드러누워 있거
나 산책하고 있다.

123. 물가
목발의 흔적이 있다. 그것을 카메라가 따라가면 거기에 왼쪽 발에 붕대
를 감은 成基가 간호부 戶部의 부축을 받고 서 있다.
물가를 씻어내는 파도. 그리고 수평선.
成基, 멀리 바다 저편을 바라고 추억에 잠긴다.
光枝는 미소를 머금고,

光 枝 　이 바다 저편이 반도겠지요?
成 基 　그렇습니다.
光 枝 　오늘 아침 누이의 편지에 뭔가 걱정거리라도 쓰여 있었나요?
成 基 　예?
光 枝 　그때부터 뭔가 골똘히 생각만 하고 있는 걸요.

　　라고 동정하는 듯이 成基를 본다.
　　成基, 여전히 바다 저편을 보고 있다.

124. 李家의 서재
아버지인 大鎬 앞에서 淸子가 울고 있다.
옆에서 孝順도 고개를 숙이고 있다.
大鎬는 난처한 듯이 편지를 책상 위에 놓으면서,

大 鎬 　淸子야, 너한테 말했는데도 네가 成基한테 알린 거지. 바보 같은 놈!
　　　成基가 뭐라고 해도 그 여자를 그 녀석 아내로 삼을 수는 없다.
淸 子 　그렇지만 아버지! 그럼 그분이 너무 불쌍하잖아요. 게다가 아기는……

大 鎬 너, 언제부터 그 여자 집에 들락거렸어! 끝까지 날 놀릴 셈이냐!

　　　清子, 고개를 숙인다.

孝 順 여보, 생각해보니 이 애들이 말하는 것도 무리는 아니라고 생각해요. 우리들 때는 그래도 괜찮았지만 역시 결혼에는 당사자들의 생각도 중요하지 않을까요? 게다가 그 여자도 아주 착하고 좋은 사람 같던데요……

大 鎬 당신까지 무슨 말을 하는 거야!

孝 順 더군다나 벌써 아이까지 있는 사이니까요……. 여보, 무엇보다 그 아이는 정말 어떻게 할 생각이세요? 우리 손자가 아닌가요?

大 鎬 바보 같은 소리하지마. 그런 일을 말하면 조상님께 면목이 없다고는 생각하지 않아? ……. 양육비는 내지. 충분히 주도록 하지. 그러나 그 뿐이야.

清 子 저……. 아버지. 그런 걸 받을 사람이 아니에요. 그 분은 지금 병이 아주 중해요. 그런데도 아이 일로 너무 걱정하고 있어서 내가 볼 수가 없어요. 그래서 아버지께 말씀드리는 거예요. 게다가 부상을 당한 오라버니를 더 이상 괴롭힌다는 건…….

孝 順 저 여보, 집안이나 세상 사람들에 대한 체면 같은 게 얼마나 중요한지는 잘 알고 있어요. 그러나 아이들의 마음도 생각해주세요. 저도 부탁드릴 게요.

　　　大鎬, 쓸쓸하게,

大 鎬 안 된다고 하는데도.

　　　清子, 이때 무언가 생각났는지 일어서서 방을 나간다.

 # 125. 집의 문 앞
福禧가 아이를 안고 기다리고 있다. 그곳에 清子가 와서,

清 子 이리 줘보세요.

福 禧 어때요? 뭐라고 해요?

　　　清子, 아이를 안고서

淸　子　기다리고 있어 줄래요?

　　　라고 말하며 나간다.

　　＃ 126. 서재
　　大鎬와 孝順, 입구 쪽을 보며 깜짝 놀란다.
　　입구에 淸子가 아이를 안고,

淸　子　아버지! 좀 보세요. 이렇게 오라버니를 닮은 귀여운 아이예요.
大　鎬　바보 같으니라구!

　　　淸子, 아이를 아버지 앞에 들이댄다. 淸子의 얼굴도 불쌍할 정도로 진지
　　하다.
　　　아기, 할아버지를 올려다보며 방긋방긋 웃는다. 大鎬, 눈을 돌리며 (낮은
　　목소리로)

大　鎬　저쪽으로 데려가.
淸　子　아버지!

　　　大鎬, 대단히 큰소리로

大　鎬　데려가지 않을 거야!

　　　그 소리에 아이가 깜짝 놀라 불에 덴 듯 울기 시작한다.
　　　大鎬, 당황하여

大　鎬　그래 그래, 응…….

　　　淸子, 어찌해야 좋을지 몰라 허둥대는 아버지의 손에 재빨리 아이를 건
　　넨다.
　　　大鎬, 자기도 모르는 사이에 아이를 받지만 淸子를 쩨려본다. 아이는 아
　　직 울고 있다.
　　　大鎬, 딱딱한 표정으로 아이를 달랜다. 아이는 울음을 그치고 방긋방긋
　　웃는다.
　　　大鎬, 두 사람 쪽을 화난 얼굴로 살짝 엿본다. 두 사람의 진지한 얼굴
　　표정.

大鎬, 아이의 웃는 얼굴을 보고는 점점 표정이 풀리고 끊을 수 없는 애정을 느끼며, 뭐라 말할 수 없는 표정으로 아이를 보고 웃는다.

127. 병원의 한 병실
錦淑, 침대에 누워 있다. 英子가 곁에서 시중을 들고 있다. 간호부처럼 물을 먹여준다.

錦 淑 고마워…….
英 子 정신 차리지 않으면 안 돼.
錦 淑 나…… 살 수 있을까…….
英 子 살 수 있을 거야……. 쓸데없는 일 생각하면 안 된다.

문이 열리고 淸子가 들어온다.
淸子, 싱글벙글 웃으면서 침대로 다가간다.

錦 淑 어디 갔었어요?
淸 子 드디어 아이를 집에 데려갔어요.
錦 淑 어머 — 할아버지께?
淸 子 네, 올케, 이제 집으로 모두 함께 돌아가는 거에요. 어머니도 같이 왔어요.

라고 말하며 문 옆으로 가서 연다. 문이 열리자 아이를 안은 孝順이 들어온다.
福禧, 따라 들어온다.

孝 順 이제 아무 걱정 말고 빨리 낫기나 해요. 아버지도 기다리고 있으니까.
錦 淑 네, 예…….

라며 훌쩍거리며 운다. 英子, 휙 하고 뒤를 돌아 어깨를 들썩거린다.
문이 열리고 원장이 들어온다.

128. 간호부 대기실 앞
원장, 간호부 友子를 데리고 되돌아온다. 뒤쪽에서 淸子가 좇아온다. 원장, 멈춰 서서 뒤를 돌아본다.

淸 子 어떤가요?

원　장　안됐습니다만 그밖에 보일 사람이 있으면 지금 알리는 편이 나을 듯합니다.

　　　　라며 간호부 대기실로 사라진다. 淸子, 망연자실하여 선 채 움직이지 못한다. O.L

　　　　# 129. 병실
　　　　이제 孝順은 없고 英子와 淸子가 있을 뿐이다.
　　　　淸子는 錦淑에게 속삭인다.

淸　子　올케, 오라버니 만나고 싶죠? O.L

　　　　錦淑, 잠깐 얼굴을 찌푸리고

錦　淑　…… 하지만…… 아무래도 바랄 수 없는 일인 걸요.

　　　　라고 급히 화제를 바꿔,

錦　淑　아버님이나 어머님에게는 용서를 받았고 아이의 장래 걱정도 없어 졌고……. 이제 마음에 걸리는 일 같은 건 없어요. 정말 두 사람한테는 신세를 많이 졌어요.

　　　　라고 손을 내밀어 英子의 손을 잡고,

錦　淑　英子야 — 넌 내지의 친구 — 잊지 않을게.

　　　　英子, 울면서

英　子　이제 와서 왜 그런 말을 하니…….
錦　淑　그래도 기쁜 걸…….
淸　子　올케, 오라버니나 아기를 위해서도 그렇게 마음 약한 소리하지 마세요 …….

　　　　라며 淸子, 눈물을 머금는다. F.O

　　　　# 130. 부상병 치료 요양소 소장실 F.I

책상 위에 병원의 봉투로 淸子가 보낸 편지가 있다. (클로즈업)
소장인 村山 대좌, 물끄러미 편지를 읽고 있다. 그 앞에 간호부의 부축
을 받으며 成基가 서 있다.
소장, 다 읽고 나서 엄숙하게,

소 장 음…… 그래.

라고 생각하면서 봉투를 집어들고 주시한다.

소 장 출정 때도 처자를 만나지 못한 거구만.
成 基 예, 그렇습니다.
소 장 자네 아내도 딱하지만 누이의 진정(眞情)도 가엾구면.

라는 기분에 눈물이 글썽글썽하다. 그리고 다시 편지를 읽는 듯하면서
숙고하고는 군인답게 결단을 내린다.

소 장 좋아, 특별히 허락한다.

成基, 감격하여,

成 基 네!

하며 다음 말이 나오지 않는다.

소 장 그쪽 전화를 써라! 잘 들릴 거야.
成 基 네! 감사합니다.

소장, 간호부 戶部, 光枝에게

소 장 간호부장을 불러.
光 枝 예, 알겠습니다.

#131. 錦淑의 병실
英子가 錦淑의 침대 머리맡에 있는 꽃병의 꽃을 갈아 꽂고 있다.
友子, 전보를 가지고 들어온다.

338

友 子 부인께 전보가 왔습니다.
錦 淑 저한테요?

    라고 의아해한다. 英子, 받아들고 급히 열어 읽는다.

    전문 "5시 전화 함 成基."

英 子 어머 成基 씨한테서야.

    錦淑, 자신도 모르게 상반신을 일으킨다.

錦 淑 어머나 —

    友子, 급히 錦淑을 눕히려고 한다.
    그때 淸子가 들어온다.

英 子 淸子 씨, 오라버니한테서 이런 전보가.

    淸子, 받으면서

淸 子 어머 왔네요.

    라며 읽는다.

英 子 淸子 씬 알고 있었어요?
淸 子 예, 제가 저번 편지에 부탁해 두었어요.

    라며 錦淑을 돌아다본다.

錦 淑 전…… 전…….

    錦淑의 눈물 가득한 얼굴.

    # 133. 병원의 간호부 대기실
    시계, 5시 20분 전 (pan)
    그곳에 錦淑을 이동식 침대로 데리고 와 英子, 淸子가 옆에서 거들면서
    전화를 기다리고 있다. 淸子 옆에 탁상 전화가 있다.

기다림에 지쳐있는 錦淑의 얼굴.

 # 133. 조선해협
쿠로시오(黑潮) 해류[6](왼쪽에서 오른쪽으로 흐른다).

 # 134. 간호부 대기실
시계, 5시 5분전

 # 135. 해협의 쿠로시오.
거대한 파도의 넘실거림 (오른쪽에서 왼쪽으로 흐른다).

 # 136. 간호부 대기실
시계, 5시를 지난다.
錦淑, 커다란 한숨을 토해낸다. 淸子도 英子도 바작바작 속을 태우고 있
다. 시계만 보고 있다. 전화. 돌연 천천히 울려댄다.

淸 子 예, 예, 그렇습니다. 그래요, 올케, 드디어 나온 것 같아요. 아아, 오라
버니. 오라버니죠. 예, 저 淸子예요. 예, 예 그래요, 아기요? 아기. 그때
부터 쭉 할머니 집에 가있어요. 예, 그래요……. 그래요……. 예, 바꿀게
요. 자, 올케!

라며 수화기만을 건네고 송화기를 들어준다.
錦淑, 입가를 떨면서,

錦 淑 ……. 여보…….

라며 한 동안 아무 말도 못한다. 한꺼번에 눈물이 복받쳐 오른다.

 # 137. 해협의 쿠로시오.
크게 선회한다.

 # 138. 요양소 소장실
전화를 걸고 있는 成基.

成 基 음…… 모든 건, 淸子의 편지로 알고 있어. 아버지 허락이 있을 때까지

6) 일본 열도를 따라 태평양을 흐르는 난류.

340

가만히 있었던 거야. 힘내. 힘내는 거야. 나? 나는 괜찮아.

139. 간호부 대기실

錦 淑   그래요. 잘 됐어요. 전 기뻐요. 예, 예, 저도 괜찮아요. 예, 나을게요. 꼭
······ 꼭. 예, 아주 잘 들려요.

140. 요양소 소장.

成 基   죽지마, 살아야 돼. 우리는 이제부터야. 빨리 나아야 해 ― 나도 나을
게. 그래, 힘을 내.

141. 간호부 대기실

錦 淑   예, 괜찮아요. 당신도요. 예, 예, 아주 좋으신 시아버지, 시어머니예요.
예, 그래요······. 그럼, 몸조심하세요. 아무쪼록.

142. 해협

英 子   錦淑아!

錦淑, 멍한 눈으로 소리나는 쪽을 올려다본다.

143. 자동차 안
大鎬와 孝順의 초췌한 얼굴.
孝順, 아기를 안고 있다.

144. 병실
錦淑, 웃어보려고 하지만 그대로 눈을 감는다.

淸 子   올케!
英 子   錦淑아!

조용한 錦淑의 마지막 얼굴. 살아 있는 사람처럼 미소를 띄우고 있다.
문이 열리고 大鎬와 孝順이 아기를 안고 들어온다.
孝順, 錦淑 쪽으로 달려온다.

孝　順　錦淑아!

大鎬, 이미 때가 늦었다는 걸 알고 엄숙한 자태.

大　鎬　늦었구나, 미안했다.

孝順, 英子, 淸子, 쓰러지며 운다.
大鎬의 눈에도 눈물이 반짝인다. (F.O)

145. 부상병 요양소 (F.I)
成基, 모래 언덕에 아무렇게나 앉아 멀리 해협을 바라본다.
따뜻한 남국의 이른 봄. 바다가 반짝이고 모래가 빛난다. 그곳으로,
戶部 간호부가 와서 앉는다.

戶　部　결국 부인께서 잘못됐다고 하던데, 참 안됐어요.
成　基　정말 불쌍한 사람이었어요.

戶部, 갑자기 눈물을 글썽이며 손으로 모래를 가지고 논다.

戶　部　당신에게 모든 걸 다 바쳤던 거네요.
成　基　그렇습니다. 아주 좋은 아내였어요.

戶部, 돌연 일어선다. 바다를 바라보고 넋을 잃는다.

戶　部　정말 멋있어요! 아름다워요.

라고 말하며 다시,

戶　部　저 바다 저쪽이 반도지요.

成基도 다시 눈을 들어 바다를 주시한다.
눈부시게 빛나는 이른봄의 조선해협. (F.O)

끝.

일제 말기의 조선 영화들[1]

1. 조선총독부 지침 전달 도구로서의 영화

1936년 조선 최초의 발성영화 <춘향전>이 만들어진 이후 1945년 해방을 맞이할 때까지 조선에서는 약 60여 편의 영화가 만들어졌다. 1930년대 후반에는 방한준의 <성황당>이나 박기채의 <무정>, 나운규의 <오몽녀>를 비롯한 문예영화들이 활발하게 제작되었으나 서광제의 <군용열차>(1938)와 안석영의 <지원병>(1941)을 시작으로 일제의 정책에 적극 부응하는 영화들이 만들어진다. 이 시기의 영화들은 이전 시기에 비해 세련되고 정교해졌는데, 이는 일본이나 독일 등 외국에서 영화공부를 하고 돌아온 신진 감독들의 출현 덕분이었다. 중일전쟁과 태평양전쟁을 전후한 이 시기의 영화들은 장르의 특성상 일제의 탄압과 제재로부터 자유로울 수 없었다. 영화라는 장르는 소설과 달리 수많은 사람들의 공동 작업으로 이루어지고 막대한 자본이 필요하며 또 대중에게 공개되는 것을 전제로 하기 때문이다.

일제는 1937년 만주국의 영화제작, 수출입, 배급과 상영을 일원화하는 '만주영화법'을 실시했고, 1939년에는 '일본영화령'을 공포한다. 그리고 조선에서는 1939년 10월 조선영화인협회가 발족한다. "영화를 통하여 內鮮一體의 實을 거둠을 期한다"는 것이 이 협회의 규약이었다. 이 협회는 일본영화인연맹에 가입했으며 영화인 등록 의무 규정과 함께 기능증도 발행했다. 그래서 이 협회에 가입하지 않은 영화인들은 일체의 작품 활동을 할 수 없게 되었다.

1940년 1월에는 일본영화령을 그대로 모방한 조선영화령이 공포되는데, 그 시행세칙은 일본 내무성·문부성과의 협의를 거쳐 수정하고 보완한 것이었다. 조선영화령이 시행됨으로써 종래 자유로웠던 영화 제작과 배급은 허가제로 바뀌었다. 다시 말해 영화의 제작, 배급, 흥행 등 영화에 관한 모든 것에 대해 총독부의 엄격한 통제와 허가를 받아야 했던 것이다. 게다가 거기에는 "극영화를 제작하고자 하는 경우, 촬영 개시 10일 전에 조선총독에게 각본을 제출하고, 이 각본이 공안, 풍속상 지장이 있다고 인정되는 경우에는 그 변경을 명하기로 되어 있다"는 사전검열제도까지 포함되어 있었다. 그리고 일본선전문화영화의 강

1) 다음 글들을 참고했다. 부분적 인용은 따로 명기하지 않는다.
후지타니 다카시, 「戰下の人種主義」, 『感情·記憶·戰爭』, 岩波書店, 2002.
內海愛子·村井吉敬, 『シネアスト許泳の'昭和'』, 凱風社, 1987
김종욱 편저, 『실록 한국영화총서(하)』, 국학자료원, 2002
유현목, 『한국영화발달사』, 한진출판사, 1980
이효인, 『한국영화역사강의1』, 이론과실천, 1992
김수남, 『한국영화감독론1』, 지식산업사, 2002
강성률, 「친일영화의 강요와 자발성」, 『재일본 및 재만주 친일문학의 논리』, 역락, 2004

제상영 규정과 구미 영화의 수입 및 상영까지도 규제를 당했다.

1941년 도조(東條) 내각이 들어서면서 조선총독부는 조선의 모든 영화사를 해체하고 전시체제를 위해 단일 회사로 통합하라는 명령을 내린다. 그래서 1942년 9월 23일 조선영화제작주식회사가 창립된다. 이 단체의 발족을 계기로 조선총독부는 스스로 만든 조선영화인협회를 해산시킨다. 또한 1942년 10월 26일부터 조선총독부는 조선영화제작주식회사를 감독하는 영화기획심의회를 두게 된다. 그리고 한국어 발성판 영화의 전면 상영금지령이 내려지며, 그 동안 수입이 제한되었던 외국영화 수입은 아예 전면적으로 금지된다. 조선영화제작주식회사의 창립 작품이 여기에 실린 박기채 감독의 <조선해협>이고 두 번째 작품이 도요타 시로 감독의 <젊은 모습>이다. 이 작품들은 허영의 <너와 나>(1941)와 방한준의 <군인아저씨>(1944)와 함께 모두 지원병 제도를 소재로 한 작품들이다.

1938년 4월 3일 육군의 특별지원병령이 공식적으로 시행되고, 1942년 5월 8일에는 징병제를 조선으로 확대한다는 발표가 나온다. 1943년 8월 1일에는 해군특별지원병제도가 시행된다. 그리고 육군특별지원병 제도가 발족한 지 4년째인 1941년에는 지원자수가 14만 7천 명(입소자수는 3,208명)을 넘었다고 한다. 여기에 실린 작품들은 태평양전쟁이 시작된 이후에 나온 것들로 일제의 내선일체와 대동아공영권에 적극적으로 부응한 영화들이다. 1940년 무렵이면 공적인 영역에서는 이미 내선일체론이 지배적인 담론의 위치를 차지하고 있었기 때문에 영화만이 특별한 것은 아니었다. 이 때의 내선일체론은 조선이 식민지가 아니라는 사실을 인정받는 일이었다. 그러기 위해서는 우선 국방의 의무(징병 제도)를 다함으로써 차별을 극복해야 했다. 이 시기 영화가 주로 지원병을 다룬 것도 이런 맥락과 무관하지 않다.

이 시기 영화의 특징은 우선 등장인물들이 모두 극히 모범적인 군인이나 생활인들로만 구성되었다는 점이다. 그러니 제대로 된 갈등도 드러나지 않는다. 갈등이 있다고 해도 그것은 모두 지원병이 됨으로써 해소된다.

한편 당시까지의 <나그네>, <수업료>, <집 없는 천사> 등의 조선 영화는 조선어로 만들어졌다. 그러나 이 시기가 되면 학교 교육에서 조선어가 금지되고 일본어가 강제되었다. 따라서 여기에 실린 작품은 일본어로 된 작품들이고, 시나리오가 남아 있는 작품들만을 번역해서 실었다. 그런데 이 당시라고 해도 일본어를 독해할 수 있는 사람은 제한적이었다. 노골적으로 '내선일체'를 찬미하는 영화들인데다 일본어 영화여서 관객은 더욱 제한적이었을 것이다.

하지만 영화는 강력한 무기가 될 수 있었다. 라디오가 보급되어 있다고 해도 1941년도 말 조선의 라디오 청취자는 11만 6935명으로 인구의 0.5%에 지나지 않았으며, 이에 비해 영화의 관객은 '경성' 등 15개 도시에서 1,352만 1,614명이나 되었기 때문이다. '경성'에서는 인구 1인당 8.37회나 영화를 본 것이다. 따라서 총독부의 방침을 말단에까지 전달하는 데 가장 유효한 도구가 영화였다고 할 수 있다.

2. 황민화된 조선인의 초상, <너와 나> (1941)

이지마 다다시[飯島正]와 히나쓰 에이타로[日夏英太郎] 각본, 히나쓰 에이타로(日夏英太郎, 허영) 감독의 <너와 나>는 조선영화주식회사와 조선군 보도부가 제작하여 1941년 6월 16일부터 23일 사이에 '明治座'와 '宝塚劇場'에서 개봉한 작품으로 문예봉, 김신재, 심영, 김소영, 이향란(李香蘭), 水田絃次郎(조선인), 미야케 쿠니코[三宅邦子] 등이 출연하였다. 총독부 후원 아래 조선군이 제작하여 조선 전국에서 동시에 상영된 <너와 나>의 대사는 모두 일본어이고, 주인공의 부모 사이의 대화만이 조선어여서 일본어 자막이 들어갔다.

<너와 나>의 감독 허영은 1907년 강원도 함흥에서 태어나 상업학교를 졸업하고 일본으로 건너간다. 일본에서 대학을 다니다 중퇴하고 영화계에 뛰어든 허영은 이름을 히나쓰 에이타로[日夏英太郎]로 바꿔 일본인으로 행세하다 영화사에서 알게 된 일본 여자와 결혼한다. 1931년<처녀 점쟁이>를 각색하여 일본 영화계에 데뷔하는데, 이 작품이 흥행에 성공하자 시나리오 작가로서 두각을 나타낸다. 그리고 1941년 조선에 귀국하여 '지원병 제도'를 직접 취재한 영화 <너와 나>를 찍는다. 이 영화의 시나리오는 당시 고려영화사의 문예부 촉탁으로 근무하던 임화가 교정을 보았다고 한다.

그러나 <너와 나>는 흥행에 실패한다. 그래서 허영은 일본군 군속이 되어 인도네시아로 건너가 다시 일제의 선전영화인 <콜링 오스트레일리아>, <민족의 혼>, <봉화불>을 만든다. 일본이 패망한 후인 1945년부터 1952년 사이에는 닥터 후융(Dr.Huyung)이라는 이름으로 인도네시아 독립전쟁에 참가하기도 하고, 영화연구학교 '키노드라마 아틀리에'를 설립하여 연화인과 연극인을 육성하기도 한다. 또한 다큐멘터리 영화 <자바뉴스>와 민족 영화 <프리에다>(하늘과 땅 사이)를 만들어 인도네시아 독립에도 기여한다. <프리에다>는 인도네시아 영화사의 기념비적인 작품이라고 한다. 1948년 인도네시아 여자와 재혼하여 1952년 인도네시아 국적을 취득하나 갑자기 사망한다.

허영이 시나리오 <너와 나>를 쓴 것은 신문에 난 이인석 기사를 본 것이 계기가 되었다고 한다. 이인석은 조선인 지원병의 첫 전사자인데 일제는 그의 죽음을 신문에 대서특필하는 등 영웅으로 만들었고 교과서에도 실어 지원병 제도를 선전하는 데 이용했다.

<너와 나>는 총독부 학무국의 아동생도용 영화로도 선정된다. 그뿐 아니라 1941년의 총독부 추천영화 9편 중의 한 편으로 선정된다. 그래서 <너와 나> 상영에는 중학교 생도나 청년단 젊은이들이 대거 동원되었다고 한다. <너와 나>는 오프닝도 화려했고 선전도 화려했다. 특히 당대의 스타 이향란을 보기 위해 관객들도 모여들었다. 그러나 영화 <너와 나>에 대한 당시의 평가는 호의적이지 않았다. 조잡하고 치졸하며 영화의 형식조차 갖추어지지 않았다는 평이 대부분이었다.

영화 <너와 나>는 "반도인 사이에 넘치는 애국열과 황민화된 적성(赤誠)을 기반으로 국가추진력을 확충하기 위해서"라고 제작 의도를 밝히고 있다. 일년에 3,000명을 모집하는 지원병에 14만 명이 넘는 지원자가 나오는 상황이어서,

"조선에 대한 내지(內地) 일반 대중의 인식을 시정"할 수 있을 뿐 아니라 만중(滿中) 양 국민 각각의 대동아공영권에 대한 인식을 심화시킬 수 있다"는 것이다. 영화 제목인 '너와 나'에서 '너'는 일반 내지인의 총칭이며 '나'는 일반 반도인의 총칭이다. 따라서 <너와 나>는 '너'와 '나'가 손을 굳게 잡고 대동아공영권의 초석이 되어야 한다는 결의를 제시한 작품인 것이다.

그런데 한 편의 영화도 찍은 적이 없는 무명 감독이 일본영화사상 유례가 없는 호화 캐스트를 할 수 있었던 것은 왜일까. <너와 나>는 일본, 조선, 만주 영화계의 스타를 총망라한 호화 캐스트였다. 인기 절정이었던 만영(滿映) 소속의 이향란은 만주의 소녀 역으로 몇 커트밖에 나오지 않았지만 군 제작의 위력이 아니었으면 불가능한 캐스트였다. '내지'와 조선의 동시상영이라는 것도 일본영화가 시작된 이래 처음 있는 일이었다. 조선 내에서의 동시 개봉이라는 것도 드문 일이었다. 단역이지만 이향란(李香蘭)이 출연하고, 다사카 도모타카[田坂具隆]가 감독 지도를 담당하고, 오프닝에는 직접 이향란(경성의 명치좌)과 최승희(도쿄의 가부키좌)가 달려왔다. 조선에서의 배급은 이창용이, 조선을 제외한 대동아공영권과 일본의 배급권은 쇼치쿠가 50만 엔에 가져갔다.

허영은 <너와 나>를 통해 지원병과 '내선결혼'을 소재로 조선총독부와 조선군이 바라는 '황민화된 훌륭한 조선인'상을 그림으로써 그의 염원인 영화 만들기를 실현할 수 있었다. 조선인 지원병 가네코 에이스케와 내지의 처녀 아사노 미츠에의 결혼 약속, 그리고 호적법이 개정되면 원적을 충남으로 옮기겠다는 내지 출신의 부여박물관장 구보 료헤이는 이 영화가 보여주는 내선일체의 표본이다. 내선결혼은 우생학적으로도 매우 좋다거나 후생성과 총력연맹에서 내선결혼을 장려하고 있다는 이야기도 나온다. 그리고 "총후(銃後)는 걱정하지 마라. 내선일체로 다져지고 있으니까."라는 구보 료헤이의 말은 바로 이 영화가 말하고자 하는 주제이다.

또한 이 영화에서 제국의 군인은 자식의 죽음에도 눈물을 흘리는 것이 허락되지 않는다. 만약 눈물을 흘린다면 그것은 죽은 자식에 대한 애착의 눈물이 아니라 일본의 사내를 잃은 것이 안타까워서 흘리는 눈물이라고 한다. 이것은 <너와 나>의 조선인 지원병 기노시타의 말이다. 조선인 지원병 에이스케의 어머니 또한 "천황 폐하를 위해 충의를 다하는 것이 부모에게 효도를 하는 거다."라고 말한다. 이것이 바로 조선총독부가 바라는 황민화된 훌륭한 조선인들의 모습이다.

한편 이 영화에서 백마강의 뱃사공으로 출연해 <낙화삼천>을 부른 사람은 조선악극단의 가수 김정구였다. <너와 나>의 주제가는 남인수와 장세정이 불렀는데, 주제가보다 <낙화삼천>이 유행하자 총독부는 이 레코드를 발매 금지시키기도 했다. 김정구가 <낙화삼천>을 부르는 장면은 화면도 아름다웠고 압권이었다고 한다. 그래서 영화의 의도와는 별도로 이 장면이 조선인의 기억에 남은 것이다. 일본에서는 이 영화의 내용을 라디오 드라마로 만들어 방송하기도 했다고 한다.

3. 비적과 맞선 일본 무장경비대의 활약상, <망루의 결사대>

야마가타 유사쿠[山形雄策]와 야기 류이치로[八木隆一郎] 각본, 이마이 다다시[今井正] 감독, 최인규 조감독의 <망루의 결사대>는 조선총독부 경무국 후원으로 고려영화사와 도호[東寶] 영화사가 합작하여 1943년 4월 29일부터 5월 7일까지 대륙극장에서 개봉한 작품으로 주인규, 전택이, 전옥, 심영, 김현, 김신재, 다카다 미노루[高田稔], 사이토 히데오[齋藤英雄], 하라 세쓰코[原節子] 등이 출연하였다. 한국인 제작사에서 만든 마지막 작품으로 기록되고 있으나 각본·감독·주연 배우 등이 모두 일본인이어서 조선 영화라고 하기 어려운 측면이 있다.

감독 이마이 다다시는 1912년 1월 8일 도쿄 시부야에서 태어났다. 1935년에 도쿄제국대학을 중퇴하고 J·O스튜디오에 입사, 1939년에 감독으로 데뷔했다. 마르크스주의에 경도되어 공산당원으로서 적극적으로 사회활동을 하면서, 서정성이 넘치는 인간드라마와 비판성이 강한 사회파 드라마 명작들을 발표했다. 하라 세쓰코 주연의 <푸른 산맥 青い山脈>(1949)과 오키나와를 무대로 한 <하늘나라의 탑 ひめゆりの塔>(1953)이 그의 대표작이다. <무사도 잔혹이야기 武士道殘酷物語>(1963)로 베를린영화제에서 그랑프리를 수상하기도 한 이마이 다다시는 전후 일본영화를 대표하는 명장인데, 1991년 11월 22일에 타계했다.

<망루의 결사대>는 조선과 중국의 국경 마을에 주재하는 일본의 무장경비대와 '비적'("思想匪, 抗日匪, 土匪")의 싸움을 그린 영화이다. 이 영화의 시대 배경은 1935년경이다.(시나리오에서는 1937년으로 나온다) 대강의 줄거리는 이렇다.

조선과 중국의 국경 마을에서 일본 경비대가 국경 경비에 임하고 있다. 마을에서는 신임 아사노를 환영하여 조그만 연회가 벌어지고 있다. 현지의 김, 임, 안 순사도 참가하여 조선 민요도 부르고 일동은 화기애애한 분위기다. 어느 날 근처의 중국요리집에 점주의 아들을 알고 있다는 남자가 술을 마시러 왔다. 김이 수상히 여겨 경찰서로 데려가려고 하자 권총으로 김을 죽이고 도망간다. 어느 날 밤 비적의 일원인 중국인 점주의 아들이 비적의 습격 계획을 알아차리고 이 마을에 살고 있는 가족들을 살리기 위해 찾아오나, 아버지는 피하기를 거절하고 오히려 그 사실을 경비대에 알려준다. 드디어 비적들과 경비대 사이에는 치열한 전투가 벌어지는데, 경비대가 위기에 처했을 무렵 긴급 출동한 일경들이 가세하여 비적들을 전멸시키고 마을은 다시 평온을 되찾는다.

이 작품에 대해 <한국영화입문>(凱風社)에서 사토 타다오(佐藤忠男)는 "일본 지배하의 조선에서는 독립운동의 게릴라 활동이 집요하게 계속되었다. 특히 강력했던 것은 조선과 중국 국경을 넘어 만주방면에서 나타나는 무장 게릴라 집단이었다. 이에 대해 마을마다 배치된 일본의 경관대도 무장하고 있었다. 1943년 이마이 다다시 감독의 <망루의 결사대>는 이 게릴라를, 양민으로부터 금품을 약취하는 비적으로 그리고, 일본인 무장 경관대를 목숨을 걸고 조선인을 지켜주는 숭고하고 용감한 사람으로 그렸다. 소수의 일본인 무장경관들과 그 가족이 다수의 비적에게 포위되어 당장이라도 전멸 당하려는 참에 일본군 1개 중대가 트럭으로 달려온다. 이 부분은 인디언에 포위되어 전멸 당하려는 역마차를 기병대가 달려와 구해주는 미국 서부극의 완전한 모방이었다."고 했다.

그러나 이 작품에는 단순히 경비대와 비적의 싸움만 있는 것이 아니다. 개인주의적인 성향의 아사노 순사가 훌륭한 경비대로 성장하는 모습, 김 순사의 여동생 영숙에 대한 야나기의 애틋한 사랑, 중국요리집 주인 왕룽과 그의 아들 왕호의 비극적인 대면, 그리고 다카쓰를 중심으로 한 경비대와 마을 사람들 사이의 가족 같이 따뜻한 모습 등이 그려져 있다. 이러한 설정은 내선일체를 강조하는 이 시기 다른 영화에도 공통적으로 드러나는 요소들이다.

한편 <너와 나>에서는 김영구가 부르는 <낙화삼천>이 인상적이었다면 <망루의 결사대>에서는 조선인 순사가 조선어로 <석탄백탄가>, <도라지타령>을 부르는 장면이 인상적이다. 1930년대 후반의 대중가요에도 민요풍의 노래(신민요)가 많이 발표되었는데, 이러한 장면은 지역(식민지가 아니라 일본 제국의 한 지방) 정서나 문화를 이용해 대중성을 확보하면서도 자연스럽게 내선일체를 내면화하는 효과를 기대한 것으로 보인다.

4. 일제의 징병제 기념 기획 영화, <조선해협>(1943)

쓰쿠다 스나오[佃順] 각본, 박기채 감독의 <조선해협>은 조선영화제작주식회사에서 제작하여 1943년 6월 16일부터 22일까지 약초극장에서 개봉한 영화로 남승민, 이금룡, 서월영, 김신재, 문예봉, 스바키 스미에[椿澄枝] 등이 출연하였다.

1906년 전라남도 광주에서 태어난 박기채는 일본 도시샤[同志社] 대학을 졸업한 후 일본 교토의 동아키네마에 입사하여 조감독 과정을 거쳤다. 일본에서 이미 데뷔작 <청춘비가>를 발표한 그는 1926년 귀국했다. 그의 작품으로는 청춘남녀의 사랑이야기인 안석영 원작의 <춘풍>(1935), 이광수의 소설을 영화화한 <무정>(1939), 그리고 본격적인 친일 영화인 지원병물 <나도 이제 가련다>(1942)와 <조선해협>(1943)이 있다. 그는 감독만이 아니라 영화 이론과 영화평론 분야에서도 활발하게 활동했다. 해방 후에는 '조선영화건설본부'에 들어갔다가 '대한영화협의회'에도 가입했으며 1948년에는 수도경찰청 경우회 후원으로, 밀수 근절을 위한 경찰의 정책영화 <밤의 태양>을 찍기도 했다. 6.25 때 납북되어 생사를 알 수 없다. 이 때 같이 납북된 영화인으로는 최인규, 이명우, 김정혁, 최승린 등이 있다.

<조선해협>은 조선영화제작주식회사가 징병제를 기념하여 기획한 첫 작품이며, 순수하게 조선 측에 의해 제작되었고 또 조선에서만 상영되었다. 대강의 줄거리는 다음과 같다.

부모가 허락하지 않은 여자 錦淑과 살림을 차린 成基는 부모와 인연을 끊고 살고 있다. 어느 날 錦淑의 임신 사실도 모른 채 成基는 지원병이 되어 아무 말 없이 입대하고, 錦淑은 남편을 기다리며 공장에서 열심히 일하고 있다. 成基는

전선에서 부상을 당해 후방으로 이송되고, 아이를 낳아 혼자 키우던 錦淑 또한 병으로 입원한다. 成基의 지원병 입대와 錦淑의 출산으로 부모와의 갈등은 해소된다. 그러나 전화로 남편과 해후한 錦淑은 끝내 병사한다.

여기서도 갈등이 해소되는 계기는 成基의 지원병 입대이다. 지원병이었던 큰아들이 전사했고 또 成基마저 입대한다고 해도 成基의 부모는 자랑스럽게만 생각한다. 신분의 차이로 錦淑을 며느리로 인정할 수 없다고 할 때와는 사뭇 다른 태도이다. 또 내지 사람인 英子는 끝까지 조선인 친구 錦淑을 도와준다. 또 부상당한 成基는 일본의 요양소에서 조선의 어느 병원에 있는 錦淑과 마지막 통화를 한다. 다분히 의도적인 설정이다. 錦淑의 사망 소식을 들은 成基는 조선쪽 바다를 응시한다. 그래서 제목이 조선해협인 듯하다.

5. 학도병 지원을 유도한 영화, <젊은 모습>

핫다 나오유키[八田尙之] 각본, 도요타 시로[豊田四郎] 감독의 <젊은 모습>은 1943년 12월 1일부터 12월 6일까지 약초극장에서 개봉한 영화로 이금룡, 서월영, 복혜숙, 문예봉, 황철, 미타니 사치코[三谷幸子], 마루야마 사다오[丸山定雄], 사부리 신[佐分利信] 등이 출연하였다. <젊은 모습>의 감독 도요타 시로(1906-1977)는 교토 출신으로 1924년 쇼치쿠영화사에 들어갔다. 그는 모리 오가이 소설을 영화화하는 등 주로 문예영화를 많이 만들었다.

이 작품은 조선총독부와 조선군 사령부가 협찬하고 일본의 쇼치쿠(松竹), 도호(東寶), 니카쓰(日活)가 조선영화제작주식회사와 합동으로 제작한 영화이다. 조선영화제작주식회사가 배급한 영화이지만 스텝은 대부분 일본인이며 주요 배역 역시 일본인 배우가 맡았다. 이 영화는 조선에서는 물론 일본의 65개 도시에서 동시에 개봉되었다.

<젊은 모습>은 조선인 중학생들의 교련 장면과 영내 실습 그리고 스키 행진 장면이 대부분을 차지하는 작품이다. 황국신민으로서 애국심에 불타는 학생들, 그리고 군인처럼 엄격하고 또 아버지처럼 자상한 선생들의 책임감 있는 모습 등이 전면에 부각된 작품인 것이다. 부정적 인물이나 갈등이 끼어들 여지는 전혀 없다. 오로지 지원병 제도의 훌륭함과 내선일체만을 강조하고 있을 뿐이다. 그것은 다음 지문에서 그대로 드러난다. "한복 차림의 애들 4-5명과 소학교 아동복의 아이들 5~6명이 교정에서 들려오는 나팔 소리에 맞춰, 공터에서 씩씩하게 행진하고 있다. 선두의 한복 입은 애가 일장기를 기수처럼 들고 있다. 이것을 긴 담뱃대를 든 조선 노인이 흐뭇한 얼굴로 보고 있다."

이 작품은 영화관에서 상영되었을 뿐만 아니라 군인 모집의 대상인 조선인 학생들에게 보임으로써 '학도병'에 지원하도록 권하는 데 이용되었다. 후지타니 다카시의 다음과 같은 분석은 음미할 만하다. "전체적으로 이야기는 일본식 이름의 조선인이 일본어로 말하고 내지인과 거의 다르지 않다는 점을 강조하고 있다. 강한 큐슈 사투리를 구사하는 일본인 교사의 존재는 일본어를 말하는 조선인 학생을 일본인으로서, 그리고 조선을 큐슈와 마찬가지인 일본의 한 지방

으로 인식하게 하는 역할을 하고 있다. 여기서는 불결이나 태만 등 조선인의 전형적인 모습은 전혀 보이지 않는다. 조선인들은 근면하고 예의바르며 충성심으로 가득 차있다."

6. 해양사상 보급과 어업보국을 강조한 영화, <거경전>

세키가와 슈[關川周] 원작, 쓰쿠다 스나오[佃順] 각색, 방한준 감독의 <거경전>은 1944년 2월 24일부터 28일까지 약초극장에서 개봉한 영화로 김일해, 김신재, 서월영, 김소영 복혜숙, 전택이 등이 출연하였고 조선영화제작주식회사에서 배급하였다.

1905년 서울에서 태어난 방한준은 경성의 선린상업고등학교를 졸업하고 일본의 쇼치쿠[松竹] 영화사에서 5년 간 연출 공부를 하고 돌아왔다. 조선의 영화계에 입문한 것은 1935년 <살수차>의 각본과 감독을 맡으면서였다. 그는 영화의 기술적 방면에서 뛰어난 역량을 발휘했으며, 나중에 조선영화제작주식회사의 연출과에 배치되기도 했다. 해방 후에는 조선영화건설본부의 집행위원, 조선영화동맹의 중앙상임위원으로 활동하는 한편, 우익 조직인 대한영화협의회에서도 활동했다. 특히 미군정기의 영화정책을 관장했던 공보부 영화과장으로 재직하기도 한 그는 6.25 때 납북되어 생사를 알 수 없다. 그의 작품으로는 문예영화인 <한강>(1938년 9월)과 정비석 원작의 <성황당>(1939년), 지원병들의 훈련생활을 그린 <승리의 뜰>(1940년 11월), <풍년가>(1942년 1월), <거경전>(1944), <군인아저씨>(1944) 등 7편이 있다.

<거경전> 연출에 즈음하여 감독 방한준은 1) 전쟁 완수를 위한 어업보국(漁業報國)의 강조, 2) 선원생활의 진지함을 통한 해양사상의 보급이라는 효과를 겨냥했다고 말하고 있다. <거경전>은 쓰쿠다 스나오의 원작과는 상당한 거리가 있으며, 순수 조선 영화인들에 의해 제작되었다.

해군지원병제도 실시(1943. 8)를 앞두고 해양사상 보급이 중대한 현실에서 일반 민중에게 바다에 대한 관심을 갖게 하려는 것이 이 영화가 밝히고 있는 제작 의도이다. 그래서 이 영화는 전시하에서 국책사업인 포경사업, 즉 부족한 전시 자원 개발과 생산 확충을 위해 고래를 쫓아 혼신의 힘을 다하고 있는 사람들의 밝은 모습과 보국정신을 강조하고 있다. 이야기의 전체적인 흐름은 岩河 포경과장이 새 회사 발족과 함께 우선 사업장을 확장하고 포경선을 늘려 식량 증산에 매진하는 데 성공한다는 내용이다. 그 이야기 속에는 아버지를 닮지 않아 비관론자이고 바다를 두려워 한 正明이 주위의 도움으로 그러한 성격을 극복하고 늠름한 뱃사람이 되는 과정, 그리고 春川과 秋子, 正明과 光子의 애틋한 사랑 이야기가 끼어 들어 있다. 이러한 경향은 <망루의 결사대>나 <사랑과 맹세> 등 이 시기 다른 영화에도 공통적으로 드러난 특징이다.

7. 지원병 훈련소 생활의 훌륭함만이 부각된 영화, <군인 아저씨>

니시카메 모토사다[西龜元貞] 각본, 방한준 감독의 <군인 아저씨>는 조선영화제작주식회사에서 제작하여 1044년 6월 16일부터 21일까지 경성 보총극장에서 개봉한 영화로 전옥, 김일해, 이금룡, 서월영, 김한, 독은기 등이 출연하였다. 조선군 사령부에서 직접 지휘·감독한 작품으로 특별지원들의 훈련소 생활을 다룬 영화라는 점이 특기할 만하다.

특별지원병인 선기와 영일, 양평이 입대하여 훈련을 받고, 부대에 남게 된 영일의 부러움을 받으며 선기가 전선으로 떠나는 데서 영화는 끝난다. 그러나 이 영화가 보여주려는 것은, 당시 사람들이 생각하고 있는 것과 달리 지원병 훈련소는 구타도 없고 먹을 것도 풍족하며 군인들은 모두 가족처럼 따뜻하게 지낸다는 사실이다. 그래서 총독으로부터 편지를 받은 지원병들의 부모도 모두 감격하며 자식의 지원병 입대를 영광스럽게 생각한다. 마을 사람들도 지원병들의 입대를 축하해준다. 영화는 처음부터 끝까지 활기찬 모습을 잃지 않는다. 부정적 인물도 없고 갈등도 없다. 오로지 지원병 훈련소 제도의 훌륭함만이 부각될 뿐이다.

1945년이 되면 노골적으로 가미가제특공대에 지원하는 영화들이 제작된다. 최인규의 <사랑과 맹세>(1945년 5월 24일 - 31일 개봉)와 <가미가제의 아이들>(1945년 7월 3일 - 8일)이 대표적이다. <사랑과 맹세>는 가미가제특공대에 지원하여 자폭한 형의 뒤를 이어 동생도 지원하는 이야기다. 이 영화의 마지막 장면은 전투기가 하늘을 나는 장면을 배경으로 "신의 독수리(가미가제특공대)는 오늘도 적을 태평양 밑바닥으로 격침시키고 있다. 이에 이어서 적을 쳐부수는 것, 그것은 너희들이다. 너희들이 하는 거다."라는 자막이 화면 가득 나오면서 끝난다. <가미가제의 아이들>이 개봉된 한 달 뒤 일본은 패전하고 조선은 해방을 맞이한다. (해제 : 송태욱)

근대희곡·시나리오선집⑧

해방전(1940~1945) 상영 시나리오집

초판 1쇄 발행일/ 2004년 10월 14일

지은이/ 關川周 외
엮은이/ 이재명 외
펴낸이/ 이정옥
펴낸곳/ 평민사

주소/ 서울시 서대문구 남가좌2동 370-40
전화/ 02)375-8571(영업) · 02)375-8572(편집)
fax/ 02)375-8573
e-mail/ pms1976@korea.com
home-page/ www.pyungminsa.co.kr
등록번호/ 제10-328호

값/ 15,000원

ISBN 89-7115-430-6 04680
ISBN 89-7115-432-2 (set)